两希文化
与
西方艺术

冀志强————著

知识产权出版社
全国百佳图书出版单位
—北 京—

图书在版编目（CIP）数据

两希文化与西方艺术 / 冀志强著 . — 北京 ：知识产权出版社，2021.11
ISBN 978-7-5130-7806-1

Ⅰ . ①两… Ⅱ . ①冀… Ⅲ . ①西方文化—文化史②西方艺术—艺术史 Ⅳ .
① K500.3 ② J110.9

中国版本图书馆 CIP 数据核字（2021）第 215681 号

内容提要

本书论述了在西方艺术传统的形成过程中，古希腊文化与希伯来文化先后成为影响其整体面貌的核心元素：古希腊的哲学、美学与艺术，影响了从文艺复兴到19世纪艺术的基本表现方式；而古希腊的神话与传说成为其表达内容的基本武库；源于希伯来文化的基督教精神不仅成为中世纪艺术的核心内容，在其后几百年的时间里也是西方艺术的重要灵感来源。同时系统考察了古希腊文化、古罗马文化和中世纪文化，在此基础上梳理了西方从文艺复兴到19世纪的艺术传统，呈现了西方艺术的流变与风貌。

本书适合艺术爱好者、艺术理论研究者和学习者参考阅读。

责任编辑：李小娟　　　　　　　　　　　　　　**责任印制：**孙婷婷

两希文化与西方艺术
LIANGXI WENHUA YU XIFANG YISHU
冀志强　著

出版发行：	知识产权出版社 有限责任公司	网　　址：	http ://www.ipph.cn
电　　话：	010-82004826		http ://www.laichushu.com
社　　址：	北京市海淀区气象路 50 号院	邮　　编：	100081
责编电话：	010-82000860 转 8531	责编邮箱：	lixiaojuan@cnipr.com
发行电话：	010-82000860 转 8101	发行传真：	010-82000893
印　　刷：	北京中献拓方科技发展有限公司	经　　销：	新华书店、各大网上书店及相关专业书店
开　　本：	720mm×1000mm　1/16	印　　张：	18.75
版　　次：	2021 年 11 月第 1 版	印　　次：	2021 年 11 月第 1 次印刷
字　　数：	242 千字	定　　价：	88.00 元

ISBN 978-7-5130-7806-1

前　言

　　世界上的文化，从形态面貌上来看主要有两种类型：一种是理性文化，其主要代表是中国的道德理性文化与源于希腊的知识理性文化；另外一种是宗教信仰文化，其主要代表是基督教、佛教与伊斯兰教这三大宗教文化。基督教文化虽然起源于西亚，但它的主要影响却是在欧洲，与古希腊文化和古罗马文化一起构成影响西方文化的重要因素。佛教文化诞生于印度，但在融入中华文化后，印度佛教却逐渐式微。伊斯兰文化主要影响是在西亚、中亚和北非，并且也成为影响世界的重要宗教之一。

　　不同种类文化的和谐发展，依赖于它们之间的相互理解与借鉴。否则，就容易因文化差别而发生冲突甚至战争。美国学者塞缪尔·亨廷顿（Samuel P. Huntington）认为，冷战后，世界范围冲突的根源由意识形态的不同而被文明的差异取而代之。尽管事实证明这并非全然正确，但文明与文化的冲突的确在当今世界范围内极其突出。所以，和而不同，应该成为当今世界文化共存的基本原则。当然，其中应该包含一种取长补短的借鉴与吸收。

近些年来，国内兴起中国传统文化热潮，继承与发扬华夏文明俨然成为现代中国的一种时尚。这当然有其积极的意义。但是，如孔子所说："过犹不及。"（《论语·先进》）这种热度一旦过头，就非常容易导致一部分人不辨良莠，不去分辨我们的传统文化中哪些方面对于现代有积极意义，哪些方面不利于我们建构新时代的现代文化。《诗经》有云："他山之石，可以攻玉。"（《小雅·鹤鸣》）甄别传统文化中哪些适合现代文明，这需要有一种理性批判的精神。我们可以从希腊以来的欧洲文明中看到这种理性批判精神对现代文明所产生的强大推动力。不可否认，西方文化中有很多优秀的方面是值得我们借鉴的，尤其是其中所蕴含的那种对明晰理性的要求。

但是，国内这一段时期越来越强劲的传统文化热潮，可能使很多国人越加忽视西方世界那种理性文明。当然不可否认，中国传统文化确实博大精深、丰富多彩，我们对此的确该有充分的自信。但是，有时候过度的自信容易让人变得盲目和狭隘。在这种背景下，整体理解西方文化可能显得更加必要。并且，通过对西方文化的学习，我们可以对中国传统文化产生更加深刻的理解。

在每一种文化中，艺术的面貌通常成为其主要特色的标志。所以，理解一种文化的一个重要方面是理解生长于其中的艺术。理解西方艺术，则又需要理解奠基于其上的"两希文化"——古希腊文化与希伯来文化。这也是本书所要呈现的文化逻辑。当然，本书的目的并不在于展现"两希文化"的全部方面，而是对深刻影响西方艺术的主要方面进行阐述，并在此基础上呈现西方艺术的流变与风貌。尽管如此，这仍然是一项具有挑战性的工作。

本书内容在整体上分为两大部分：从第一章到第三章主要是关于"两希文化"的内容，包括古希腊文化和与其紧密相关的古罗马文化，以及以《圣经》为代表的希伯来文化和在《圣经》影响下的中世纪文化；第四章和第五章则主要是从文艺复兴到19世纪的西方艺术。有了关于"两希文化"的基本认识，我们才能深刻地理解西方艺术呈现其独特风貌的内在原因。也就是说，本书在写作中所树立的一个主要目标是谈论欧洲从文艺复兴到19世纪这五六百年的艺术发展脉络；一个重要任务是这一长时段的艺术所基于其上的古希腊文化、古罗马文化、希伯来文化和中世纪文化。

　　本书的撰写必然需要佐以对大量艺术作品进行解读，互联网的发达，为我们获取这些作品的图片资源带来极大的方便，本书的图片全部来源于互联网。特此说明，以表谢忱！

冀志强

二〇二一年五月于贵阳花溪

目 录 / CONTENTS

"两希精神"与
西方艺术流变

我们从"轴心时期"（Axial Period）这个概念开始。这是德国思想家卡尔·雅斯贝尔斯（Karl Jaspers）在其产生重要影响的《历史的起源与目标》（*The Origin and Goal of History*）一书中提出的概念。根据雅斯贝尔斯的阐述，这个所谓的轴心时期是指："在公元前500年左右的时期内和在公元前800年至公元前200年发生的精神过程中。"❶在这一期间，不论是西方，还是中国和印度，都有革命性的思潮涌现。在中国，这个轴心时期正好相当于春秋战国（公元前770—公元前221年），即从西周结束到秦始皇统一中国。春秋战国在文化上的重要体现是诸子百家的思想争鸣。老子、孔子、墨子等是这个时期思想家中较早的一批代表。轴心时期在西方的体现主要是古希腊的城邦时期。在古希腊的轴心时期出现的大哲学家主要以苏格拉底（Socrates，公元前469—公元前399年）、柏拉图（Plato）和亚里士多德（Aristotle）等为代表。所以，掌握西方文化的根基，不能离开对古希腊这一属于西方文化轴心时期的理解。

----

❶JASPERS K.The origin and goal of history[M]. New Haven: Yale University Press, 1953:1.

一、什么是"两希精神"

对于西方文化的理解，除了古希腊文化这个方面，还有希伯来文化方面。
我们这里所说的"两希"，是指古希腊（Greece）与希伯来（Hebrew）。
其实，"希腊"的拉丁文写法是Hellas，而汉语"希腊"一词也正是这个拉
丁文的音译。这样的话，"两希"的西文首字母都是H，"两希"也是"两
He-"。我们了解"两希文化"，有一个很重要的问题是"两希精神"，也
就是希腊精神（Hellenism）和希伯来精神（Hebraism）。"两希精神"是
"两希文化"的核心价值取向，也是整个西方文化的要旨所在。

那么，希腊精神和希伯来精神各有什么特点呢？著名文化史家雅各
布·布克哈特（Jacob Burckhardt）说："语言能够最直接地、高度专门
地表达一个民族的精神，因此可以说是相关民族的理想映象，同时也是一个
民族借以保存其精神生活之本体的最经久耐用的材料。那些伟大的诗人和思
想家的文字尤其如此。"❶按照布克哈特所说，每一个民族的文化精神，主要
蕴含在那个民族的语言成果中，尤其是一种文明早期的经典文本，因为语言
本身也是精神的体现。

对于希腊民族来说，他们的精神生活集中保存在《荷马史诗》、柏拉
图的对话录及亚里士多德的庞大著作等重要文本当中；而对于希伯来民族来
说，他们的精神生活，当然集中体现在《圣经》这一核心著作当中。

尽管后世很多学者对希腊民族的生活充满无限向往，但是希腊人民的内
心生活其实并不宁静，他们的精神内部是充满斗争的。从希腊文献看来，古
希腊长时间都存在所谓的诗哲之争。但是从整体而言，希腊民族为西方后世
留下来的重要的财富是民主与理性。

---

❶布克哈特.世界历史沉思录[M].金寿福,译.北京:北京大学出版社,2007:52.

对于"两希精神"的阐述，最具影响的应该是英国著名评论家马修·阿诺德（Matthew Arnold）的《文化与无政府状态》（*Culture and Anarchy*）一书。关于"两希精神"对于西方文化的重要性，阿诺德说："希伯来精神和希腊精神，整个世界就在它们的影响下运转。"❶雅斯贝尔斯所说的轴心时期的意思，在阿诺德这个判断中已经得到了体现。他这里所说的"整个世界"指的主要是西方世界。

"两希精神"对于西方文化的塑造正如中国传统文化中儒家与道家对于中华文化的塑造一样。尽管它们的核心精神在某些方面是截然相反的，但它们之所以能够共同对一种文化产生深刻的影响，也是由于它们在某些重要方面有内在的相通之处。在中国传统文化中有所谓"儒道互补"，在西方文化的建构中也有"两希"互补。

首先，"两希精神"的共同之处，是它们有共同的终极目标。这是它们能够共同塑造西方文化的基础所在。按照阿诺德的说法，其一，"两希精神"都是追求"人类的完美或曰救赎"；这种追求又出于他们对人类的肉体与欲望的不满。从希腊精神来说，肉体的欲望会阻碍人的正确思考；而从希伯来精神来说，肉体的欲望则阻碍了人的正确行为。其二，"满足人性的需要"。人从其本性而来的需求有多个方面，而"两希文化"则各侧重于其中一个重要方面。所以，"两希精神"的互补对于塑造完整的人是非常有必要的。

其次，"两希精神"存在更多的不同之处。这里我们仍然采用阿诺德的说法。第一，它们在本质上是两种不同的力量。希腊精神是一种趋向思想的智慧，这也是一种智性冲动；希伯来精神则是一种趋向行动的热忱，这体现为一种道德冲动。这两种冲动都是人之为人的本质所在。第二，它们各自有

---

❶ 阿诺德.文化与无政府状态:修订译本[M].韩敏中,译.北京:生活·读书·新知三联书店,2012:97.

自己的主导观念。在希腊精神中，这种观念体现为一种意识的自发性；在希伯来精神中，这种观念表现为一种良心的严正性。第三，它们达到目标的方式不同。希腊精神的核心在于通过清晰的智力，如实看清事物之本相，即全面透彻地理解人的职责的根据——我这样做，我为什么要这样做。你要我这样做，你为什么要我这样做……苏格拉底说，没有经过反思的生活是不值得过的。希伯来精神的核心是通过坚定的行为和服从，勤勉地履行人的职责，通过克己自制获得平安。

　　"两希精神"在欧洲几个重要的时期都得到了不同的体现。在古希腊之后，古罗马在文化上全力向古希腊学习。在古罗马之后，欧洲长达一千年的中世纪，基督教占据统治地位，这是受到希伯来文化的影响。中世纪临近结束时，文艺复兴逐渐开始，这时古希腊的精神又开始冲破基督教的神学禁欲主义。但事实上，这个时候的人文主义并不是与神学精神彻底对立的。赫伯特·里德（Herbert Read）曾指出，文艺复兴时期人文主义的两个方面：一个是古典的人文主义，这是来源于古希腊的；另一个是基督教的人文主义化。❶

　　当然，由于这两种精神在内核上存在众多的不同，所以它们在接触中会产生强烈的冲突。我们从《圣经》中的一段话中可以看到这两种文化的冲突。《旧约·撒加利亚书》说：

　　我拿犹大作上弦的弓，

　　我拿以法莲为张弓的箭。

　　锡安哪，我要激发你的众子，

　　攻击希腊（原文作"雅完"）的众子，使你如勇士的刀。

　　犹大和以法莲，是雅各（以色列）的两个儿子，这里是指由雅各的两个儿子所代表的以色列人十二支派中较大的两支。锡安（Zion）本义是"防御工事"。在《圣经》中，锡安是大卫的城和神耶和华的城。随着《圣经》中

---

❶READ H.The meaning of art[M]. New York: Praeger Publishers, 1972:84.

的历史进展，锡安从单指一座城池变得富有更多属灵意义。例如，延伸为包含圣殿和它周围的区域，还指耶路撒冷城、犹太全地和犹太民族的总称；比喻以色列是神的选民。

再者，《新约·哥林多前书》说："犹太人是要神迹，希腊人是求智慧；我们却是传钉十字架的基督。"其实，不管犹太人信仰神耶和华是重在讲述他的神迹，还是欧洲人信仰基督是重在讲述他的恩典，犹太教与基督教的核心精神都是因信称义。这与希腊人的理性是极其不同的。

在这两种精神中，希腊精神其实相对复杂。阿诺德说希腊精神以理性与智力为核心，这其实主要是一种历史继承后的再度解释。

对于希腊精神的阐述，比较早的是德国的艺术史家温克尔曼（J. J. Winckelmann，1717—1768年）。他认为希腊艺术的最高表现是"高贵的单纯和静穆的伟大"。这其实也是希腊理性精神的表现。阿诺德说："希腊精神的要义在于造就完人的冲动，它要将人的一切方面联系起来，使之和谐地发展，使各个部分都尽善尽美，不让任何一个部分只靠碰运气侥幸生存。"[1] 德尔菲的阿波罗神庙中有两句在希腊流传很广的话：一句是"认识你自己"；另一句是"凡事勿过度"。

古希腊七贤聚集在德尔菲神庙中，把他们智慧的果实奉献给阿波罗神，把这两句名言镌刻在神庙。这两句话表现了希腊人所追求的理性与节制。这是希腊人的精神，与前者相关的是哲学，与后者相关的是道德。这也构成古希腊的日神精神。

其实希腊精神并不像阿诺德说的，是由单一的理性所组成的，它包括两个方面，其另一个方面对欧洲文明的影响被基督教精神所代替。也就是说，古希腊精神其实有宗教精神的一个方面。德国哲学史家策勒尔（E. Zeller）

---

[1] 阿诺德.文化与无政府状态:修订译本[M].第3版.韩敏中,译.北京:生活·读书·新知三联书店,2012:123.

指出，从公元前6世纪，在古希腊人的精神世界有两条道路，一条是理性探究的道路；另外一条是宗教神秘主义的道路。但其哲学与宗教处理的终极问题在目标上是一致的。❶

策勒尔所说的这两个方面的道路，相当于尼采所说的日神精神和酒神精神。发现狄奥尼索斯所代表的古希腊人生活中的酒神精神，这是尼采的贡献。的确，在古希腊人的生活中，狄奥尼索斯的文化地位是不可忽视的，希腊精神中加进了酒神元素，但这并没有使希腊人失去节制。狄奥尼索斯的酒神精神要在日神精神中得到塑造。尼采告诉我们，这构成希腊的伟大悲剧。希腊悲剧的形成是日神精神与酒神精神的融合。也就是说，这两种精神在古希腊戏剧中得到完美的统一。

策勒尔还说："在希腊民族的天赋中，理智与想象，理性的力量与本能的力量富有成果地结合在一起。"❷美国大都会博物馆馆长泰勒在谈到英国绅士精神时说："这个国家成就了英国绅士——既拥有希腊人的思想智慧又兼具中世纪的骑士精神。"❸但是显然，希腊精神当中的理性方面在后世得到了更多的重视。文艺复兴也主要是恢复了希腊精神当中的这一个方面。

古希腊精神的核心在于理性与节制，其主要的体现是古希腊的哲学。希伯来精神的核心在于信仰与激情，其主要的体现是《圣经》中的精神与基督教义。这两种精神共同塑造了我们现在所看到的西方文明。

二、西方艺术之流变

在西方文化的语境中，"艺术"（art）这个概念主要是指绘画、雕塑、

---

❶ 策勒尔.古希腊哲学史纲[M].翁绍军,译.济南:山东人民出版社,2007:18.

❷ 同①20.

❸ 泰勒.天使的趣味:艺术收藏的历史[M].王琼,等译.北京:华夏出版社,2014:2.

建筑等这几种造型艺术（plastic art）或视觉艺术（visual art）。这也是我们这项研究所使用的"艺术"概念的主要外延类型。当然，它有时候也会包括音乐、戏剧、文学等。

赫伯特·里德提出，艺术史上出现过两种艺术，一种是有机艺术（organic art）；另一种是几何艺术（geometrical art）。他所说的这两种艺术其实相当于我们下文要说的写实主义艺术与现代主义艺术，或者称他们为具象的（representational）艺术和抽象的（abstract）艺术。这两种艺术的变化，尤其是在西方绘画的发展过程中表现得非常明显。所以，我们主要通过绘画来梳理西方艺术发展的逻辑脉络。

（一）写实主义的艺术

写实主义绘画强调三维空间的表现，是通过二维平面获得一种三维空间的错觉，使平面图像产生一种立体感，以达到类似于观看真实事物的逼真效果。所以，写实主义艺术是一种错觉艺术（illusionist art）。绘画图像是其所描绘对象的幻觉性等同物（illusionistic equivalents）。西方艺术之所以形成这样一种传统与方向，也是由于古希腊文化的深刻影响。

这种写实主义艺术有以下几个主要发展阶段。

1. 古希腊的艺术

古希腊的艺术成就主要是在公元前8世纪到公元前4世纪。在艺术的整体风貌上又分为两个时期：古风时期（公元前8—公元前5世纪）和古典时期（公元前5—公元前4世纪）。古希腊的绘画现在能够看到的遗存，主要是古风时期的瓶画。古典时期的主要艺术类型是建筑与雕塑。古希腊的瓶画，还有较强的平面性，在造型上可以看到其受到古埃及艺术的影响。

2. 古罗马的艺术

古罗马艺术最为突出的是建筑。就绘画艺术而言，我们现在所能看到的主要是考古发掘的庞贝（Pompeii）壁画。尽管庞贝壁画普遍还不具有三维

图0-1 《酒神节仪式》（公元前80年），壁画，庞贝谜之别墅

图0-2 马柯瓦多《最后的审判》（13世纪），镶嵌画，佛罗伦萨圣乔瓦尼礼拜堂

图0-3 拉斐尔《戴蓝色王冠的圣母》（1518年），木版油画，巴黎卢浮宫

的立体效果，但是它们已经具有很浓的写实色彩，表现出很高的人物写实技艺（见图0-1）。

3. 中世纪的艺术

中世纪的时间起止，通常是从西罗马帝国灭亡算起，到东罗马帝国灭亡大约1000年的时间。中世纪的艺术类型主要是建筑，中世纪建筑主要有罗曼式（Romanesque）与哥特式（Gothic）两种风格。中世纪的绘画不属于制造错觉的类型，因为中世纪绘画主要追求的是表达宗教意旨，而不是实现视觉上的逼真。在这种宗教绘画中（见图0-2），宗教核心人物的大小通常要远远超过次要人物的大小。这其实在其他宗教的艺术中也是有所体现的，如佛教中的佛陀与罗汉菩萨等的比例。

4. 文艺复兴的艺术

文艺复兴，是14—16世纪发生在欧洲的一场伟大的文化运动。它的主要成就是文学与艺术方面。文艺复兴时期的绘画开始向视觉性的逼真迈进，透视法的发现使文艺复兴画家们迅速达到视觉写实的新高度。例如，拉斐尔，德国画家安东·拉斐尔·门斯（Anton Raphael Mengs，1728—1779年）的《戴蓝色王冠的圣母》（*Madonna with the Blue Diadem*），已经具有高度的视觉真实特征，包括周围的自然景观（见图0-3）。

5. 17世纪到19世纪绘画

文艺复兴之后，17—19世纪的三百年时间里，艺术家们在文艺复兴大师们的基础上进行了手法上的创新。在线性透视之外，他们开始大量地通过色彩与光线实现视觉上的逼真效果。在这段时期里，尽管绘画的风格此消彼长，但是他们总的艺术诉求是一致的，仍然是实现视觉等同物的创造。这是对视觉对象的逼真描摹，如格鲁兹（Greuze，1725—1805年）的《死去的小鸟》（*The Dead Bird*），画家将小姑娘的怜悯描绘得栩栩如生（见图0-4）。

图0-4　格鲁兹《死去的小鸟》（1800年），布面油画，巴黎卢浮宫

（二）现代主义的艺术

赫伯特·里德说："没有了艺术与宗教之间的紧密联系，就不会有伟大的艺术或伟大的艺术时期。"❶由于现代主义艺术很少继续19世纪以前的神话、宗教与历史题材，所以的确缺乏了那种宏大意味，但其中堪称伟大的作品也不在少数。不过，里德还指出，文森特·威廉·梵高（Vincent Willem van Gogh）的作品也有一种"宗教感"，这使他的作品能够成为伟大。例如，梵高模仿让-弗朗索瓦·米勒（Jean-François Millet，1814—1875年）作品而创作的《人生第一步》（*First Steps*）让我们感到家庭中的平凡生活有了一种宗教般的神圣。

那么，什么是现代主义艺术？在绘画方面，20世纪美国著名艺术批评家克莱门特·格林伯格（Clement Greenberg）在他的《现代主义绘画》

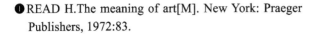

❶READ H.The meaning of art[M]. New York: Praeger Publishers, 1972:83.

一文中对此做出一些影响极大的经典表述。

在他看来，现代主义的本质在于某一学科用属于它的特殊方式对其自身进行批评。这种批评是确定自身的界限，如现代主义哲学是以哲学思辨的方式实现对自身界限的规定；现代主义艺术是以艺术的方式实现对自身边界的规定。这种追求并不是要进行自我破坏，而是要更加牢固地使自己处于自身的权限领域之内。

格林伯格说："艺术中自我批评的事业就成为一种彻底的自我定义。"❶也就是说，现代主义艺术本身是要完成一种自我批评与自我定义。并且他认为："自我批评的任务是从各种艺术的效果中清除可能借自或借用任何其他艺术媒介的任何一种效果。"❷对于绘画来说，现代主义的任务是从绘画中驱逐不属于绘画本身的东西。文艺复兴以来的写实主义绘画有一个追求，是实现所谓的"雕塑感"。艺术史家阿道夫·希尔德勃兰特（Adolf von Hildebrand）坚持绘画的"浮雕"（relief）观念。也就是说，写实绘画是在努力追求本不属于绘画本身而是属于雕塑的视觉效果。因为写实透视是在二维平面上塑造属于三维世界的视觉经验，而这种经验在传统的艺术类型中本来属于雕塑。

这种现代主义的追求是驱逐不属于自身的艺术媒介影响。由于绘画对雕塑感的强调，使绘画媒介本身不再受到充分的关注。格林伯格说："写实主义的幻觉艺术掩盖了媒介，以艺术隐藏艺术。现代主义则用艺术唤起人们对艺术的注意。"❸这是说，我们在观看传统的写实主义绘画时，经常会忘记绘画自身的媒介，而总要产生画中是什么的问题。这种绘画呈现的是雕塑艺术的效果，但却将绘画本身隐藏了。

---

❶FRASCINA F, HARRISON C.Modern art and modernism: a critical anthology[M]. New York: Westview Press, 1982:6.

❷同①5-6.

❸同①.

现代主义绘画的使命是让我们回到绘画本身。格林伯格认为，对于现代主义绘画来说，属于它自己的唯一规定性是——平面（flatness）。格林伯格确实道出现代主义艺术的实情，现代主义绘画是要舍弃传统绘画的错觉主义，不再试图制造三维立体的错觉。它们通过各种方式回到平面，以此达到回到绘画本身的目的。法国美学家米盖尔·杜夫海纳（Mikel Dufrenne）说："现代艺术致力于生产直接呈现为审美对象的作品。这种作品不以明显的表象或象征的意义来独占我们的注意力；而是即时要求我们单纯的静观。"❶ 这种静观，是单纯地观看属于绘画本身的东西。

1. 印象派

西方绘画史上最早出现的现代派绘画是印象派（impressionism）。1874年，以克劳德·莫奈（Claude Monet, 1840—1926年）为首的一批寻求新绘画技法的画家，因为官方沙龙拒绝展览他们的作品，而进行了一次独立的非官方性画展。在展出的作品中，有莫奈的一幅画《印象·日出》（*Impression, Sunrise*），画面中的风景如人们头脑中的印象一般模糊而不清晰（见图0-5）。人们就用这幅画的名字将这些画家称为"印象派"来表达对这种绘画的嘲讽。于是"印象派"逐渐就成了这个流派的名称。

图0-5　莫奈《印象·日出》（1872年），布面油画，巴黎马蒙丹莫奈博物馆

---

❶ 杜夫海纳.审美经验现象学[M].韩树站,译.北京:文化艺术出版社,1996:154.

印象派的作品已经与写实主义艺术有了很大的距离，那种雕塑感已经不见踪影了。尤其我们在近距离看印象派作品时，看到的是色块。但是拉开距离后，我们仍然能够比较容易地在画面中看出可以辨识的事物。

2. 野兽派

印象派之后，现代派中产生极大影响的是野兽派（Fauvism）。它出现在19世纪末20世纪初。野兽派的得名与印象派很相似。1905年，以亨利·马蒂斯（Henri Matisse）为首的一批现代派画家在巴黎秋季沙龙里展出一批画作，它们多以强烈的色彩来表达一种浓郁的情感氛围。当时的一位杂志记者路易·沃塞尔（Louis Vauxcelles）在观看展览时，发现在这画作中间有一尊具有文艺复兴风格的雕像，惊呼："多纳泰罗被关在了野兽笼子里！"很快，这句俏皮话出现在《吉尔·布拉斯》（Gil Blas）杂志中，于是"野兽派"这一名称被广泛传开。

野兽派强调色彩的使用，以便于表现强烈的情感。例如，马蒂斯的《舞蹈》（Dance）与印象派相似，也消除了三维的空间错觉，但是写实的倾向并没有完全消除，我们仍然可以在野兽派的绘画中看到可以辨识的事物（见图0-6）。

图0-6　马蒂斯《舞蹈》（1910年），布面油画，圣彼得堡国立艾尔米塔什博物馆

3. 立体派

与野兽派基本同时而稍晚开始产生影响的是立体派（Cubism）。1908年，法国画家乔治·勃拉克（Georges Braque）的作品在画廊展出，而

曾经激进的野兽派代表人物马蒂斯批评勃拉克的作
品是在描绘立方体。当时，《吉尔·布拉斯》杂志
刊登了批评勃拉克作品的文章，其中引用马蒂斯的
批评，认为作者把绘画还原成了立方体，"立体
派"由此得名。立体派的代表人物是巴勃罗·毕
加索（Pablo Picasso）和勃拉克。《格尔尼卡》
（Guernica）是毕加索立体主义风格中最著名的作
品之一（见图0-7）。

图0-7　毕加索《格尔尼卡》
（1937年），布面油画，索菲亚
王后艺术中心

　　其实，立体派并不是追求立体感，而是用各
种几何形状将人或者物的形象做了大胆的肢解，并
且通过平面方式展现不同角度观看的效果，或者是
展现立体观看的效果，不过它是把立体观看的各种
视觉效果叠加在同一个平面上。这当然不是制造错
觉。所以，立体派绘画已经开始消解可以辨识的人
或物。

4. 抽象艺术

　　在淡化画面中的现实事物可辨识度与画面
深度方面，比立体派做得更为激进的是抽象艺术
（abstract art），其最为杰出的代表是康定斯基
（Kandinsky）和蒙德里安（Mondrian）。在康
定斯基风格成熟的绘画中，如其《黄、红、蓝》
（Yellow-Red-Blue），我们已经看不到可辨识的现
实之物，这里只有抽象的几何图形（见图0-8）。

图0-8　康定斯基《黄、红、蓝》
（1925年），布面油画，法国国立
现代艺术美术馆

　　在现代艺术的发展过程中，康定斯基是一个重要
的转折点。在他之前的现代派艺术，尽管已经开始远
离传统，但是仍然能够看到其具象的特征，但是康定

图0-9　蒙德里安《红色的树》（1910年），布面油画，海牙市立博物馆

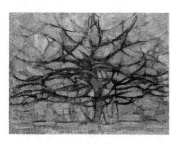

图0-10　蒙德里安《灰色的树》（1911年），布面油画，海牙市立博物馆

图0-11　波洛克《一号》（1948年），布面油漆画，纽约现代艺术博物馆

斯基风格成熟的作品已经失去了再现性质，这开启了后来所谓的抽象艺术（abstract art）。当然，也有人称这种抽象特征为"非客观"（non-objective）或"非具象"（non-figurative）的艺术。

蒙德里安的探索也非常典型地呈现了这种从具象到抽象的逻辑变化。他在1910年完成的《红色的树》（The Red Tree）明显具有野兽派的风格（见图0-9）。尽管画面已平面化，但通过色块表现的树的形象在整体上还是比较清晰的。1911年的《灰色的树》（The Gray Tree）则明显具有立体派风格（见图0-10）。画中树的形象已不太突出了。后来，可以辨识的事物在他的作品中已经看不到了。线条、色彩、构图，这是蒙德里安获得成熟风格时绘画的主要成就。或许在他看来，绘画的本质是线条、色彩与构图。

美国艺术家杰克逊·波洛克（Jackson Pollock）的抽象表现主义可以归为抽象艺术的另一类型。他的画面同样没有可以辨识的形象，但我们看到的是颜料被滴洒的痕迹，如其作品《一号》（Number 1），让我们通过画面感受到这种滴洒颜料的运动（见图0-11）。

正如格林伯格所言，现代主义绘画追求的是以绘画来表现属于绘画本身的东西。绘画本身不是摹仿外在的事物，绘画本身是色彩与构图。所以，现代主义绘画达到一种极致后就只剩下色彩与构图。到了至上主义那里，这种所谓的色彩与构图也被极度地压缩。

5. 至上主义

现代主义艺术的最终目标是实现艺术的自律。
这是回归自身，不依赖于其他的艺术效果。在现代
派绘画寻求艺术自律的道路上，康定斯基与蒙德里
安的抽象绘画还不是尽头。比他们更为极端的是俄
国的至上主义（Suprematism），其代表人物是马
列维奇（Malevich）。他有一类作品，画面中只是
简单的几个甚至一个几何图形，并且也只有单纯的
一种色彩，如其《至上主义》（Suprematism）在
构图上与康定斯基相近，而《黑色方形》（Black
Square）则将构图与色彩进行了极端地简化（见图
0-12和图0-13）。

图0-12　马列维奇《至上主义》
（1916年），布面油画，克拉斯
诺达尔艺术博物馆

6. 极少主义

马列维奇的至上主义风格作品中，有的实际上
属于一种单色画。在单色画的谱系中，艾德·莱因
哈特（Ad Reinhardt）的全黑绘画则更进一步。他
的《抽象绘画第5号》（Abstract Painting No. 5）
只有一片黑色，构图也不再存在（见图0-14）。

现代艺术在很大程度上是一种观念绘画。这
种观念需要置于艺术史的脉络当中才能显示其深刻
意义。否则，只能成为一种绘画的骗局。至上主义
与单色画的出现，标志着绘画的自律追求走向了极
端，宣告了现代主义绘画在追求自律的方向上走向
逻辑终结。因为当绘画抽象为单色之后，已经穷尽
了自律的最终可能，这就有了当代艺术的出现。

图0-13　马列维奇《黑色方形》
（1915年），布面油画，莫斯科
特列季亚科夫美术馆

图0-14　莱因哈特《抽象绘画第5
号》（1962年），布面油画，纽
约现代艺术博物馆

图0-15 杜尚《泉》（1917年），
阿尔弗雷德·斯蒂格里茨（Alfred
Stieglitz）拍摄

在当代艺术中，艺术开始寻求新的突破。这体现在两个方面：其一，突破艺术的媒介限制；其二，突破艺术与生活的界限。这就有了艺术类型意义上的当代艺术（contemporary art）。这类艺术中最有影响的当属法国艺术家杜尚（Duchamp）的《泉》（Fountain）。图0-15是当时拍的照片，原件已经丢失，后面制作的都是复制品。杜尚的《泉》本是对艺术体制的一个挑战，但后来却成为当代艺术创作的一件范本。

在杜尚做出类似《泉》这类作品的时候，西方艺术领域有些艺术家正在绘画的自律方向做进一步探索。第二次世界大战后，西方艺术家发现艺术自律的绝境，很多艺术家开始进入当代艺术的制作。这时候，他们发现杜尚作品的重要意义。于是，杜尚的《泉》等作品获得了更大的名声，产生了更大的影响。当然，也有很多艺术家在进行传统方式的绘画，或者进行现代主义的艺术创作。

第 一 章

古希腊的文化

德国哲学家黑格尔（G. W. F. Hegel）曾说：
"一提到希腊这个名字，在有教养的欧洲人心中，
尤其在我们德国人心中，自然会引起一种家园之
感。"● 当然不单是德国人，整个欧洲的主要文明可
能都会对希腊有一种家园感。可以说，希腊文明哺
育了整个西方文明的精神气质。

现代希腊的地理位置是欧洲东南部的巴尔干
半岛，以及附近的诸多岛屿，这也是古希腊的核心
地区。古希腊还包括地处亚洲西部边缘的小亚细亚
（Asia Minor）沿地中海的区域。古希腊不是一个统
一的国家，它是由众多城邦组成的文化共同体。

一、历史：爱琴文明到雅典

古希腊地区的文明发生得很早。在公元前6000
年左右，希腊大陆远古居民受小亚细亚移民的影
响，进入了新石器时代。公元前2600年左右，希腊
大陆居民学会了铸造铜器，进入铜器时代。公元前
2000年左右，当希腊大陆原始居民进入青铜时代中

● 黑格尔.哲学史讲演录[M].贺麟,等译.上海:上海人民出
版社,2013:157.

期的时候，属于印欧人种的爱奥尼亚人（Ionian）进入希腊大陆，希腊早期文明遭到极大破坏，而此时未受影响的克里特岛（Crete）进入繁荣时期。这标志着古希腊地区开始了爱琴文明（Aegean Civilization）时期。

（一）爱琴文明

在希腊早期文明遭到破坏之时，爱琴文明开始进入它的繁盛时期。爱琴文明又由两个时期组成：克里特文明（Gretan Civilization）与迈锡尼文明（Mycenaean Civilization），它们都源于西亚和北非的王宫文明。从克里特文明到迈锡尼文明，他们始终与地中海东海岸的小亚细亚地区组成一个文化整体。

克里特文明从公元前3000年延续到公元前15世纪（前1400年）。公元前6000年，克里特岛上就有居民，他们是来自小亚细亚的移民。公元前3000年，在埃及和小亚细亚地区，石器开始被取代，社会发展进入青铜时代。1000年后，这种技术传到欧洲，由于欧洲缺乏制造青铜的铜和锡，因此必须从东方进口，所以位于埃及、希腊和小亚细亚之间的克里特岛成为商业贸易中心，影响欧洲的最早的文明在此诞生。因此，公元前2000年左右，克里特文明得到很大发展，并且在公元前1700年左右进入繁荣时期。

克里特文明的核心是克里特岛的克诺索斯（Knossos）。克诺索斯的国王则被称为"米诺斯"（Minos），所以克里特文明又被称为"米诺斯文明"（Minoan civilization）。克里特文明发现于20世纪初。1900年，英国考古学家阿瑟·伊文斯（Arthur Evans）在克里特岛发掘出一个庞大的宫殿遗址，他认为这是一个相对独立的早期文明，便认为这是历史传说中的米诺斯文明。在考古发掘的基础上，伊文斯出版了四卷本考古图片的汇编《克诺索斯的米诺斯王宫》（*The Palace of Minos at Knossos*）。

根据让-皮埃尔·韦尔南（Jean-Pierre Vernant）的研究，克里特的宫殿是由许多房舍组成的迷宫，这些房舍可能杂乱无序地分布在一个中央庭院的周围。这个复合性的王宫与周围的村落由宽阔的大道联通。但是公元前1500年，米诺斯文明突然衰落。现在学者普遍认为克诺索斯宫是毁于火山喷发、地震等自然灾害。

迈锡尼文明的主要影响是在希腊半岛，以迈锡尼城为代表。迈锡尼文明从公元前2000年开始，延续到公元前12世纪（公元前1100年）。创造了迈锡尼文明的是亚该亚人（Achaia）。亚该亚人与爱奥尼亚人（Ionian）、伊奥利亚人（Aeolia）同属希腊人。

公元前2000年，亚该亚人涌入希腊半岛的伯罗奔尼撒地区，征服了当地土著居民，建立了部落国家，成为希腊半岛上最早的属于希腊种族的居民。公元前1600年，他们进入青铜时代晚期，亚该亚人从伯罗奔尼撒向外扩张。公元前1450年左右，迈锡尼军队控制了克里特。由此，克里特文明被迈锡尼文明所代替。迈锡尼文明于公元前1400年进入繁盛时期，一直延续到公元前12世纪。

迈锡尼文明是在19世纪后期被考古学家们发现的，他们中最有影响的是德国考古学家海因里希·施里曼（Heinrich Schliemann）。迈锡尼文明也是以王宫为中心的，尽管克里特文明与迈锡尼文明都属于王宫文明，但它们的宫殿建筑却有着很大的区别。韦尔南认为，迈锡尼的王宫是带围墙的城堡，是国王与王室及其他国王亲信的居住之地，他们通过这个王宫城堡监视周围的区域。王宫还同时掌控着政治、宗教、军事及经济等社会生活各个方面的权力。

在考古中，考古学家发现了克里特文明与迈锡尼文明所使用的文字，它们分别被称为线形文字A和线形文字B。这两种文字被发现都是刻在泥版上，可能存在一种渊源关系。其中，线形文字B已于1950年被迈克尔·文特里斯（Michael Ventris）破译，而线形文字A至今还无人能够破译。

（二）荷马时代

公元前1200年左右，同属希腊人的多利安人（Dories）南侵，亚该亚人被多利安人征服，迈锡尼文明走向衰落。于是，希腊进入历史上所说的黑暗时代（Dark Age）。一方面是由于多利安人的入侵，彻底摧毁了迈锡尼文明的王宫体制；另一方面又割断了希腊半岛与东方的小亚细亚之间的贸易往来。不过，多利安人建立了斯巴达（Sparta），此时他们已经进入铁器时代。

这段黑暗时代，从公元前1200年左右一直延续到公元前800年左右，这段时间又被历史上称为荷马时代（Homeric Age）。这是由于《荷马史诗》记载的特洛伊战争（Trojan War）发生在这段时间。其实，特洛伊战争只是一场长达10年（公元前1194年—公元前1184年）的战争，相比整个荷马时代还是很短暂的，发生在荷马时代的开端时期。

（三）城邦时代

公元前800年左右，希腊城邦开始兴起。前文已述，古希腊并不是一个统一的国家，而是由诸多城邦（polis）组成。古希腊的城邦时代大致可以分为两个阶段：第一个阶段是从公元前8世纪到公元前6世纪，这是城邦兴起直至最终确立的时期，学界称为古风（archaic）时代；第二个阶段是从公元前5世纪到公元前4世纪，这是城邦繁荣的时期，学界称为古典（classic）时代。

城邦制度很大程度上受地理特点的影响。公元前8世纪，希腊半岛重新通过腓尼基（Phoenicia）航海者恢复了与东方世界的联系，由此开始发展海上贸易，希腊文明得到繁荣。随着城邦经济走向繁荣，人口迅速增加，这又加速了居民向海外移居甚至建立国家。古希腊最早的移民地区主要是西西里岛（Sicily）东部、意大利南部和非洲北部移民；第二阶段主要是向马其顿地区（Macedonia）和色雷斯地区（Thrace）移民。我们并不能把古希腊人向海外移民（或者说殖民）等同于后世意义上的殖民统治。

史学家威廉·麦克高希（William McGaaghey）指出，人口增长对于历史的影响是极其重大的。事实也证明这样的观点没有什么大的问题。在他看来，在波希战争中，希腊人之所以能够抵抗波斯国王的侵略，得益于从公元前1000年开始地中海爱琴海区域的人口增长。并且，这一次长时期的人口增长，给后来亚历山大大帝的扩张提供了人口上的条件。

城邦的格局与爱琴文明时期的王宫截然不同。在城邦中，作为城市中心的是公共集会广场。它是公共空间，是公民讨论他们共同关心的问题的场所。韦尔南说："这样的城市布局实际上确立了一个思想空间，展示了一个新的精神视野。城市一旦以公共集会广场为中心，它就已经成为严格意义上的'城邦'（polis）"❶对于这样的城邦来说，话语就变得极其重要。对公共事务的讨论，自然就会出现演说、辩论等特殊的话语形式。这些形式的话语使希腊人非常重视语言的逻辑性和说服力。所以，在城邦发展过程中，修辞学与论辩术就变得极其重要。

古希腊的城邦出现的政体形式主要有以下三种。

（1）君主政体。君主政体主要盛行于公元前8世纪到公元前7世纪。这也是古希腊城邦兴起的时间，这个阶段大多是由国王来统治城邦。但是期间经常出现所谓的"僭主政治"。尤其到了公元前7世纪到公元前6世纪这一段时期，"僭主政治"是非常盛行的。

希腊语"僭主"的拉丁文写法是tyranos，与这个词相对的英文是tyrant，意思是"暴君"。但事实上，在古希腊的语境中，"僭主"并不是指暴君，它只是表达了获取政权的不正当方式，且较多是通过暴力方式。所以，"僭主政治"主要是指一种权力获得方式，而不是指政治权力的结构。"僭主"获得政权后，有的采取君主政制，也有的建立民主政制。例如，米提林的皮塔库斯（Pittacus）和科林斯的佩里安德（Periander），这两个人都曾做过"僭主"，但他们都列在古希腊的七贤当中。

（2）贵族政体。公元前7世纪到公元前6世纪这段时期，"僭主政治"盛行，有些城邦已经形成贵族政体。贵族政体以斯巴达为代表，政治结构上以贵族议事会为核心，其他结构特征还包括双王、公民大会等。

---

❶韦尔南.希腊思想的起源[M].秦海鹰,译.北京:北京大学出版社,2012:37.

（3）民主政体。民主政体的代表是希腊古典时代的雅典。在整个希腊古典文明中，文化的中心当然是雅典（Athens）。雅典的政体主要经过君主政体、寡头政治、民主政体这三个阶段。

在以上的三种政体中，城邦的政治群体主要由三部分组成：一是公民大会，由成年男子组成；二是议事会，如雅典的五百人会议，斯巴达的长老会议；三是公职人员，负责军事指挥的公职人员及行政人员。

（四）雅典时代

雅典早期是君主政体。公元前8世纪，提秀斯（Theseus）通过改革，把部落改造成国家，同时也实现为君主政体。在君主政体中，城邦由国王来统治。公元前7世纪早期，雅典成为一个贵族制的共和国，城邦权力开始由三个一年一选一任的执政官主持，这就形成了所谓的寡头政治。由于这些寡头都是贵族出身，所以这种寡头政治也是贵族政体。从君主政体进入贵族政体主要是通过议事会这个机构。议事会又称长老会，其核心是由六人组成的司法执政官。这其实就形成了雅典九执政官的贵族政体。

在王政与贵族政体时期，雅典的自由公民主要是三个阶层：贵族、自耕农和以商业、贸易为生的公共服务者。这三个群体都可以参加公民大会。另外，还有一种没有公民权的自由人，主要是雇工。进入贵族政体后，城邦设立了由全体有投票权公民的大会。三位主要行政官则由公民大会选举出来。或者由议事会从公民大会推选出来的候选人中直接任命。

雅典由部落进入君主政体和贵族政体之后很长时间，雅典公民参与公民大会还是以部落和胞族为单位的。在公元前7世纪，部族之间的矛盾逐渐突出，贵族与平民的矛盾在德拉古立法后仍然严峻，并且寡头派与民主派的矛盾已经异常尖锐。在这种背景下，雅典开始了民主政体的改革。

公元前6世纪，雅典开始形成民主政体。这首先应该归功于梭伦执政后的一系列改革。公元前594年，作为古希腊七贤之一的梭伦（Solon，约公元前

640年—约公元前558年）当选为雅典的执政官，他开始推行民主性的改革措施。梭伦改革的第一步是颁布了"解负令"，这条法令取消了所有以人身为抵押的债务，这就让那些因债务而沦为奴隶的雅典人重获自由。

梭伦还规定公民大会向最低等级的公民开放，并且设立陪审法庭制度。由于陪审团成员由抽签产生，所以普通的公民也可以进入陪审团，任何官员卸职时都有可能在法庭上受到指控。陪审法庭制度，使雅典的民主制度获得了很大的提升。梭伦还削弱了由贵族政体中遗留下来的议事会的行政权力，主要赋予议事会监督的职能。九行政官在卸任后便成为议事会的终身成员。梭伦领导建立了400人会议，会议由四个血缘部落各选100人组成。

梭伦改革将平等置于重要的地位，将平等作为设计社会秩序的重要基础。韦尔南说："没有平等，就没有友爱，也就没有城邦。"❶尽管梭伦改革极大地推动了雅典民主政体的建立，但是这并没有在现实意义上达到社会和解。在他的任期结束后不久，党争再度爆发；而这种党争却结束于梭伦非常憎恶的"僭主政治"。并且，这是他还未去世就看到的。

庞西特拉图（Peisistratus，约公元前600—约公元前527年）在公元前560年夺取雅典政权，建立了"僭主政治"。他虽然出身贵族，并且不是通过民主选举获得政权，但他在执政后极力推行民主政治，打破了贵族对政治权力的垄断。庞西特拉图执政期间，雅典城邦的领导力迅速增长。他还推动了雅典文化走向繁荣。据说有不少人相信，庞西特拉图主持整理了伊奥尼亚人的经典史诗《伊利亚特》和《奥德赛》。❷

公元前527年，庞西特拉图去世。此后，他的两个儿子希庇亚斯（Hippias）和希帕库斯（Hipparchus）继续实行"僭主政治"。这二人虽然都很博学并酷爱文艺，但对政治却并不在行，所以导致雅典政局更为混乱。更有

❶ 韦尔南.希腊思想的起源[M].秦海鹰,译.北京:北京大学出版社,2012:83.
❷ 伯里.希腊史:第1卷[M].陈思伟,译.长春:吉林出版集团有限责任公司,2015:235.

甚者，希波战争的开始，是希庇亚斯带领波斯大军进入马拉松而引起的，因为他试图借助波斯打败希腊成为雅典的"僭主"。由于"僭主政治"延续了几十年，雅典的平民与贵族之间的矛盾日趋激化。庇西特拉图的儿子在公元前510年被雅典民众推翻。

这一年，克利斯提尼（Cleithenes）担任执政官。公元前508年，他推翻"僭主政治"，进行了较为彻底的民主改革。克利斯提尼将原有的议事会扩大到500人，来源由4个血缘改为10个伊奥尼亚地区部族，每个部族推选50人。为了便于管理决策，他将一年分成10段，每一段时间由其中的50名议员负责，这50名议员便组成了议事会中的主席团。克利斯提尼还在多个领域推动民主改革。经过克利斯提尼改革，雅典成为一个完全的民主共和国。

公元前490年，希波战争（Greco-Persian Wars）正式拉开大幕。希波战争发生的起因是由于波斯帝国在扩张中征服了小亚细亚的希腊城邦，这些城邦向希腊本土求援，于是波斯与希腊之间发生了军事冲突。公元前490年，波斯皇帝大流士一世（Darius I）派出一支远征军攻打希腊。但随后雅典军队在马拉松大败波斯军队。公元前485年，大流士一世去世，薛西斯一世（Xerxes I）继位。

薛西斯一世于公元前480年再度攻打希腊，波斯军队在取得温泉关胜利后洗劫了雅典城，雅典卫城（Acropolis）被毁。但在接下来的萨拉米斯（Salamis）海战中，雅典海军大败波斯军队。公元前478年，雅典卫城重建，雅典重振繁荣开始兴起。这也是古希腊进入古典时期的标志性事件。公元前449年，雅典军队再次在萨拉米斯战胜波斯军队，这标志着希波战争的彻底结束。从希波战争结束到伯罗奔尼撒战争（Peloponnesian War）开始，雅典处于繁荣时期。

公元前470年，雅典领导了提洛同盟（Delian League）。此后雅典却对同盟中的城邦加紧控制。到公元前450年，提洛同盟实际上已经成为一个雅典帝国。雅典的盟主地位使其获得了极大的权力，而这种权力又催生了雅典的贪欲，这就逐渐摧毁了雅典曾以之为骄傲的美德。雅典的堕落将导致同盟的失败。布克哈特说："雅典在政治方面堕落的根源在于，民主制试图支撑一个帝国，这显然超出了它所能承受的限度，贵族制（如在罗马和威尼斯）能够比民主制更加长久地维持这样一个帝国。"❶

公元前445年，雅典与斯巴达签订了30年和约。在此之后的十几年间，雅典文化得到了长足的发展。著名的伯里克利（Pericles）执政也正是在这段时间。公元前443年，伯里克利当选雅典首席将军，成为雅典政府首脑，直至前429年去世。伯里克利执政时期的雅典也是整个希腊文明的黄金时期。

雅典在领导提洛同盟后，与斯巴达领导的伯罗奔尼撒联盟之间的矛盾日深。终于在公元前431年和约期刚刚过半就爆发了伯罗奔尼撒战争。第二年，伯里克利为战争中雅典阵亡将士发表了他的著名演说。但普鲁塔克（Plutarchus）谴责伯里克利发起这场战争只是试图要通过一场战争的胜利挽救其盛名的急速跌落。但是，这场战争不仅没有挽救他本人的名声，更是将整个雅典与希腊的前途搭了进去。

这场战争一直延续到公元前404年，以斯巴达的胜利而告终。这场长达近30年的战争，结束了雅典的经典时代，也结束了希腊的民主时代，强烈地改变了希腊各城邦的命运。于是，整个希腊走向了衰落。

公元前399年，雅典法庭以不敬城邦之神和腐蚀青年灵魂的罪名通过投票判处苏格拉底死刑。这说明，很多雅典公民在城邦衰落之时已经没有了曾经的自信与宽容。同时，这也因苏格拉底与一些倾向寡头派的青年有关系，而雅典人将对寡头派的复仇情绪施加于苏格拉底。其实，在对苏格拉底投票中，同意判处其死刑的也只是刚过半数。

在判决苏格拉底死刑到执行有大约一个月的时间，这主要是由于雅典城邦的惯例。雅典每年派人乘船到希腊宗教圣地德洛斯（Delos）拜祭，而在这只船

---

❶ 布克哈特.世界历史沉思录[M].金寿福,译.北京:北京大学出版社,2007:120.

返回之前是不允许处死任何犯人的。苏格拉底被判死刑的时候正好赶上去德洛斯的船已经出发而因事拖延还未返回。苏格拉底的许多朋友在这段时间想办法营救苏格拉底出狱，在那只大船要回来时，有人已经计划买通狱卒让苏格拉底出逃，但是被苏格拉底拒绝。在苏格拉底看来，雅典判处他的死刑，尽管这个结果对他而言是不公正的，但是审判的程序是正确的，所以他要遵守法律的这个判决。

我们在柏拉图的对话录《克里托篇》（Crito）中可以看到苏格拉底与他的朋友克里托在这只船快要返回雅典时的狱中对话；在《斐多篇》（Pheado）中可以看到苏格拉底在被执行死刑前与他的学生和朋友在狱中的对话。这最后的一次对话主要是关于灵魂与真正知识的问题。

苏格拉底认为，死亡是肉体本身与灵魂本身分离开来，而哲学家应当比其他人更加尽可能地切断灵魂与肉体的联系。只有这样，哲学家才能获得真正的知识。灵魂是曾经拥有真正知识的，但是出生后由于肉体的影响而远离了真正的知识。所以，学习是一种回忆，也是去实践死亡。

法国著名画家雅克-路易·大卫（Louis David，1748—1825年）的《苏格拉底之死》（The Death of Socrates）展现了这位哲人在生命最后时刻的光芒（见图1-1）。他没有那些学生与朋友想象的那样的悲伤，那向上指着的手指显示了他对真理的坚持。苏格拉底死去后，雅典人很快就后悔了，他们

图1-1 路易·大卫《苏格拉底之死》（1787年），布面油画，纽约大都会艺术博物馆

处死了控告苏格拉底的主谋，并把其他几个控诉者放逐出雅典。

不管怎样，雅典无疑成为全部希腊人的骄傲。布克哈特对雅典在希腊中的地位做了一个经典的描述。他说："希腊哲学虽然源头有多个，但是这些涓涓细流最后汇集在雅典；荷马史诗也是在雅典达到了今天我们所看到的形式；希腊戏剧是借助我们的视觉和听觉所能感受到的形式来表达人类精神的最高艺术，而这个艺术实际上完全是雅典人的成就；雅典人的古希腊语文体（Attizismus）后来成为所有希腊人共同的风格；整个古典时期的人（包括罗马人）都认为希腊语是借以表达思想最为丰富和最为灵活的工具，持这种观点的人指的主要是雅典人的语言。"● 雅典辉煌的时期尽管并不是很长，但是她的文化深刻地影响了整体欧洲乃至于整个西方世界。

（五）希腊化时期

在古希腊与古罗马（帝国）之间，其实还有一个所谓的"希腊化"（Hellenism）时期。公元前338年，马其顿王腓力二世（Philip II of Macedon）打败了雅典联军，并剥夺了希腊各城邦大部分自治权，实际上控制了整个希腊地区。公元前336年，腓力二世去世，其子亚历山大大帝（Alexander the Great）继位。至此，希腊文明的古典时代宣告终结。

公元前330年，在亚历山大大帝的强大攻势下，波斯帝国国王大流士三世（Darius III Codomannus）被杀，波斯帝国结束。这样，亚历山大大帝建立了横跨欧亚非三洲的庞大帝国，这标志着马其顿统治下的希腊化时代（Hellenistic Age）开始。但公元前323年亚历山大去世后，帝国陷于分裂。公元前3世纪形成三个主要的希腊化王国：亚洲的塞琉西王朝（Seleucid Dynasty）、埃及的托勒密王朝（Ptolemaic Dynasty）及欧洲部分的马其顿王国。除此还有若干较小的独立城邦。公元前30年，最后一个希腊化王国托

● 布克哈特.世界历史沉思录[M].金寿福,译.北京:北京大学出版社,2007:116.

勒密王朝被罗马吞并，这标志着希腊化时期的结束。

　　亚里士多德是亚历山大大帝的老师，所以亚历山大即位之后，是非常推崇古希腊文化的。尽管马其顿占领了古希腊的地域，但是却受到古希腊文化的影响。随着马其顿成为一个帝国，古希腊的文化开始对欧洲甚至于北非与西亚等地区产生影响，这就是所谓的希腊化时期。历史上通常将希腊化时期列于古希腊，这类似于我们在历史上将元朝与清朝都列为中国历史朝代。

二、神话：自然解释与文化隐喻

　　每一个民族都有自己的神话，每一个民族最初都是通过神话滋养自己的文化与文明。对于神话的产生，马克思在其《〈政治经济学批判〉导言》中有一段非常经典的话。他说："任何神话都是用想象和借助想象以征服自然力，支配自然力，把自然力加以形象化；因而，随着这些自然力实际上被支配，神话也就消失了。"❶ 马克思不仅解释了神话产生的现实基础，而且也解释了神话消失的历史原因。

　　神话对一个民族的艺术影响是非常深远的。希腊神话对西方艺术尤其重要。马克思指出："希腊神话不只是希腊艺术的武库，而且是它的土壤。"❷他还说："希腊艺术的前提是希腊神话，也就是已经通过人民的幻想用一种不自觉的艺术方式加工过的自然和社会本身，这是希腊艺术的素材。"❸ 不仅如此，希腊神话在文艺复兴开始之后几百年的时间里都是整个欧洲艺术的重要素材。

　　马克思道出一个非常重要的问题，这也是古希腊神话所涉及的两个方

---

❶ 中共中央马恩列斯著作编译局.马克思恩格斯选集:第二卷[M].北京:人民出版社,2012:711.

❷ 同①.

❸ 同①.

面。希腊神话是人们通过幻想的方式对自然和社会本身进行艺术重构，而这正是古希腊旧神谱系与新神谱系的主要区别。旧神谱系主要体现为古希腊人对自然的解释，而新神谱系则主要体现为他们对社会与文化现象的解释。在这方面，希腊神话比其他民族的神话更为清晰地分为两段。

（一）旧神谱系

几乎所有神话都有关于宇宙起源或天地万物起源的内容。古希腊神话中的旧神谱系主要是希腊民族关于天地万物之起源的认识。这种认识与其他很多民族的创世神话都有相似之处。

希腊神话将卡俄斯（Chaos）看成最早的神，这其实是他们对世界起源的认识。"卡俄斯"的意思是"混沌"，这是说，他们认为世界起源于一种混沌的状态。这跟中国古代神话对于宇宙起源的看法是类似的。《太平御览》载佚书徐整《三五历纪》中语："天地混沌如鸡子，盘古生其中，万八千岁。"❶甚至中国哲学也有这样的看法。老子认为，"道"是天地万物的本根，是天地万物之所由生。"道"是一种混沌的状态。《道德经》说："道之为物，惟恍惟惚。"这种"惚恍"是类似于混沌的一种存在状态。由此可以说，在关于天地万物之本原的认识上，中西早期文明是有一致性的。

卡俄斯生出地神盖亚（Gaia），Gaia的意思是"大地"（Earth）。在大地深处，有地狱深渊之神塔耳塔罗斯（Tartarus）。卡俄斯又在其混沌中诞生了使一切充满活力的爱欲之神厄洛斯（Eros）。对于事物的生成来说，爱欲是非常重要的。古代人类并不明白物理世界有自身的演化规律，对于自然世界的变化都是从人的视角来解释的。当然，他们认为，在自然事物背后支配这些变化的是一些具有超越常人身份的神灵。这就有了神话。于是，他

---

❶ 太平御览:第一卷[M].李昉,编纂.夏剑钦,校点.石家庄:河北教育出版社,1994:15.

们就用"爱欲"（Eros）来解释事物生成的内在原因。

爱是两个事物之间产生的关系。所以，混沌生出爱欲之神是不需要爱的。两个事物结合，生成第三个事物，就需要有爱。《道德经》中说："道生一，一生二，二生三，三生万物。"这个"道生一"和"一生二"是不需要爱欲的，"二生三"则需要有爱欲的推动。当然，老子是不讲爱欲的。由于这"二"是"冲气以为和"，所以"二"可以理解为阴与阳之间的和合。但是，在古希腊神话中，爱欲是非常重要的要素。

混沌之中又生出黑暗之神厄瑞波斯（Erebus）和夜神尼克斯（Nyx），他们共同生出光明男神埃忒耳（Aether）与白昼女神赫墨拉（Hemera）。"Aether"又被译为"以太"，它在古希腊哲学家那里通常被认为是一种在天空上层的物质。白昼是从黑夜中诞生，古希腊人认为在黑夜中有了爱欲导致白昼的生成。

地神盖亚又生出了天神乌拉诺斯（Uranus），并且与天神乌拉诺斯结合，生出六男六女，共十二个提坦巨神（Titans）。这十二个提坦巨神是：海洋之神俄刻阿诺斯（Oceanus）、智力之神科俄斯（Coeus）、生长之神克利俄斯（Crius）、太阳之神绪佩里翁（Hyperion）、灵魂之神伊阿佩托斯（Iapetus）、光明女神忒亚（Theia）、时光女神瑞亚（Rhea）、正义女神忒弥斯（Themis）、记忆女神谟涅摩绪涅（Mnemosyne）、月亮女神福柏（Phoebe）、海洋女神忒提斯（Thethys）和创造之神克洛诺斯（Cronos）。除了十二个提坦巨神，他们还生了三个独眼巨神，即库克罗普斯（Cyclops），他们又称为圆目者；还有三个百臂巨神，即赫卡图刻伊瑞斯（Hecatonchires）。

在十二个提坦巨神中，克洛诺斯是最小的一个。由于地神盖亚仇视残暴的天神乌拉诺斯，所以她鼓动孩子们惩罚父亲。但只有最小的克洛诺斯敢于做这件事。他等着父亲亲近母亲的时候，用母亲给他的镰刀袭击天神乌拉诺斯。他用镰刀将他父亲的生殖器割下来扔到大海，这东西飘到克里特岛附

近，周围飘起白色的浪花。在白色的浪花中，诞生
了爱神阿弗洛狄忒（Aphrodite）。在爱神诞生的
神话中，那白色浪花其实是天神乌拉诺斯精液的隐
喻。阿弗洛狄忒诞生后，温和的海风将她吹到塞浦
路斯岛（Cyprus）上。文艺复兴时期艺术家乔尔
乔·瓦萨里（Giorgio Vasari，1511—1574年）
有一幅《农神击败乌拉诺斯》（*The Mutilation of
Uranus by Saturn*），展现了克洛诺斯战胜天神的
情景（见图1-2）。雅典有一个克罗尼亚节（Kro-
nia），通过纪念克洛诺斯来庆祝丰收，这样克洛诺
斯也就演变成农神，到了罗马时代，农神又跟土星
联系起来。

图1-2 瓦萨里《农神击败乌拉
诺斯》（约1560年），壁画，佛
罗伦萨维奇奥宫

　　爱神阿弗洛狄忒的古罗马名是"维纳斯"
（Venus）。她有一个永远长不大的儿子小爱神厄
洛斯，厄洛斯的古罗马名是"丘比特"。古希腊神
话中，先后有两个爱神：一个是由混沌中生出的爱
神厄洛斯；一个是爱神阿弗洛狄忒的儿子小爱神。
前者在旧神谱系中被用来解释某些自然现象的成

图1-3　鲁本斯《农神吞噬其子》
（1638年），布面油画，马德里普
拉多博物馆

图1-4　戈雅《农神吞噬其子》
（1823年），布面油画，马德里普
拉多博物馆

因，后者在新神谱系中被用来解释文化与社会中的
爱情。

　　最小的提坦巨神克罗诺斯成为第二代天神，同
是提坦巨神的瑞亚（Rhea）成为他的妻子。克洛诺
斯战胜父亲后，乌拉诺斯便诅咒他，说克洛诺斯将
被他自己的儿子推翻。所以，克洛诺斯担心遭受与
他父亲同样的命运，在瑞亚每生出一个子女后，便
将他们吞噬到自己的肚子里。克洛诺斯先后吞噬了
自己的五个子女：赫斯提亚（Hestia）、得墨忒尔
（Demeter）、赫拉（Hera）、哈得斯（Hades）
和波塞冬（Poseiton）。17世纪的艺术家鲁本斯
（Rubens，1577—1640年）和19世纪艺术家弗朗西
斯科·戈雅（Francisco Goya，1746—1828年）
各有一幅《农神吞噬其子》（*Saturn Devouring His
Son*）的作品，刻画了克洛诺斯在吞噬他的孩子时的
血腥与残忍（见图1-3和图1-4）。

　　此后，瑞亚又生出了宙斯（Zeus）。这是她生
的最后一个孩子。为了保护这个孩子，她请求母亲
地神盖亚的帮助。盖亚答应了，在瑞亚生下宙斯之
后把这孩子藏到克里特岛的山洞中。瑞亚找了一块
长石裹在褓褓中送给克洛诺斯，克洛诺斯并没有察
觉而直接吞掉了这块石头。

　　宙斯在克里特岛长大后，开始反抗他的父亲
克洛诺斯，迫使父亲吐出了被他吞掉的五个哥哥姐
姐。而后，他们一起与提坦巨神争夺世界的统治
权。在战斗过程中，有几个提坦巨神站在宙斯一

边，宙斯又借助了独眼巨人与百臂巨人的帮助，最后终于战胜提坦巨神，成为新的天神。

（二）新神谱系

宙斯成为新的天神后，与众神住在奥林波斯山上。工匠之神赫菲斯托斯（Hephaestus）为他们打造了金碧辉煌的宫殿。天神宙斯坐在他的宝座上，他的旁边站着和平女神厄瑞涅（Eirene）和有翼的胜利女神妮克（Nike）。在古希腊的新神中，最重要的是奥林波斯十二主神（The Twelve Gods of Olympus）。

奥林波斯十二主神分别是：

宙斯：天神，众神之父，雷电之神；古罗马名朱庇特（Jupiter）。

赫拉：天后，婚姻女神；古罗马名朱诺（Juno）。

波塞冬（Poseidon）：海洋之神；古罗马名尼普顿（Neptune）。

阿波罗（Apollo）：日神，音乐之神；古罗马名也是阿波罗。

阿耳忒弥斯（Artemis）：月神，狩猎女神；古罗马名狄安娜（Diana）。

雅典娜（Athena）：智慧女神，正义战争之神；古罗马名密涅瓦（Minerva）。

阿弗洛狄忒：爱与美之女神；古罗马名维纳斯（Venus）。

阿瑞斯（Ares）：战争之神；古罗马名玛尔斯（Mars）。

德墨忒尔（Demeter）：农业与丰收女神；古罗马名色列斯（Ceres）。

赫斯提亚：火和灶女神；古罗马名维斯塔（Vesta）。

赫菲斯托斯：火与技艺之神；古罗马名伏尔甘（Vulcan）。

赫耳墨斯（Hermes）：神使，小偷、旅者与商人之神；古罗马名墨丘利（Mercury）。

由此我们可以看到，奥林波斯十二主神大多是人类文化方面的神祇。古希腊人以此解释人类的各种文化现象。

（三）宙斯与他的子女们

古希腊神话在流传过程中，形成一个相对完整的体系。神的数量也是相当庞大的。在古希腊神话中的神与英雄中，单是宙斯子女的就有很多个。

天后赫拉为宙斯生下了工匠之神赫菲斯托斯、青春女神赫柏（Hebe）及战神阿瑞斯（Ares）。

大洋神女墨提斯（Metis）是宙斯的第一任妻子。地神盖亚与天神乌拉诺斯曾经预言，墨提斯所生的子女注定是极其超群的；如果生下儿子，将会代替宙斯成为天国之王，宙斯只有把墨提斯吞到肚里，才可以逢凶化吉。所以，墨提斯刚刚怀孕时，宙斯便花言巧语骗过她，将她吞到自己肚里。但是宙斯吞掉墨提斯之后，很快感觉头疼异常，就令赫菲斯托斯劈开他的头颅，而后就从宙斯的头颅中生出披挂整齐的雅典娜。

首先，雅典娜从宙斯的头颅中出来，所以她是智慧女神；其次，她出来的时候身穿盔甲、一手握长枪一手提金盾，所以她又是古希腊的女性战神。德国剧作家与思想家弗里德里希·冯·席勒（Friedrich von Schiller）说："古代神话让智慧女神全身甲胄地从朱庇特的头顶冲出来，不是没有意义的；因为她的第一项事务是战斗性的。"[1] 作为战神，她比天后赫拉生下的战神阿瑞斯还要勇猛。正是由于她的英勇，雅典娜成为古希腊的保护神，尤其是雅典城的保护神。

提坦神忒弥斯（Themis）是古希腊的正义女神。在西方艺术中，她通常是手拿天平的形象。忒弥斯为宙斯生下了时序三女神（Horae）与命运三女神（Moirai）。时序三女神分别是秩序女神欧诺弥亚（Eunomia）、公正女神狄刻（Dike）与和平女神厄瑞涅（Eirene），她们三人也分别代表春、夏、秋三个季节。命运三女神中，最小的克洛托（Clotho）是负责掌管未来并纺织生命之线，拉克西斯（Lachesis）是负责生命之线的长短；最长的阿

---

[1] 席勒.席勒美学文集[M].张玉能,译.北京:人民出版社,2011:239.

特洛波斯（Atropos）是负责切断生命之线的。在西方艺术中，经常看到她们在纺线的场景。

大洋神女欧律诺墨（Eulynome）为宙斯生下美惠三女神（the Graces）。她们分别是光辉女神阿格莱亚（Aglaia）、激励女神塔利亚（Thalia）和欢乐女神欧弗洛绪涅（Euphrosyne）。

掌管记忆、语言和文字的提坦女神谟涅摩绪涅（Mnemosyne）被伪装成牧羊人的宙斯所引诱，并为他生下九个女儿，这就是古希腊神话中的缪斯（Muses）女神，即九个文艺女神。

提坦神科俄斯与福柏的女儿勒托（Leto）为宙斯生下了阿耳忒弥斯（Artemis）和阿波罗（Apollo）。阿耳忒弥斯是古希腊的月神与狩猎女神，阿波罗则是日神与预言之神。

掌握农业与丰收的女神德墨忒耳（Demeter）为宙斯生下了古希腊神话中的冥后珀耳塞福涅（Persephone）。大洋神女迈亚（Maia）为宙斯生下了神使赫耳墨斯（Hermes）。忒拜城的公主塞墨勒（Semele）为宙斯生下了酒神狄奥尼索斯（Dionysus）。底比斯国王安菲特律翁的妻子阿耳克墨涅（Alcmene）被宙斯引诱，为他生下了古希腊神话中的著名英雄赫拉克勒斯（Heracles）。

（四）宙斯的情事

在古希腊神话中，作为天神的宙斯并不是一个道德的模范，也不像中国古代神话中的夸父、精卫等人物成为一种精神的象征。宙斯作为天神，当然有超常的能力，但他也有常人一般的情欲，甚至在这方面还不如常人能够遵守情爱的道德规范。很多美丽的仙女或公主都被他变形的诡计所欺骗而无法逃脱他的追求，并为他生下不凡的子嗣。神与人具有同样的性情，这是古希腊神话的一个重要特征。例如，天后赫拉就极其嫉恨那些能够吸引她丈夫的女子。宙斯的这些情事，其实也是古希腊人为了解释某种不明其源的文化事物的起源，而将其归于天神的创生。

1. 宙斯与欧罗巴

欧罗巴（Europa）的父亲是腓尼基国王阿格诺耳（Agenor）。有一天，欧罗巴晚上做梦，梦见亚细亚（Asia）与跟亚细亚隔海相望的大陆变成两个妇人在争抢自己。亚细亚变作的那个妇人跟自己相似，并说自己是她生养的。另一个妇人却把自己争抢过去要带走，但自己也并没有挣扎和拒绝。这个妇人还说宙斯将成为自己的情人。清晨醒来，欧罗巴就把这个梦淡忘了，她跟别的女孩子一起到海边采花朵做花环。

正巧，天神宙斯看到欧罗巴，被她的美貌打动。于是，宙斯化作一只公牛混入欧罗巴远处的牛群，并出来吸引她的注意。欧罗巴被那头牛所吸引，跑过去跨上了牛背，招呼她的其他女伴。当她跨到牛背上后，宙斯变的公牛便疯狂地奔跑，把她带到一个岛屿上之后变成英俊的男子。后来，爱神阿弗洛狄忒出现在她面前告诉她，她成为了天神宙斯的妻子，并且她的名字将会不朽，这块大陆将以欧罗巴为名。文艺复兴时期著名画家提香（Titian，1489—1576年）在其一幅画作《劫持欧罗巴》（*The Rape of Europa*）中给我们展示了欧罗巴被宙斯变化的公牛掳走时的极度惊恐（见图1-5）。

图1-5 提香《劫持欧罗巴》（1562年），布面油画，波士顿伊莎贝拉嘉纳艺术博物馆

欧罗巴为宙斯生了三个孩子：米诺斯（Minos）成为克里特的国王，拉达曼迪斯（Rhadamanthys）做了冥界的判官，萨耳珀冬（Sarpedon）是吕底

亚第一位国王，曾帮助特洛伊抵抗希腊联军。欧罗巴有三个哥哥：菲尼克斯（Phoenix）、基利克斯（Cilix）和卡德摩斯（Cadmus）。欧罗巴被宙斯变化成的牛掳走后，父亲让她的三个哥哥分头去找，但三个哥哥都没有找到她，也没有回去。卡德摩斯离开后创建了忒拜城，他的女儿塞墨勒（Semele）为宙斯生下了狄奥尼索斯。

2. 宙斯与塞墨勒

塞墨勒是忒拜国王卡德摩斯的女儿。当塞墨勒在河中洗澡时，被天神宙斯看到，天神疯狂地喜欢上了这个凡间公主。他变作各种动物接近塞墨勒，并变作英俊少年获得了塞墨勒的芳心。宙斯与塞墨勒多次约会，并告诉她自己是天神宙斯。后来塞墨勒怀了孕，却让天后赫拉知道了。赫拉出于嫉妒，变作塞墨勒的女佣，怂恿她要宙斯现出真身，以验证宙斯对她的爱情。当宙斯与塞墨勒见面时，塞墨勒执意要让他现出自己的真容，宙斯最终没有经得住爱人的坚持，现出了自己的原形，结果塞墨勒被雷电击死。幸而塞墨勒身怀的婴儿无恙。宙斯担心赫拉伤害自己的儿子，便将早产的狄奥尼索斯缝进自己的大腿。

狄奥尼索斯在宙斯的大腿中足月之后，宙斯将它取出来，托付给神使赫尔墨斯。狄奥尼索斯长大之后，掌握了酿酒的方法，成为古希腊的酒神。有一次狄奥尼索斯在安德罗斯岛（Andros）看到美丽的少女阿里阿德涅（Ariadne），随即坠入情网。阿里阿德涅是克里特岛国王米诺斯的女儿。

3. 宙斯与伊娥

伊娥（Io）是珀拉斯戈斯（Pelasgus）国王伊那科斯（Inachus）的女儿。有一次伊娥在牧羊的时候被宙斯看到，宙斯顿时被伊娥的美貌所吸引，于是变作一个普通男子引诱伊娥，但是并没有得逞。在伊娥逃跑后，宙斯便化作云雾亲近伊娥，并以这种方式俘获了她。在文艺复兴时期，著名画家柯勒乔（Correggio，1489—1534年）的《朱庇特与伊娥》（*Jupiter and Io*）画中，宙斯变化成的云雾拥抱着伊娥，在云雾中还可以隐约看到宙斯的

（见图1-6）。

然而此事却被赫拉发现，于是赫拉要惩罚伊娥。宙斯为了保护伊娥，而将其变作一头母牛。赫拉看穿之后，从宙斯那里讨这只母牛作为礼物，把它牵到很远的地方，并让一个百眼怪物阿耳戈斯（Argus）看守。阿耳戈斯有个习惯，它每次休息的时候，只闭上其中的两只眼睛。后来，宙斯派遣赫耳墨斯设法杀死了阿耳戈斯并救出伊娥变化成的母牛。赫拉发现后，又放出牛蝇来折磨伊娥。伊娥疯狂地逃跑，最后逃到埃及。经过了这些遭遇后，赫拉允许宙斯将伊娥变回人形。后来，伊娥为宙斯生下一个儿子厄帕福斯（Epaphus），意为"抚摸"，后来成为埃及第一位国王。

4. 宙斯与丽达

斯巴达国王廷达柔斯（Tyndareus）被其兄弟希波科翁（Hippocoon）驱逐出国，长年流浪。后来，他流浪到希腊中部的埃托利亚（Aetolia），国王将女儿丽达（Leda）嫁给了廷达柔斯。

廷达柔斯娶了美女丽达后十分得意，竟然忘了给阿弗洛狄忒献祭，爱神计划要报复他。有一天，丽达在湖水中沐浴，阿弗洛狄忒让宙斯变成一只天鹅，而自己变作老鹰追逐天鹅，追到丽达洗澡的湖上，天鹅落在丽达身边，而丽达则喜欢上了这只天鹅，并且把天鹅留在身边。九个月后，丽达生下两枚鹅蛋，而后一儿一女破壳而出，这就是波吕克斯（Pollux）和海伦（Helen）。天鹅飞走后，丽达

图1-6　柯勒乔《朱庇特与伊娥》（1533年），布面油画，维也纳艺术史博物馆

又为廷达柔斯生下儿子卡斯特（Castor）和女儿克吕泰涅斯特拉（Clytemnestra）。

文艺复兴著名画家米开朗琪罗（Michelangelo，1475—1564年）画有一幅《丽达与天鹅》（*Leda and the Swan*），原件已佚，现在只能看到一件复本（见图1-7）。在画面中，丽达全身赤裸地斜靠在铺着一块红布的靠垫上休憩，而宙斯变化成的天鹅乘机依偎在她的身上亲近她。鲁本斯也模仿这个构图画有两幅同题材作品。

图1-7　米开朗琪罗《丽达与天鹅》（复本），伦敦国家美术馆

海伦长大后成为古希腊的第一美人，她嫁给了斯巴达的国王墨涅拉俄斯（Menelaus）。但是，阿弗洛狄忒却安排让特洛伊王子帕里斯（Paris）诱拐了海伦，引发了长达十年的特洛伊战争。丽达的小女儿克吕泰涅斯特拉则嫁给了特洛伊战争中的希腊主帅阿伽门农（Agamemnon）。另外，丽达所生的兄弟二人则劫掠了迈锡尼王留奇波斯（Leucippus）的一对孪生女儿。

5. 宙斯与达娜厄

阿尔戈斯国王阿克里西俄斯（Acrisius）有一个女儿达娜厄（Danaë），貌美异常，但神谕说他日后一定会死在外孙手中。为了避免神谕的应验，他建了一座铜塔，将女儿锁在里面，只有一名老妪服侍达娜厄。由于达娜厄的美丽，天神宙斯喜欢上了她。为了获得达娜厄，宙斯化作黄金雨洒进塔内，然后又变作英俊男子，与达娜厄一见倾心。后来，达娜厄生下了著名的英雄珀尔修斯

图1-8　提香《达娜厄》，（1554年），布面油画，圣彼得堡国立艾尔米塔什博物馆

（Perseus）。

提香有多幅以达娜厄为题材的作品。在1554年完成的这一幅《达娜厄》（*Danaë*）中，达娜厄斜靠在床上，宙斯变作黄金雨洒进来，那个老妪用自己的围裙接着金子；在洒下金子的云中露出宙斯的英俊面庞，而达娜厄则仿佛看到了这神的化身（见图1-8）。

阿克里西俄斯知道之后，便将他们母子置于一个大箱子内抛到爱琴海。箱子飘到塞里弗斯岛（Serifos），岛上的渔人狄克提斯（Dictys）收留了母子二人。狄克提斯是国王波吕得克忒斯（Polydecyes）的兄弟。国王垂涎于达娜厄的美色，但由于珀耳修斯的保护，国王无法得逞。为了除掉珀耳修斯，国王让他去杀岛上的蛇发女妖美杜莎（Medusa）。

宙斯知道后，为了让珀耳修斯顺利杀死美杜莎，让雅典娜、哈得斯、赫尔墨斯提供武器帮助他。珀耳修斯杀死美杜莎之后，在埃塞俄比亚救了要被献祭海怪的公主安德洛米达（Andromeda）。这样，公主便成了他的妻子。此后，珀耳修斯携妻子与母亲返回阿尔戈斯。途中，珀耳修斯在拉里萨（Larissa）参加比赛，不慎扔出的铁饼打死了一个观众，而那人正是他的外祖父。原来，阿克西里俄斯听说珀耳修斯要回来，就赶紧逃离阿尔戈斯，中途在拉里萨观看比赛，结果正应了神谕。

（五）普罗米修斯

普罗米修斯（Prometheus）的故事有关整个人类的生存。普罗米修斯是由提坦巨神伊阿佩托斯（Iapetus）与大洋神女克吕墨涅（Clymene）所生，他还有一个弟弟厄庇米修斯（Epimetheus）。根据古希腊神话，普罗米修斯给人类提供了文明发展需要的很多东西。为了让人得到天神的保护，宙斯要求普罗米修斯给他贡献礼物。普罗米修斯在给宙斯献祭时，却戏耍了宙斯。于是宙斯非常愤怒，并拒绝提供对于人类文明极为重要的一种东西——火。然而，普罗米修斯却从天上盗取了火种。

普罗米修斯的行为彻底激怒了天神，所以天神决定惩罚人类。宙斯召集奥林波斯众神，共同创造了一个极其美丽的女子，取名为潘多拉（Pandora）。潘多拉的意思是"众神之馈赠"。宙斯派人将潘多拉送到厄尔米修斯那里。在此之前，普罗米修斯曾经告诫厄庇米修斯，不要收取宙斯送他的任何礼物。但厄庇米修斯还是接受了潘多拉。

普罗米修斯的家里有一个盒子，盖得严严实实，大家都不知道盒子里放的是什么，但他们都知道盒子一旦打开，就会给他们带来灾难。潘多拉被好奇心驱使，忍不住打开盒子，从盒子里飞出来各种疾病和灾难。她赶紧盖住盒子，但却不知道还有一样东西被永远封存在盒子里，那就是——希望。19世纪艺术家约翰·威廉姆·沃特豪斯（John William Waterhouse，1849—1917年）的一幅画《潘多拉》

图1-9 沃特豪斯《潘多拉》（1896年），布面油画，私人收藏

图1-10 鲁本斯《被缚的普罗米修斯》（1612年），布面油画，费城艺术博物馆

（Pandora）颇为著名（见图1-9）。

宙斯为了惩罚普罗米修斯，用铁链将他捆绑在远方的高加索山上。普罗米修斯还是一个先知，他知道一个天神宙斯可能遭受厄运的秘密，但他也知道宙斯如何避免这种厄运。宙斯便派赫尔墨斯询问这个秘密，以及避免这种命运的方法，但是普罗米修斯拒绝透露。于是，宙斯派一只巨鹰每天啄食普罗米修斯的肝脏，晚上普罗米修斯的内脏愈合。第二天，那只巨鹰接着啄食。就这样，普罗米修斯每天忍受着痛苦，但他拒绝透露宙斯能够避免厄运的秘密。

古希腊英雄赫拉克勒斯解救了普罗米修斯，然后他讲出了这个秘密：如果谁和海中女神忒提斯（Thethys）成亲，她生下的儿子将会超过父亲。所以宙斯避免这种命运的办法，是绝不能让忒提斯成为他的妻子。宙斯听从普罗米修斯的建议，安排忒提斯嫁给了佩琉斯，他们生下的儿子是古希腊的著名英雄阿基琉斯（Achilles）。

鲁本斯有一幅画《被缚的普罗米修斯》（Prometheus Bound）展现了那只巨鹰正在啄食普罗米修斯的肝脏。在西方文化中，普罗米修斯已经成为一种不屈精神的象征（见图1-10）。

（六）金苹果的故事

这是古希腊神话中非常重要的一个故事，传说中的特洛伊战争就与这个金苹果有关。《荷马史诗》的主要内容正是关于这场战争的两个故事。

忒提斯是海神涅柔斯（Nereus）和海洋女神多丽斯（Doris）的女儿。宙斯与诸神设谋使忒提斯嫁给密尔弥冬人（Myrmidones）的国王佩琉斯（Peleus）。忒提斯与佩琉斯的婚礼邀请了众神，但却唯独忘记了邀请不合女神、纷争女神厄里斯（Eris）。于是，厄里斯将一个金苹果扔到婚礼的筵席上。苹果上有几个字：给最美丽的女神。于是这个苹果引起了争端，天后赫拉、女战神雅典娜、爱与美之神阿弗洛狄忒开始争抢这个金苹果。三位女神要宙斯评判，但宙斯拒绝裁决，他让赫尔墨斯带着苹果与三位女神去找特洛伊王子帕里斯。

赫尔墨斯与三位女神在伊得山麓（Mount Ida）遇到正在放牧的帕里斯，赫尔墨斯将金苹果交给帕里斯，让他把苹果交给那个他认为最美丽的女神。三位女神为了得到金苹果，都给帕里斯许诺：天后赫拉许诺他可以成为整个亚细亚的统治者；雅典娜许诺会给他无比的智慧、勇敢与光荣；阿弗洛狄忒许诺会给他世上最美的女人。于是，帕里斯将金苹果给了阿弗洛狄忒。正是因为阿弗洛狄忒的许诺，导致希腊人与特洛伊人长达10年的战争。

西方绘画中，以帕里斯评判苹果之所属的情节为题材的作品很多。图1-11是法国画家弗朗索瓦-泽维尔·法布尔（François-Xavier Fabre）所作的一幅画《帕里斯的裁决》（*Judgement of Paris*）。法布尔是古典主义大师路易·大卫的学生，在这幅画中显出法布尔杰出的绘画才能（见图

图1-11　法布尔《帕里斯的裁决》（1808年），布面油画，弗吉尼亚美术博物馆

1-11）。这幅作品的主体是由帕里斯与三位女神构成，画家将画中人物分成两组：左侧由帕里斯、阿弗洛狄忒与小爱神厄洛斯一组，三人形象以裸体为主，代表了爱欲；阿弗洛狄忒正在从帕里斯的手中接过那个金苹果。右面是雅典娜与赫拉二人形成一组，这两个女神都穿着衣服，代表了尊贵与威严。

在这幅作品中，最有特色的是三位女神的手势，形成一个弧形结构。画家将三位女神对帕里斯的许诺与此后帕里斯递交苹果这个有时间性的情节做了同时性的表现。最右侧身穿红色长袍的女神旁边有一只孔雀，所以这位女神是赫拉，她左手向上指，意指要给帕里斯人间最高的权力；右手指向远方，意指让帕里斯统治人间广袤的土地。雅典娜右手抬起摊开，表示她对帕里斯的承诺。而阿弗洛狄忒却正在从帕里斯手中接过那个象征性的苹果。由此，我们可以断定，爱神给帕里斯的许诺已经说完，但赫拉与雅典娜还在说着她们的承诺。这样的话，爱神的话语定然是很简单的。这说明美给人的诱惑力超过了权力与智慧。

（七）神话中的情结

在古希腊神话中，还有一些故事具有浓郁的哲学色彩。希腊人用神话阐释了深刻的哲理。皮格马利翁与纳西索斯两个故事则是与人的对象化有关，并且在这种对象化中还包含人的某种深刻情结；而俄狄浦斯的故事经过精神分析学家弗洛伊德的分析产生广泛的影响。

1. 皮格马利翁

皮格马利翁（Pygmalion）是塞浦路斯国王，也是一个雕刻家。他生性孤僻、离群索居、逃避婚娶，不喜欢跟别人交往，只喜欢自己的雕刻。有一次，他用象牙雕刻了一个极其美丽的女子，并给雕像起名为"伽拉忒亚"（Galatea），意为"如牛奶般白皙"。皮格马利翁整天凝视这尊雕像，希望这个雕像能够活过来跟他说话。在阿弗洛狄忒的祭日，皮格马利翁到神庙给爱神献上祭品，乞求爱神赐予他一个如他的雕像一般美丽的妻子。果然，由于他的虔诚，他回家后发现那尊雕像有了生命，并且成了他的妻子。

法国画家让-莱昂·杰罗姆（Jean-Leon Gerome）的《皮格马利翁与伽拉忒亚》（*Pyg-malion and Galatea*）展现了在皮格马利翁的工作室中，伽拉忒亚在她的创造者的拥抱中被赋予生命（见图1-12）。在这个神话中，与其说是雕塑家向爱神的献祭使他的雕塑有了生命，倒不如说是雕塑家的爱使自己的艺术品有了生命。艺术品是艺术家创造力的对象化，他对于自己创造的艺术品的爱，其实也是对自我创造力的肯定。每一个创造物，其实都是一次自我的对象化。对创造物的爱，其实也是对自我的爱。

图1-12 杰罗姆《皮格马利翁与伽拉忒亚》（1890年），布面油画，纽约大都市艺术博物馆

2. 纳西索斯

纳西索斯（Narcissus）是河神克菲索斯（Cephisus）和水泽仙女莱丽奥普（Leiriope）的儿子。底比斯的盲人先知特雷西亚（Tiresiad）曾经告诉莱丽奥普，只要不让纳西索斯照镜子，他就有可能获得长寿。纳西索斯长大后，喜欢在森林里打猎，山林中的许多仙女都很喜欢他，尤其是仙女伊可（Echo）。但是，纳西索斯对所有的仙女都非常冷漠。

由于伊可以前总是喋喋不休，惹恼了天后赫拉，天后惩罚她不能主动跟人谈话，只能重复别人说的最后一句。其实，伊可是人的回声的象征。伊可非常喜欢纳西索斯，但她只能在纳西索斯旁边重

复他的最后一句话。所以，她无法对纳西索斯表达
她的爱意，也无法让纳西索斯爱上她。

纳西索斯有一次走到水边，静静的水面犹如
一面镜子。他忽然在平静的水面上看到了一个影
子，那个影子长得俊秀无比，就疯狂地爱上了这个
影子。而后，他竟然去亲近水中的那个影子，结果
他掉在水中再也没有起来。在他死去的地方，水中
长出一株花朵，后来人们叫这花为narcissus（水
仙）。

在沃特豪斯的画作《伊可和纳西索斯》（*Echo
and Narcissus*）中，
纳西索斯正迷醉于水中
自己的倒影，而伊可在
他对面充满爱意地看着
他，但纳西索斯却丝毫
无意于她的存在（见图
1-13）。纳西索斯的故
事实际上是在讲一种自

图1-13　沃特豪斯《伊可和纳西索
斯》（1903年），布面油画，利
物浦沃克美术馆

恋的心理情结。纳西索斯的命运告诉我们，自恋的
情结是非常危险的，它可以将自己置于非常危险的
境地。在皮格马利翁那里，艺术作品作为一种自我
的对象化是客观存在的；而在纳西索斯这里，影像
的对象化方式却是一种虚无之物，沉醉于一种虚无
之物是非常危险的。

3. 俄狄浦斯

俄狄浦斯（Oedipus）是忒拜国王拉伊俄斯

（Laius）的儿子。拉伊俄斯由于诱骗珀罗普斯（Pelops）的儿子并致其死亡，所以受到珀罗普斯的诅咒，拉伊俄斯将被自己的儿子杀死。由于拉伊俄斯很久没有儿子，所以他就去德尔菲神庙请求神谕。阿波罗的女祭司告诉他，如果他生下儿子，他的儿子将会弑父娶母。拉伊俄斯下定决心，如果生下儿子，就马上将其杀死。

后来拉伊俄斯的妻子果然生了一个男婴，于是拉伊俄斯就用皮带捆住婴儿的双脚，又用尖铁刺穿婴儿的脚掌，然后命一奴仆将婴儿扔到城外山上深林让野兽吃掉。仆人到了城外，遇到一个牧羊人，由于他怜惜婴儿，就将其送给了这个牧羊人。碰巧这个牧羊人是科林斯国王的奴仆，而科林斯国王没有子嗣，于是这个仆人就将婴儿抱回去。科林斯国王给他起名"俄狄浦斯"（意为"跛脚的人"），并将俄狄浦斯定为科林斯的继承人。此后，国王视其为亲生骨肉，俄狄浦斯也没有怀疑过国王夫妇不是他的亲生父母。但偶尔一次，俄狄浦斯听到有人说他是国王的养子，这使他心生疑窦。

于是俄狄浦斯就去德尔菲神庙请求神谕。阿波罗的女祭司告诉他，他将杀死自己的亲生父亲，还会娶自己的亲生母亲为妻，并且，他的母亲将为他生下为众生所诅咒、为万民所仇视的子女。由于俄狄浦斯担心科林斯国王夫妇是他的亲生父母，于是他在听了德尔菲女祭司的预言之后就离开科林斯到处流浪。

在流浪中，俄狄浦斯走上一条小路，后面遇到一辆马车，车上坐着一位地位高贵的老者，赶车的是一名传令官，车后一群仆人。当这个队伍过来后，传令官用鞭子抽打俄狄浦斯命他让路，于是俄狄浦斯跟他们发生冲突，并想从车子一旁挤过去，但车上的老者挥起手杖猛打俄狄浦斯。这将俄狄浦斯彻底激怒，他拿着棒子狠打老者，那老者随即身亡。

俄狄浦斯后来赶到忒拜城，在忒拜城中听人讲国王被人打死，又听到城外有一个叫斯芬克斯（Sphinx）的怪物，在忒拜城外的山上，让人给她祭品。斯芬克斯有一个谜语，猜不到的人都会被她杀死。俄狄浦斯出去找到

图1-14 莫罗《俄狄浦斯与斯芬克斯》（1864年），布面油画，纽约大都会艺术博物馆

斯芬克斯，破解了这个谜语，于是斯芬克斯掉下悬崖。

斯芬克斯也是北非与西亚神话中的一个怪物，在埃及神话中是一个狮身人面的雄性怪物，在西亚的神话中是一个牛身人面的雄性怪物，但在希腊神话中却是一个狮身人面的雌性怪物。19世纪法国画家古斯塔夫·莫罗（Gustave Moreau）的画作《俄狄浦斯与斯芬克斯》（Oedipus and the Sphinx）展现的是斯芬克斯正在向俄狄浦斯提问的场景（见图1-14）。

由于俄狄浦斯解救了忒拜，于是他就成了忒拜城的新国王，并且娶了忒拜城的王后为妻；而这位王后正是拉伊俄斯的妻子、俄狄浦斯的母亲，那被他打死的老者是他的父亲拉伊俄斯。后来，俄狄浦斯的母亲为他先后生下四个子女：两个儿子分别叫厄特克勒斯（Eteocles）和波吕尼克斯（Polynices）；两个女儿分别叫安提戈涅（Antigone）和伊斯墨涅（Ismene）。此后，瘟疫和饥荒降临忒拜，俄狄浦斯请求神谕，他才知道事情的真相，于是刺瞎自己的双眼，自我放逐。在弗洛伊德的分析中，俄狄浦斯情结（the Oedipus Complex）成为他的精神分析学说中的重要概念，这种情结也被称为恋母情结。在他看来，这种情结深藏于每一个人的心理本能之中。

三、生活：身体与情爱

席勒评价古希腊人说："他们同时拥有完美的形式和完美的内容，同时从事哲学思考和形象创造，他们同时是温柔而刚健的人，把想象的青春性与理性的成年性结合在一种完美的人性里。"● 的确，在古希腊的文化世界中，感性与理性都得到重视，但这并不能说明古希腊人都能实现一种感性与理性的和谐。柏拉图对话录中反映的诗哲之争清晰地呈现了古希腊人中感性与理性的对抗。诗人重感性，哲人重理性；而希腊人整体表现出来更多的是对于感性和情欲的重视。

（一）城邦的居民

前文讨论了城邦的历史，这里主要谈谈城邦的居民。在荷马时期，属于希腊人种的亚该亚人、多利安人及爱奥尼亚人散居于爱琴海区域。亚该亚人与多利安人主要居住在希腊本土，而爱奥尼亚人主要居住在小亚细亚。到公元前8世纪，他们逐渐形成聚落，并且开始形成城邦。

希腊各城邦的居民主要有三类：其一，拥有公民权的自由民，他们主要是祖籍本邦的成年男子；其二，没有公民权的自由民，主要是侨民和女子；其三，处于被奴役地位的奴隶，他们主要是战争俘虏和还不起债以身相抵的人。

在雅典这种典型的城邦之中，所有公民在政治上的地位是平等的。雅典公民之间的平等，一个重要的表现是广场集会中的讨论；而在斯巴达城邦中，这种表现却是接受军事训练。"公民"（polites）在希腊语中是由"城邦"一词派生出来的，意思是"属于城邦的人"。也就是说，没有公民权，就不算真正属于城邦。

城邦的组织形式对古希腊的政治特点具有重要的影响。布克哈特说：

● 席勒.席勒美学文集[M].张玉能,译.北京:人民出版社,2011:232.

"小国的存在使世界上有这样一块地方，在那里，居民的绝大多数成为真正意义上的公民。古希腊的城邦在全盛时期尽管依然实行奴隶制，却比现今的任何一个共和国更接近这个目标。"❶也就是说，古希腊尽管有奴隶的存在，但其政治体制从整体上说，更接近于民主共和制。以雅典为例，奴隶并不是雅典人的主体，奴隶与奴隶主是否对立也不是雅典的主要问题。

　　根据埃迪斯·汉密尔顿（Edith Hamilton），欧里庇得斯是古希腊第一个对奴隶制质疑的人。柏拉图对奴隶制的态度是矛盾的：他没有明确反对奴隶制，甚至在晚年还提倡奴隶制，但是在他的理想国中，并没有奴隶制的位置。他曾经说："奴隶是令人尴尬的财产。"❷亚里士多德说过，奴隶是一部会呼吸的机器，一件会活动的财产。但这不是他对奴隶的鄙视，他只是在陈述当时的事实。不仅如此，他看到很多人已经开始抵制奴隶制，并且说："有的人，认为人拥有奴隶是违背自然法则的，因为奴隶和自由人的区别完全是因袭的，并非自然使然，所以奴隶制的基础完全依赖于暴力，因此完全是非正义的。"❸

（二）生活与身体

　　古希腊人的服装样式比较简单，这与古希腊时期的气候有关，温暖的气候不需要他们穿着太厚的服装。简单的服装使古希腊人在这方面的等级区分不太明显。

　　成年男子的穿着一般是一件长内衣和一件披着的长外套。长内衣通常是亚麻织成的长袍；长外套是一块长方形的布片，通常是披在左肩，从左臂内侧穿到后面绕到右臂下面或披到右臂，再从前面披到左肩与另一头接上。长外套一般是到达膝部。男孩子通常是穿一件短外套，其实是一条在右肩用纽扣固定起来的披肩。男孩子们的大部分时间是在体育场、体操馆和公共浴

❶布克哈特.世界历史沉思录[M].金寿福,译.北京:北京大学出版社,2007:30.

❷汉密尔顿.希腊精神[M].葛海滨,译.北京:华夏出版社,2014:136.

❸同②137.

场，在这些场所通常是赤身裸体的。

女性很少出现在公共场所，所以她们的穿着也比较简单，通常是上身穿一件紧身内衣，下身穿一条垂到脚跟的长裙。并且，女子穿的内衣薄而透明。她们在家里有时候也只穿一件长内衣，到外面穿上一件与男子相似的长外套。在古希腊的文化中，女子系的腰带具有贞洁的象征意义。

根据文献的说法，古希腊人是不以裸体为耻辱的，甚至他们以裸露健美的躯体而自豪。古希腊人对裸体的态度与其民族上古时期的生殖崇拜有很大关系。

裸体在西方艺术中是极其常见的题材，这种传统源于古希腊时期人对裸体的态度。对裸体的表现是古希腊艺术的重点，而到了中世纪，由于宗教精神的影响，表现裸体的艺术传统中断。文艺复兴对于古希腊传统的复苏又使裸体在艺术中开始占有重要位置。汉斯·利奇德（Hans Licht）阐述了古希腊文化中裸体与裸体艺术之间的关系。他说："通过艺术，人们对裸体美的享受可以得到升华；而经常目睹那些美男子的裸露肌肤，它也一定会在艺术上得到体现。"[1]

古希腊人喜爱体育竞技，这是他们展现裸体之美的主要场合。法国艺术史家伊波利特·阿道尔夫·丹纳（Hippolyte Adolphe Taine）就此说：古希腊人锻炼身体的两个制度是体育和舞蹈，他们的目标是培养完美的身体，并以此服务于战争与宗教。[2]

由于重视体育，古希腊男子的很多时间都是在体操馆和体育场训练，并且训练中都是裸体进行的。"体操"（gymnastics）一词在欧洲词语中的词源是希腊语的"γυμνάζω（gymnazo）"，其义为"裸体训练"（to exercise naked）。古希腊雕塑家米隆（Myron，约公元前480—公元前440年）的《掷铁饼者》（Discobolus）表现的是体育训练的一个瞬间

---

[1] 利奇德.古希腊风化史[M].杜昌忠,薛常明,译.北京:海豚出版社,2012:101.
[2] 丹纳.艺术哲学[M].傅雷,译.天津:天津社会科学院出版社,2007:187-188.

图1-15　米隆《掷铁饼者》（罗马复制品），雕塑，罗马国家博物馆

（见图1-15）。他们不仅在体育训练时裸体，而且在某些特殊的场合也是展现裸体。但是在日常生活中，他们以裸体为羞。

体育赛会是古希腊城邦的重要活动。公元前8世纪，随着城邦的兴起，古希腊的体育赛会也逐渐开始。在古希腊的体育赛会中，最著名的是古代奥林匹克赛会（Ancient Olympic Games）。奥林匹克赛会的举办地点是宙斯崇拜中心奥林匹亚（Olympia），第一届奥林匹克赛会在公元前776年举办，奥林匹克赛会每四年举办一次。古代奥林匹克赛会延续到公元394年。奥林匹克赛会期间，整个希腊停止任何军事行动。

在较为早期的奥林匹克赛会中，运动员并非完全裸体，他们要在腰间臀部围上一条兜裙，笔者认为，这可能不是出于道德的考量，而是出于一种宗教原因。但至公元前720年，参加奥林匹克赛会的运动员们都是完全赤裸参加赛会。

根据神谕，奥林匹克赛会的冠军将获得一顶用橄榄枝编织的花冠；并且每两次运动会之间的四年时间里都会用前一次奥林匹克赛会赛跑冠军的名字命名，这都是一种极高的荣誉。西塞罗说："在古希腊人看来，奥林匹亚运动会上获胜者的声誉几乎超过古罗马的凯旋将军。"❶这样，那一顶橄榄枝花

❶利奇德.古希腊风化史[M].杜昌忠,薛常明,译.北京:海豚出版社,2012:110.

冠的荣耀就相当于古罗马的一座凯旋门。

其他泛希腊的赛会还有：始于公元前582年的庇底亚运动会（Pythian Games），在德尔菲举办，是献给阿波罗的；始于公元前581年的地峡运动会（Isthmian Games），在科林斯举办，是献给波塞冬的；始于公元前573年的尼米亚运动会（Nemean Games），在尼米亚举办，是献给宙斯的。

（三）古希腊的少年之爱

少年之爱作为一种较为特殊的同性恋，在古希腊是一种普遍现象，尤其在公元前6世纪到公元前4世纪这一段时间内最为流行。古希腊的同性恋既有男同性恋，也有女同性恋。当然，古希腊的同性恋与异性恋是不矛盾的。对于古希腊的文化来说，男同性恋是更为重要的。

这种男性之间的同性恋普遍表现为少年之爱，这是古希腊的一种文化传统。利奇德指出说："根据各种不同的传说，古希腊人普遍认为拉伊俄斯是男子同性恋的始祖。"[1] 所以，这种同性恋的起源是很早的。在《荷马史诗》中，我们也可以看到不少包含男同性恋意蕴的描写。

在古希腊，少年之爱是完成贵族教育的重要组成部分。城邦鼓励每一个成年男子都找到一个少年作为自己的爱人，而找不到少年的成年男子要受到别人责备。也就是说，这种少年之爱是一个成年男子与一个性成熟的青少年之间的爱情。但是，在这种男色之爱中，他们要互相喜欢，成年男子不可以对少年进行勾引。俄狄浦斯的父亲拉伊俄斯就是由于勾引拐走珀罗普斯之子获得不正当的少年之爱而受到诅咒。所以，在这种少年之爱中，成年男子要通过自己的修养与魅力获得少年的青睐。这与古希腊的教育有关系。

这种教育首先体现在体育上。在体育场和体操馆，通常有一个爱神厄洛斯的祭坛和雕像。体育场与体育馆是男子进行体育运动的场所，不允许女子进

---

[1] 利奇德.古希腊风化史[M].杜昌忠,薛常明,译.北京:海豚出版社,2012:141.

人。这样，同性恋在希腊人的体育教育中扮演着重要的角色。希腊人认为，这样的教育有助于培养男子的勇敢品质和侠义精神。

古希腊人普遍将这种少年之爱视为比男女之爱更为高级的情感。对于这两种爱，我们可以在柏拉图的《会饮篇》（*Symposium*）中看到相关的讨论。

这是一篇关于爱的对话，苏格拉底与其他五个人在宴饮中分别做了一篇关于爱的即席发言，其中一个叫鲍萨尼亚（Pausanias）的人提出有两种爱，这两种爱分别由神话中的两个爱神代表——属天的阿弗洛狄忒（Heavenly Aphrodite）代表神圣的爱；普通的阿弗洛狄忒（Common Aphrodite）代表普通的爱。普通爱神的爱是以肉欲为目的的爱，主要在于男女异性之间；而属天爱神的爱是以灵魂为目标的爱，它主要是在成年男子与少年之间的爱。所以，在古希腊人看来，这种成年男子与少年之间的爱是以高尚为目标的。当然，在这种同性恋之间也有可能产生那种普通爱神之爱，这是苏格拉底非常鄙视的。

提香的作品《神圣的爱与世俗的爱》（*Sacred and Profane Love*）就是以这两种爱为表现对象的（见图1-16）。提香画中的两个女性可以视为两个爱神，右侧是属天爱神的阿弗洛狄忒，她的裸体代表爱是纯粹的；左侧是属普通爱神的阿弗洛狄忒，她穿着类似新娘的服饰，代表世俗的爱。

柏拉图在《会饮》篇中说，那种普通的爱是"受肉体的吸引，多于受灵魂的吸引"，这可以在画面中两个

图1-16　提香《神圣的爱与世俗的爱》（1514年），布面油画，罗马波格赛美术馆

女性的左手得到解释。两个爱神手中各有一个容器，右侧的女性用左手托起一个小罐，里面有烟雾飘出，这可能是画家对精神的隐喻；左侧的女性左手放在一个大罐子上，这可以理解为肉体的吸引。两个女性坐在一个水槽上，水槽下面有一个水管流着水，这可能是对身体的隐喻。画面中的小爱神靠近了普通的爱，这就带来了水槽雕塑中再现的人的堕落。

　　我们在柏拉图的对话《普罗泰戈拉篇》（*Protagoras*）中看到，苏格拉底也追求一位少年爱人，这个少年是亚西比德（Alcibiades，公元前450—公元前404年）。但是，苏格拉底并不赞同古希腊流行的那种少年之爱，他主张少年之爱应该建立在纯粹的精神上，这是文艺复兴时期的哲学家马尔西利奥·费奇诺（Marsilio Ficino，1433—1499年）提出的所谓"柏拉图式爱情"，不过这首先应该是苏格拉底式爱情。

　　我们在西方艺术作品中可以看到苏格拉底对亚西比德教育的努力。首先从一幅画作来看，它是龙-让·巴蒂斯特·勒尼奥（Baron Jean-Baptiste Regnault）创作的《苏格拉底拖出沉溺于感性愉快中的亚西比德》（*Socrates tears Alcibiades from the Embrace of Sensual Pleasure*）。亚西比德是雅典的美貌少年，苏格拉底试图以对智慧的爱来教育他。作品中描绘的，显然是亚西比德正耽于与女性之间的肉体享乐，而苏格拉底要把他从这享乐世界中拉出来（见图1-17）。

图1-17　勒尼奥《苏格拉底拖出沉溺于感性愉快中的亚西比德》（1785年），布面油画，巴黎卢浮宫

　　再有一幅是让-莱昂·热罗姆（Jean-Leon

Gerome）创作的《苏格拉底到阿斯帕西娅家中寻找亚西比德》（*Socrates Seeking Alcibiades in the House of Aspasia*）。阿斯帕西娅是雅典著名的高等妓女（hetaira）。古希腊的高等妓女一般异常貌美且具有智慧，故深受男子的喜爱，因而她们非常受追捧，甚至古希腊人还会为她们建造祭坛与雕像。阿斯帕西娅是从米利都到雅典的，她富有学识与智慧，在自己的家中举办沙龙，吸引雅典的精英前往，苏格拉底也曾光顾。阿斯帕西娅后来成为伯里克利的伴侣。

在热罗姆的作品中（见图1-18），苏格拉底在阿斯帕西娅家中找到亚西比德，显然，亚西比德在她家中并没有与她讨论哲学，而是在享受男欢女爱。画面中，苏格拉底见到他后，应该是对他进行了心灵的训导，不让他继续耽于感官的快适当中。

古希腊的少年之爱所具有的教育意义，在苏格拉底对亚西比德的引导上表现得极为突出。正是这样的一种传统，希腊人并没有在重视情爱的风尚中陷于纵欲的泥潭。正像利奇德所说："古希腊少年之爱是一种建立在美学和宗教基础上的品德特性。它的目的是在国家的帮助下获得维护国家的力量，并成为公民道德和个人品德的源泉。它并不反对婚姻，而是作为教育中的一个重要因素对婚姻加以补充。"❶ 在婚姻之外，这种少年之爱成为品德教育的重要方式。

图1-18 热罗姆《苏格拉底到阿斯帕西娅家中寻找亚西比德》（1861年），布面油画，私人收藏

---

❶ 利奇德.古希腊风化史[M].杜昌忠，薛常明，译.北京:海豚出版社,2012:461.

四、哲学：寻求事物的本相

古希腊文化受到北非和西亚很多的影响，这一点在科学与哲学方面是比较明显的。美国科学史家乔治·萨顿（George Sarton）说："这种希腊科学的基础完全是东方的，不论希腊的天才多么深刻，没有这些基础，它并不一定能够创立任何可与其实际成就相比的东西。……同样，我们没有权利无视希腊天才的埃及父亲和美索不达米亚母亲。"●

也就是说，希腊哲学受到西亚和北非的滋养，但是，不可否认，希腊哲学所达到的高度，是西亚和北非所无法企及的。这可能是西亚和北非两个来源的思想，在希腊人的理性熔炉中所产生的效应。尤其在雅典，这种交会造就了哲学的辉煌。古希腊人将从其他民族学到的一切文化作为进一步跳跃的有力支撑，所以他们比其他民族跳跃得更高。

尼采盛赞他们说："希腊人，作为真正的健康人，他们从事哲学，而且较其他任何民族用功得多，以此为哲学作了一劳永逸的辩护。"❷策勒尔说："希腊哲学和其他的希腊精神产品一样，是一种始创性的创造品，并在西方文明的整个发展过程中具有根本性的重要意义。"❸尽管希腊哲学受到其他文化的影响，但它的原创性是我们无法否认的。

（一）前苏格拉底哲学

古希腊哲学的主要繁荣时期是从公元前6世纪到公元前4世纪，而引发这次哲学革命的主要是几何学。在这一方面首先做出贡献的是毕达哥拉斯学派。在古希腊语中，"哲学"（philosophy）一语在希腊语中的意

---

❶萨顿.科学史与新人文主义[M].陈恒六,等译.上海:上海交通大学出版社,2007:64.

❷尼采.希腊悲剧时代的哲学[M].周国平,译.南京:译林出版社,2011:47.

❸策勒尔.古希腊哲学史纲[M].翁绍军,译.济南:山东人民出版社,2007:2.

思是"爱智"。最早称自己为爱智者（即哲学家）的是毕达格拉斯。但事实上，在毕达哥拉斯学派之前，在地中海东海岸的小亚细亚，就有了关于哲学的初步思考，即米利都学派。他们思考的基本问题是世界的"本原"（arche）问题。米利都位于小亚细亚西部靠近地中海的地带——爱奥尼亚。由于当时这个地带的居民主要是古希腊的移民，所以这里的思想也属于古希腊哲学的范畴。

1. 米利都学派

米利都学派的早期哲学，主要是对宇宙本原的思考。古希腊的第一个哲学家是出生于爱奥尼亚的米利都的泰勒斯（Thales of Miletus）。他生活于公元前7世纪到前6世纪，并被列于希腊七贤（the Seven Sages）之一。泰勒斯首先提出世界本原的问题，也就是世界的最初基质是什么。他提出的解答是：水是万物的本原。这种解答尽管还非常朴素，但却打开了哲学家们思考世界的大门。

此后，泰勒斯的学生阿那克西曼德（Anaximander，约公元前610—公元前545年）关于世界本原问题的解答比他的老师更为精致。在他看来："水本原可以解释事物的湿性，但却不能解释火的热性、土的干性、气的冷性。"[1]所以，他对世界本原的问题提出了自己的看法，认为万物的本原是"无定者"（apeiron），并以此解释万物的生成与消灭。他说："万物所由之而生的东西，万物消灭后复归于它，这是命运规定了的，因为万物按照时间的秩序，为它们彼此的不正义而互相补偿。"[2]

阿那克西美尼（Anaximenes，约公元前570—公元前526年）是阿那克西曼德的学生。他认为，万物的本原是气。在他看来，气综合了水和无定的特征。因为气既有无定形的特点，又相对比较容易解释各种具体事物的特

---

[1] 赵敦华.西方哲学简史:修订版[M].北京:北京大学出版社,2012:11.

[2] 罗素.西方哲学史:上卷[M].何兆武,李约瑟,译.北京:商务印书馆,2015:54.

点。阿那克西美尼说："正如我们的灵魂是气，并且把我们结合在一起一样，气息和空气也包围着整个世界。"❶

从文化上，米利都的学者具有古希腊民族的背景。古希腊的哲学首先产生于米利都也是有原因的。当希腊恢复与小亚细亚之间的贸易往来，两河流域的早期文明对古希腊的文化发展产生了很大的推动作用。这种推动的结果，首先催生了米利都的哲学传统。

2. 毕达哥拉斯学派

毕达哥拉斯（Pythagoras，约公元前580—约公元前500年），出生于爱琴海的萨摩斯（Samos）岛。他青年时期曾长时间游历学习，后因不满萨摩斯岛君主统治而移居意大利南部，在那里组织了一个兼具宗教、政治、学术性质的秘密团体。毕达哥拉斯的思想具有很浓的宗教神秘意义。

米利都学派的思想可以归结为自然哲学，而毕达哥拉斯学派的思想则具有浓郁的数学特色。毕达哥拉斯学派认为，数是万物的本原，数的关系与原则是万物的第一原则。毕达哥拉斯学派认为，本原已经不是指某种作为世界基质的最初物质，而是万物得以存在的某种原则。

米利都学派与毕达哥拉斯学派的本原理论正好体现了"本原"这一概念的两个意义：一是指生成宇宙万物的某种特殊材料，即"基质"（substrate）；二是指隐藏在宇宙万物之中使其得以存在的原因，即"原则"（principle）。

在米利都学派的数本原理论中，"一"是第一原则，也是万物的第一原则；"二"是产生事物的对立因素；"三"代表事物的三个向度，象征事物的完成；"四"是宇宙造物主的象征，还有其他象征。中国古代哲学家老子说："道生一，一生二，二生三，三生万物。"这与毕达哥拉斯学派的数本原逻辑非常相似。

---

❶ 罗素.西方哲学史:上卷[M].何兆武,李约瑟,译.北京:商务印书馆,2015:55-56.

　　在关于数的本原思想方面，他们还非常强调数的关系。毕达哥拉斯学派提出著名的毕达哥拉斯定理，即一个直角三角形的两条直角边的平方和等于斜边的平方。中国古代周朝的商高提出了勾股定理，即"勾三股四弦五"。毕达哥拉斯学派提出对西方影响极大的黄金分割比例。黄金分割是指把一条线段分为两部分，如果使较长部分与整条线段的比值等于较小部分与较长部分的比值，这个比值就成为黄金分割比例，它的比值为近似值是0.618。在西方文化中，黄金比例被认为是最美的比例。

3. 爱菲斯学派

　　赫拉克利特（Herakleitos，约公元前540—约公元前470年）生活在小亚细亚的爱菲斯（Ephesus），是爱菲斯学派的代表人物。

　　对于世界本原的思考，赫拉克利特更为出色。他认为，万物的本原和基质是火。他说："这个世界对于一切存在物都是同一的，它不是任何神或任何人创造的；它过去、现在和未来永远是一团永恒的活火，在一定的分寸上燃烧，在一定的分寸上熄灭。"❶

　　他这段话其实包含两层意思：第一层意思是说，世界的本原是火，万物都是由于火的燃烧与熄灭而出现和消失的，火的燃烧是万物转化成火；火的熄灭，是火转化成万物。其实，将世界本原思考为火，并不比米利都学派有多少高明之处。但是他这段话包含的另一层意思却是相当深刻的。他讲到，火的燃烧与熄灭有一定的分寸，而这"一定的分寸"事实上构成火与万物转化过程的一种原则。这种原则是"逻各斯"（logos），这个概念在西方哲学中有极其深远的影响。"逻各斯"是"话语""原则"的意思。他认为，所有实体都遵行"逻各斯"。在赫拉克利特这里，"逻各斯"不是火之外的什么东西，它是火与万物之间转化的原则与规律。

　　赫拉克利特还最早提出辩证法的思想。他认为，万物皆流。也就是说，

---

❶ 罗素.西方哲学史:上卷[M].何兆武,李约瑟,译.北京:商务印书馆,2015:76.

天地万物都是在生成变化当中。所以，他的辩证法属于一种生成辩证法——每个事物都在向其他事物的转化过程中。他说："你不能两次踏进同一条河流；因为新的水不断地流过你的身旁。"❶"太阳每天都是新的。"❷这种生成辩证法其实与后世由苏格拉底对话构成的辩证法是不同的。

4. 爱利亚学派

巴门尼德（Parmenides）的活动盛期大约是公元前5世纪上半叶，他是克塞诺芬尼（Xenophanes）的学生，也是爱利亚派的实际创始人和主要代表者。

巴门尼德最著名的思想是关于"是/存在"的讨论。在古希腊哲学中，巴门尼德是一个非常重要的人物，在他之前的古希腊哲学都是探讨世界本原的问题，也是宇宙论（cosmology）的问题。但巴门尼德开始讨论"存在"的问题，于是就有了西方哲学史上一个强大的"本体论/存在论"（ontology）哲学传统。在某种程度上，对于"存在"问题的思考是跟语言紧密结合的，而这又是由于"存在"问题在希腊人的语言中有非常重要的作用。

对于ontology这个词语，萧诗美说："这个名称虽然是后世合成的，但它基本上反映了希腊人的初衷。前半部分onto-是希腊文联系动词einai（=to be）的现在分词中性形式on（=being）的复数（onta）拼法，相当于德文的seiendes，英文的being这个意思，在中文里可以翻译成'是者'。后半部分的-logy等于logos，为'是'的原始意义之一；这样，ontology所讲的是'是者之是'，即是者为何以及如何是：是者是其所是的原因和根据。"❸不过对于-logy的解释，通常的理解是取logos的另一意义，即"言

---

❶罗素.西方哲学史:上卷[M].何兆武,李约瑟,译.北京:商务印书馆,2015:77.

❷同①78.

❸萧诗美.是的哲学研究[M].武汉:武汉大学出版社,2003:47.

说"。这样，作为"本体论"的ontology其实是"是论"，其讨论的核心当然也是"是者"的"是其所是"。

我们所说的"存在"，在古希腊语中是einai，它的分词形式是on；在后来的英语中写作being（动词原形be的分词形式），其实是作为系词的"是"。我们如果将西方哲学中的on或being及它们的变形形式翻译成"存在"，这将导致相当多的误解，以至于对西方哲学中所讲的东西无法理解。所以，在巴门尼德这里，我们应该将be翻译为"是"。

巴门尼德在其哲学诗《论自然》（*On Nature*）中指出有两条认知的道路，其中一条通达真理；而另一条与之相反的则无法达到真理。第一条道路是"它是"（it is）；第二条道路是"它不是"（it is not）。巴门尼德在诗中借女神之口说："一条是：它是，并且它不能不是，它是确信的道路，因为它通向真实；另一条是：它不是，并且它的'不是'是必然的——这条道路，我告诉你，是完全不可信的。"❶意思是，当我们说一个事物"是"什么的时候，说明我们能够明确地知道了它是什么。如果我们不能说出一个事物"是"什么，这就意味着我们对这个事物还处于模糊朦胧的无知当中。所以，巴门尼德接着说："因为你不会认识那个不是者（因为那是做不到的），也不会指出它。"❷对于一个我们无法说出它"是"什么的事物，我们显然是无法认识它的。

我们说一个事物"是"，首先是对它的命名。巴门尼德其实是说命名对于人认识事物的重要性。我们认识事物的前提是对一个事物命名，这个命名最基本的是类的命名。我们所拥有的知识，其基础是对事物的命名。有了对事物的命名，我们才能对这个事物进行明确的思考。

正是在这种意义上，巴门尼德说："'思'与'是'是同一件事情。"

---

❶ TAYLOR C C W.Routledge history of philosophy [M]. London: Routledge, 1997:121.

❷ 同①123.

也就是说，"思"一个事物与说一个事物"是"这个事物是同一件事情。所以，他指出，一个事物如果能"说"和能"思"，它肯定就"是"什么。所以，在巴门尼德这里，"是"（being）与"思"（thinking）与"说"（saying）是一致的、是同一的。

巴门尼德指出，其有所是之物，它不能将要是（come-to-be），也不能不再是（cease-to-be），如一个木匠要做一张床，当他将要把床做成时，那还不是一张床；当他做成一张床时，它不能不是一张床。在此之后，苏格拉底关于事物普遍定义的讨论也可能受到巴门尼德这种关于"是"的思考的影响。

芝诺（Zeno，约公元前490—公元前430年）是巴门尼德的学生。巴门尼德的主要理论是关于"一"与"是"，而芝诺从否定的方面发展了其师的理论，这是他的四个悖论，哲学史上称为"芝诺悖论"（Zeno's paradoxes）。这四个悖论是否定运动的四个论证，它们分别如下。

第一，二分悖论。一个运动的事物在达到目的地之前，先要完成全程的二分之一，在达到这个二分之一处前，又先要完成这一段路程的二分之一，即先要完成全段路程的四分之一。它在达到全段四分之一处之前，先要完成这四分之一段的二分之一。如此，由于线段的划分是没有止境的，所以这个运动不可能结束。

第二，赛跑悖论。这个悖论其实是上一个悖论的具体运用。阿基琉斯是古希腊神话中佩琉斯与忒提斯的儿子，擅长跑步。芝诺认为，如果让他与乌龟赛跑，乌龟先跑一段距离，但他却永远追不上乌龟。具体来说，当他要追到乌龟开始跑的地方，乌龟必然会向前爬哪怕很短一段距离；当他要追到乌龟向前爬的那段距离时，乌龟又要向前爬哪怕很短的一段距离。以此类推，因为他到乌龟之间的距离是可以无限划分的，所以阿基琉斯永远追不上乌龟。

这两个悖论的问题是，芝诺的划分其实是有一个前提：一条线段可以无限地被划分；这种无限的划分又需要有一个前提，即我们要将一条线视为由无限多个不占空间的抽象的点组成的。但是，运动的物体是不可能不占空间的。如果物体是占有一定空间的，就不能进行这种无穷的划分。这正如柏格森所说："阿基琉斯的脚步是一个简单得不可分割的动作，在一定数量的这些动作之后，阿基琉斯将超过乌龟。"❶ 所以，现实的运动不可以抽象为由不占空间的点组成的线。

第三，飞矢不动悖论。芝诺认为，一支飞动的箭其实是静止不动的。他的论证是，箭的运动需要一段时间，它在每一时刻都是占有一个位置的，在任一时刻它都不能占有两个位置。所以，箭其实在从开始的位置到最后的位置是没有运动的。芝诺的这个悖论其实是他将其老师关于"是"的理论的一个运用。

巴门尼德认为，一个事物如果"是"，它就不是将要"是"，也不是不再"是"。或者说，一个将要"是"的事物，它还不"是"。事实上，这是把"是"绝对化了。他否定了事物从"将要是"到"正在是"的生成辩证关系。

柏格森对运动本性的讨论则可以让我们重新思考芝诺悖论。柏格森说："运动，就其是从一点到另一点的一段路程而言，是一种心理的综合，一种心理的、因而没有广延的过程。"❷ 无论运动的物体处于空间中的哪一个点上，我们只能看到一个位置。也就是说，运动本身是不可见的，我们看到的只是在不同位置的物体，而这个物体的"运动"则是我们的心灵构造而成的。

第四，时间悖论，一倍的时间等于一半的时间。芝诺的论证是，两个运动方向相反的队列，同时走过静止的观众席，如果他们分别相对于观众席向左和向右移动一个单位，那么就这两个队列来说，它们移动了两个单位。如果一个单位的时间是一定的，那么这就是说，两个队伍之间用的时间是他们

❶BERGSON H. Time and free will: an essay on the immediate data of consciousness[M]. New York: Harper & Brothers, 2001:113.

❷同①111.

经过观众席用的时间的两倍。这里他是混淆了双向运动的时间与单向运动的时间。

5. 阿那克萨哥拉

阿那克萨哥拉（Anaxagoras，约公元前500—公元前428年）生于爱奥尼亚的克拉佐美尼（Clazomenae）。他于公元前464年到雅典，在那里生活了30年，是第一个把哲学带到雅典的人。

阿那克萨哥拉的思想继承了爱奥尼亚学派的本体论，认为万物的本质是"种子"（seeds）。"种子"的特点是：在数量上无限多；在体积上极其小；在种类上与可感性质相同，有各种不同的形状、颜色和味道。

阿那克萨哥拉还提出"努斯"（Nous）这个精神性的概念，认为它是万物形成的动力。Nous通常被译为"心灵"，是与物质相对的精神实体，而不是生物身体之内的灵魂，它是外在于物质的。"努斯"与"种子"相比，种子是异质的，而努斯是同质的；种子是杂多的，而努斯是单一的。"努斯"是西方哲学史上第一个精神性的实体概念，极大地影响了后来的哲学发展。

（二）智者与苏格拉底

从智者开始，古希腊哲学进入了雅典时间。智者与苏格拉底活动的主要时间是公元前5世纪后期到前4世纪。公元前449年，希波战争结束，随后伯里克利执政，雅典民主政治得到了进一步的完善，各项文化事业得到长足发展，雅典进入繁荣时期。

1. 智者学派

在雅典民主政治的发展中，辩论成为公民参与政治的一项基本技能。智者（sophists）的出现是为了满足这样一种需要。他们是一个专门教授修辞学、论辩术和政治知识的职业教师群体。尽管苏格拉底讽刺"智者是销售滋养灵魂的营养的商人"，但他们中有很多成为具有深刻思想的思辨哲学家。尤其像高尔吉亚这样的智者，给后世留下了一种真正的哲学问题。

普罗泰戈拉（Protagoras，约公元前490—公元前420年）提出一个著名观点："人是万物的尺度。"他说："人是万物的尺度，是事物是其所是的尺度，也是事物不是其所不是的尺度。"❶苏格拉底的理解是："事物对我显得怎样，它就是怎样，事物对你显得怎样，它就是怎样。"❷但笔者认为，这也许并不是普罗泰戈拉的本意。

在笔者看来，普罗泰戈拉是针对人这个认识事物的整体来说的。我们说一个事物是什么或者不是什么，都是从人类这个视角来说的。或者说，能够说一个事物是什么或不是什么，这只有对人来说才有意义的。对于其他的物来说，不存在一个事物是什么或不是什么这样的问题。也就是说，他所讨论的一个核心问题还是由"是"引出来的。

高尔吉亚（Gorgias，约公元前485—公元前380年）是智者学派中另一个代表性人物。他留给我们最为著名的文献是《论其非是，或论自然》（*On What Is Not or On Nature*）。❸在这篇文本中，他提出了三个重要命题：第一，无物本是；第二，如果有某物是，人也无法理解它；第三，即使它是可以理解的，也无法对别人表达它或解释它。❹

对于高尔吉亚所说的There is，也不宜译为"有"，因为汉语中的"有"通常是指实际上有某个东西，这与我们将being翻译为"存在"一样容易产生误解。这样，高尔吉亚的第一个命题是，没有一个事物本来就"是"什么；第二个命题是，即使我们将某一事物说成它"是"什么，但是我们也

❶RUSSELL B. History of western philosophy[M]. London: George Allen and Unwin Ltd. , 1940:97.

❷柏拉图.柏拉图全集:增订本[M].王晓朝,译.北京:人民出版社,2018:556.

❸柯林伍德（R. G. Collingwood）说："古代的作者们关于这本书的评论清楚地告诉我们：它标题中的'φυσıς'一词并不是'本性'的意思，而是一个集合；不是操纵人行为的那种东西，而是自然界。"（柯林伍德.自然的观念[M].吴国盛，柯映红，译.北京：华夏出版社，1999:48.）

❹EMPIRICUS S. Against the logicians[M]. Cambridge: Cambridge University Press, 200:15.

没有办法真正地理解它；第三个命题是，即使我们理解了某一事物，也没有办法将其用语言向别人表达或解释。如果这样理解，高尔吉亚的三个命题是非常深刻的。

2. 苏格拉底

苏格拉底（Socrates，公元前469—公元前399年）是古希腊最伟大的哲学家之一，也被公认为是西方哲学的重要奠基人之一。苏格拉底的父亲是一位雕刻匠，母亲是一个助产妇。

据说苏格拉底曾跟从阿那克萨哥拉学习，但后来苏格拉底对前人的自然哲学感到失望，于是专心思考道德问题。人们通常认为，苏格拉底是古希腊第一个将哲学从天上拉回人间的人，因为在他之前的哲学主要是具有宇宙论性质的自然哲学。德尔菲的阿波罗神庙中刻有一句神谕："认识你自己。"苏格拉底将这句话作为自己终生践行的座右铭。

公元前399年，年届70岁的苏格拉底被人指控并出庭受审。那些人指控苏格拉底的罪行是"毒害青年，不信城邦相信的神，而信新的精灵"❶。在法庭上，他在由500名雅典公民组成的审判团面前为自己辩护，最后仍然通过投票被判处死刑。根据柏拉图所述与第欧根尼·拉尔修（Diogenes Laertius）的传记，当时投票的结果是投判处苏格拉底死刑的票数比判处其无罪的票数多六十票左右。并且，苏格拉底认为，如果审判的时间再长一些，不是一天的时间而是几天的时间，他将能够说服法庭取消他的罪名。然而，在申辩的最后，苏格拉底表达了对死亡的期待。

苏格拉底的主要言行可见于其学生柏拉图的《对话录》与色诺芬（Xenophon）的《回忆录》，另见喜剧家阿里斯托芬（Aristophanes）的《云》，以及其他文献的记载。苏格拉底的哲学思想主要是在柏拉图的《对话录》中体现。但是打开柏拉图的《对话录》，我们便遇到一个棘手的问题，因

❶柏拉图.柏拉图全集:增订版·上卷[M].王晓朝,译.北京:人民出版社,2018:10.

为柏拉图《对话录》中的大部分对话都是有苏格拉底参与的，但极少看到有柏拉图的身影。那么问题是，哪些对话应该放在苏格拉底的思想框架中，哪些对话应该是柏拉图阐述他本人的思想。对于这个问题历来看法不一。

其实在柏拉图《对话录》中，我们很容易将这些对话分成两类：一类是探讨定义；一类是阐发思想。就像第欧根尼·拉尔修在《名哲言行录》中所说，柏拉图的对话有两种基本类型：一种适于教导；另一种适于探究。我们通常认为，其中的《申辩篇》反映了苏格拉底的基本哲学态度。这样的话，我们就可以把那些探讨定义而没有取得结果的对话，视为苏格拉底的哲学体现；而那些阐发思想的对话则应该放在柏拉图的思想框架中。

苏格拉底的哲学成就主要是在两个方面对后世产生了极大的影响。亚里士多德在《形而上学》中说："两件事情可以公正地归于苏格拉底——归纳推理与普遍定义，此二者皆关乎科学的起点。"[1] 前者是他所采用的方法，后者是他要解决的核心问题。

首先，苏格拉底对话要解决的问题是寻求事物的普遍定义。当然，寻求普遍定义其实还不是他的最终目的，他的最终目的是通过对话证明自己的无知，以及那些自以为有知识的人的无知。

苏格拉底探讨的核心问题是"美德"，这可以称为他所讨论的母题。在美德的涵盖下，主要是"智慧""节制""正义"和"勇敢"这四种品德，这四者可称为子题。亚里士多德指出，苏格拉底最早提出与伦理相关的各种品德的普遍定义问题。

其次，苏格拉底寻求事物普遍定义的方法是对话。苏格拉底以其母亲的职业为喻，称他的对话方法为"产婆术"。辩证法即来源于他的对话方法。

但事实上，苏格拉底的对话与他母亲的职业有很大区别。根据苏格拉底

---

[1] ARISTOTLE. Metaphysics[M]. ROSS W D, trans. Beijing: Central Compilation & Translation Press, 2012:285.

的阐述，他母亲所从事的产婆职业主要有两方面的作用：一是判断妇女在有某种怀孕迹象的时候，判断她是否真的怀孕；二是在妇女生产过程中，帮助让她顺产或者为其引产。但苏格拉底的对话，主要目的是判断与他对话的青年是否真正怀有思想的"胎儿"，如果这个所谓的"胎儿"被他判断为"假胎"，他会无情地将其"引产"或者"抛弃"。

当然，通观苏格拉底与他人的对话，还没有谁能够顺利地生产一个让他满意的思想"婴儿"。难怪美国学者斯东（I. F. Stone）说："他一个接着一个把这些思想刚出论辩的'娘胎'就加以窒息了。'产婆'似乎是个'堕胎老手'。"[1] 其实，哲学探索本身也并不等同于生儿育女，因为哲学探索尤其重在探索的过程，而大概没有哪个产妇愿意享受生产的阵痛。所以，苏格拉底对话的一个积极意义在于，证明我们所说的对某物的知识其实不是真正的知识。

苏格拉底与他人对话的重要目的是让别人知道一件事。他说："许多人，尤其是他自己，觉得他很有智慧，但实际上没有智慧。于是，我试着告诉他，他只是以为自己有智慧，但并非真的有智慧。"[2] 苏格拉底坚持认为自己是无知的。这个"知"是作为"真理"（aletheia）的知识。

在古希腊，知识与意见的区分是非常重要的。二者的区分其实是真理与常识的区分，是真知与熟知的区分。黑格尔说过，熟知不等于真知。苏格拉底对话的真正意义在于否定了常识的真理性。当然，在日常生活中，我们对很多事物的认知，常识就可以实现我们的目的。我们不知道美德的定义，这并不妨碍我们践行美德。但是，尽管苏格拉底采用的是一种对话方法，但他在对话过程中，都是试图从经验事物出发，以此寻求一个能够将所有个体经验都包含进去的普遍定义。这条路径是无法达到目的的。

❶ 斯东.苏格拉底的审判[M].董乐山,译.北京:生活·读书·新知三联书店,1998:64.
❷ 柏拉图.柏拉图全集:增订版·上卷[M].王晓朝,译.北京:人民出版社,2018:7.

苏格拉底将自己比作牛虻。他认为，刺激和激励雅典人是神给予他的使命。他在法庭上的申辩中有这样一段话："雅典人，怕死只是不智慧而以为自己智慧、不知道而自己以为知道的另一种形式。没人知道，死也许是人的福中最大的，但是人们都害怕，就好像他们知道死是最大的恶。"❶这也是他选择必死的理由。所以，尽管他认为自己没有任何罪过，却仍然没有在法庭上请求宽恕，并且他始终表达一种赴死的决心。

（三）柏拉图

柏拉图（Plato，公元前428/427—公元前348/347年）生于古希腊的阿提卡（Attika），是古希腊最重要的哲学家之一，也是西方哲学的重要奠基者之一。怀特海认为，整个西方哲学构成了柏拉图哲学的一系列注脚。柏拉图父母双方的家系都是伯里克利时代雅典的望族。但是，到柏拉图出生时，雅典在经历伯罗奔尼撒战争后，繁荣时期即将结束。

学界通常认为，柏拉图在18岁或者20岁那年，成为苏格拉底的学生。但英国学者泰勒（A. E. Taylor）考证认为，柏拉图应该在孩提时期已经认识苏格拉底，并且严格说来，他并没有把苏格拉底当作老师，只是热爱苏格拉底，就是一个青年热爱一个受到尊重的年长朋友那样。❷

苏格拉底去世后，柏拉图去了意大利和西西里等地漫游。公元前387年，柏拉图回到雅典，在城外的阿卡德摩（Akademia）创立了著名的学园。这时，柏拉图刚过40岁。此后他的主要时间是在学园进行讲授和著述。在他60岁的时候曾介入西西里的政治变革，但最终以失败告终。

据载，柏拉图的学园门上有"不懂几何者勿入"的提示牌。柏拉图学园存在了900多年，直到529年被查士丁尼大帝（Justinian the Great）关闭

---

❶柏拉图.柏拉图全集:增订版·上卷[M].王晓朝,译.北京:人民出版社,2018:16.

❷泰勒.柏拉图:生平及其创作[M].谢随知,苗力田,徐鹏,译.济南:山东人民出版社,2008:5.

为止。后来，欧洲建立的以学术研究为主的研究院很多以academy（学院）为名。

柏拉图的著作是其著名的《对话录》，其中最具代表性的是《理想国》（*The Republic*）。其实，柏拉图在《理想国》中讲的并不是我们现在所说的"共和国"（Republic）。这篇对话主要是柏拉图对国家制度的一种构想，所以中文翻译"理想国"还是比较符合柏拉图这篇著作的内在精神。柏拉图这篇对话录，本来是politeia，这个词是从polis（城邦）而来，只是城邦的政治制度。所以，如果从准确性上来说，柏拉图的这篇对话应该翻译为《政制》。❶

根据《理想国》这篇对话的特点，我们很容易把它分成两个部分：第一卷明显具有苏格拉底的对话特色，第二卷到第十卷则是柏拉图的言说方式。这可能只有两种解释：其一，第一卷写在柏拉图的早期，本是单独的一篇。苏格拉底曾经思考过正义的问题，但是他没有得到答案，柏拉图将其作为自己阐述的一个导言，引出他对这个问题的解决。其二，这一卷写在柏拉图的中期，是他效仿苏格拉底的方式，写成一个导言，来引出对正义问题的解决。总之，柏拉图沿着苏格拉底式的问题出发，提出了自己对如何建设一个理想国家的解决方案。这是第二卷到第九卷中的内容。

首先，柏拉图在《理想国》中提出建立一种理想国家的构想。这是他的国家论思想。

柏拉图关于一个国家结构的思想与他关于人的灵魂结构的思想是一致的。这里的国家结构，主要是构成一个国家成员的主要阶层。柏拉图认为，一个城邦需要各种阶层的人，其中主要有三个阶层，这三个阶层的划分与他对于灵魂的划分是有对应关系的。

柏拉图将人的灵魂（psyche）分成理智、激情和欲望三个方面。理智

---

❶余纪元.《理想国》讲演录[M].北京:中国人民大学出版社,2009:3-4.

是人们用来进行思考与推理的能力，激情是人们用来感受强烈情感的能力，欲望是人们用来感受性爱、饥饿、口渴类似骚动的部分。在这三者中，理智是灵魂中最高级的部分，欲望是最低级的部分。其中，欲望还有广义和狭义之分：广义的欲望（desire）是灵魂的各部分都具有的，如理性对于知识的欲望，激情对于名利的欲望；狭义的欲望（appetite）主要是指人的生理欲望，以及为满足这种欲望的欲望，主要是对于钱财的欲望。柏拉图的人性三分说成为西方哲学中普遍对人的心灵做知、情、意三分的源头。

与其将人的灵魂分为三个方面相对应，柏拉图将城邦的构成分为三个部分：统治者，相当于理性部分；护卫者，相当于激情部分；普通民众，相当于欲望部分。在其《理想国》中，柏拉图主要讨论的是关于卫士的教育问题，即如何使他们成为理想的保卫者。有了城邦，城邦之间的土地争夺导致战争，有了战争则需要有卫士。所以，卫士是柏拉图关于国家思想的一个核心内容。

关于卫士的教育问题，柏拉图认为，先是教他们关于灵魂的音乐和诗歌，然后教他们关于身体的体育。在音乐与诗歌的教育中，讲故事是很重要的。这三者其实是一致的，因为当时古希腊人在演奏音乐的同时要唱诗歌，而诗歌主要是讲故事的史诗。在这方面，柏拉图主张要对故事进行审查，这是为了培养城邦护卫者的美德，这样就能保证他们最先听到的故事应当是最优美的和最高尚的。柏拉图要求故事永远把神描绘成善的，神只能是善的原因。

在《理想国》中，柏拉图还讨论了关于妇女儿童的共有问题和养育儿童的立法问题。柏拉图所强调的"妻子儿女共有"，仅是针对卫士而言，他的这种主张主要是为了保证卫士之间的团结与和平，避免他们因为家庭的利益而出现争斗。

在《理想国》篇与《政治家》篇中，柏拉图谈到了政治体制。综合起来，他讲的政治体制共有五种：君主政制、贵族政制、民主政制、寡头政制和"僭主"政制。这五种政治体制其实也有六种结果，其中好的政制三种，坏的政制三种。君主政制与"僭主"政制都是由一个人统治的，但前者是好的，后者是坏的；贵族政制与寡头政制是由少数人统治的，但前者是好的，后者是坏的；民主政制是由多数人来统治的，它或是好的或是坏的。

柏拉图还认为，好的民主政制在三种好的政制中是最坏的，但是，坏的民主政制在三种坏的政制中是最好的。其实，如果从历史上来看，独裁者暴政的恶与多数人暴政的恶是没有什么区别的，并且独裁者的暴政也经常以多数人的暴政来实现。

其次，在柏拉图的哲学思想中，关于"理念/理式"的理论也是一个非常重要的方面。这是他的理式论。

柏拉图哲学思想的核心概念是idea或说eidos。● 根据余纪元的研究，这两个词都源自古希腊语中的动词eidōs。这个词是"看"的意思，它的词根是id。idea是从这个词根中引申出来的，而eidos则是从动词eidō引申而来的。eidos和idea实则是同义词，它们的本义都是指眼睛所看到的事物的形状。柏拉图使用的这两个词并没有本质区别，它们除了指事物的外在形状之外，还有一个更重要的意思，是指事物的内在普遍形式。这个普遍形式也是事物的本质形式，它是通过人的心灵之眼看到的。由于eidos的英译通常是form，所以国内通常将其翻译为"形式"。与此不同，idea则被翻译为"理念"。吴寿彭在亚里士多德《形而上学》（*Metaphysics*）的中译本中将idea译为"意式"，将form译为"通式"。

根据余纪元的解释，国内有学者将idea翻译为"型""相"，这是比较理想的。余纪元则主张将eidos译为"形式"，将idea译为"形象"。这样的话，朱光潜将idea翻译为"理式"倒是一个不错的选择，但这种译法容易让人想到经验的形式和形象。总而言之，柏拉图的idea和eidos，是指具有概念

● 这里对这两个词语的讨论主要参考了于纪元《〈理想国〉讲演录》中的第178—181页内容。

性质的抽象形式。

柏拉图提出"理式"这个概念，其实是为了解决其师苏格拉底在对话中遭遇的定义问题。苏格拉底在与人对话中，试图通过对经验的归纳来寻找一个适合于所有个体的普遍定义。其实，这种普遍定义也就是某一事物的本质规定性。但是，事实证明这条路是走不通的。于是，柏拉图直接提出一个抽象的概念来作为每一个个体之所以是这样一个个体的原因。也就是说，他用"理式"这个概念来解决事物的本质问题。

柏拉图所论"理式"的主要特点有以下几个：第一，每一类杂多的事物都有一个单一的"理式"，它是一个统一体，是真正的实在。杂多的事物可见而不可思，单一的"理式"可思而不可见。第二，"理式"是与其同名的个别事物得名的原因。但是这些事物不是"理式"本身，它们只是多少不等地拥有这种理式的特点。柏拉图说："在凡是我们能用同一名称称呼多数事物的场合，我认为我们总是假定它们只有一个形式或理念的。"❶ 也就是说，"理式"是与表示类的名称的词语相对应的。并且，它是一个表示类的名称的名词所表示的抽象形式。

第三，与其关于理式的观念相一致，柏拉图也讨论了知识与意见的二分问题。柏拉图认为，意见与知识并不是根本对立的，与知识相对的是无知的状态，而意见则是介于知识与无知之间。在柏拉图这里，关于事物存在之本质的才是知识，关于事物经验存在的只是意见。

为了说明真正的知识与通常的意见的区分，柏拉图在《理想国》中有三个著名的比喻：线段比喻、太阳比喻、洞穴比喻。这几个比喻是为了解释苏格拉底在对话中涉及的一个重要问题，即真理与常识的区分。

柏拉图运用太阳比喻要讲的问题是善在可知世界中的地位和作用。柏拉图把整个世界分成两个方面：可感世界与可知世界。可感世界是我们所经验

---

❶柏拉图.理想国[M].郭斌和,张竹明,译.北京:商务印书馆,1986:388.

到得世界，而可知世界则是理性所达到的世界。在可感世界中，太阳是地位最高的事物，并且太阳是使我们能够看到可见事物的事物。同样的逻辑，善的理式则是可知世界中的太阳，因为有了善的理式，我们才能够认识到事物的知识和真理，知识和真理本身不是善，善是知识和真理的原因。这就好比阳光是使我们在可感世界中看到经验事物的原因。所以，在柏拉图的理式世界中，善的理式是最高的概念。

线段比喻是柏拉图将可感世界与可知世界进行更具体划分的方法。可感世界又分为影像与具体事物，可知世界又分为数理对象与形式。也就是说，整个世界一共有四类事物：影像、具体事物、数理对象和形式。这四类事物分别对应的心灵状态是想象、信念、思想和理智。影像首先是阴影，其次是在水里或表面光滑物体上反射出来的影子或其他类似的东西；具体事物是在我们周围的动物和植物，以及一切自然物和人造物，是我们经验中的可见之物；数理对象是指那些其地位在几何学之下的学科以及与这些学科相关的技艺；形式是指理性本身凭着辩证法的力量可以把握的东西。我们对影像与具体事物的把握构成意见，而对数理对象与形式的把握则成为知识。对我们来说，把握前二者是靠感官，把握后二者是靠理性。

洞穴比喻是说，有一个洞穴式地下室，门外一条通道一直连到地面。有一些人，生下来就在这洞穴中，面对洞穴里面的墙壁，全身都被捆绑，不能动身和转头。通道的外面有一条路，路边对着洞口有一带矮墙，墙外有一堆燃烧着的火。这时，在路上有过来过去的人，手里拿着各种东西、假人和假兽，并举过头顶，让火光把影子照到洞穴里面的墙壁上。这时候，那些被捆绑的人看到墙壁里面的影子，认为那是事物的本身。如果有一个人被解开绳索，让他来到外面的阳光下，他会觉得头晕目眩并且极其痛苦，并且认为外面的事物都是假象。一旦他的视觉慢慢恢复正常，他就会看到太阳及太阳之下的事物本身。在这个比喻中，洞穴中的影子是"意见"；而外面阳光下的世界是"知识"，它相当于"理式"的世界。

柏拉图之所以认为"理式"的世界才是真正的知识，是因为"理式"是事物存在的本相，它具有普遍性；而对于个别事物的认识没有达到事物的本质，所以这不是真正的知识。并且他还认为，只有"理式"的世界才是真实的，因为经验中的事物是有生有灭的，而"理式"是不会消失的，它是永恒存在的。

（四）亚里士多德

亚里士多德（Aristotle，公元前384—公元前322年）祖籍安德罗斯（Andros），后来移居斯塔吉拉（Stagira）。他的父亲尼各马可（Nikomakhos）是一位名医，曾在马其顿王国宫廷任职，与国王阿慕塔斯（Amuntas）二世私交颇好。

亚里士多德在十七八岁时到了雅典，在柏拉图的学园学习哲学，直至公元前347年柏拉图去世。此后，亚里士多德离开雅典，辗转于地中海东部各地，主要是漫游在希腊半岛与小亚细亚之间，进行讲学或研究。他这段时间的研究重点可能在生物学方面。公元前343年，亚里士多德成为马其顿王子亚历山大的老师。

公元前335年，亚里士多德又回到雅典。创办了一所名叫吕克昂（Lukeion）的学校。据资料说，校园里有一道走廊，亚里士多德讲学的时候，就与学生在走廊里散步，边讲边走于是亚里士多德及其学生们被称为逍遥学派。公元前323年，马其顿国王亚历山大去世，希腊各地反马其顿的情绪日益高涨，因为亚里士多德的家庭背景及他与亚历山大的私交，他不得不离开雅典。此后不久，亚里士多德因病逝世。

亚里士多德是古代第一个百科全书式的思想家，他的著作覆盖诸多学科，重要著作有《工具论》《论灵魂》《物理学》《形而上学》《政治学》《尼各马可伦理学》《诗学》《修辞学》等。

1. 事物的运动

亚里士多德物理学的主要研究内容是自然事物运动和变化的根源。自然事物包括两个方面，质料和"形式"（eidos）。这两个方面构成自然事物运动和变化的四个原因，这就是亚里士多德的四因说。所谓四因，是亚里士多德解释事物运动变化的四个原因。

第一个是质料因。任一客观事物存在的基础是有质料。所谓质料，是事物所产生并在事物内始终存在的那种东西。例如，做塑像的铜、做酒杯的银子。

第二个是形式因。亚里士多德指出这是表述出本质的定义。它不是使事物运动的原因，但它是使这个事物成为这个事物的原因。这其实是指事物在其结构上的安排、形状与样态。正是这样的形式，使这个事物成为这样的事物。例如，音高的比例及数是音程的原因，桌子的形状是使桌子成为桌子的形式因。

第三个是动力因。亚里士多德认为，这是事物运动变化或静止的最初源泉。例如，父亲是孩子的原因，因为父亲是孩子出生的最初根源。但是树木或木头不是桌子的这个原因，因为桌子成为桌子，使它发生这个变化的是木匠的制作。所以，木匠的制作技术是桌子的动力因，雕刻家的雕刻术是雕像的动力因。

第四个是目的因。亚里士多德认为，这是指事物运动变化的终结。例如，健康是散步的目的和原因，实现目的其实也是一个原因。我们为什么散步，是为了健康。又如种子的目的因是成为成熟的植物，桌子的目的因是放东西。亚里士多德指出，有些东西是互为原因的，如锻炼使身体好，身体好也使锻炼好。他们二者互为原因，当然这两个原因是不一样的，一个是目的因，是要实现的目的；一个是动力因，是运动变化的根源。

亚里士多德认为，在这四因中，动力因与目的因在其本质上其实也都是形式因，因为二者在本质上都是涉及事物形式的运动与变化。所以，动力、目的与形式都可以归为形式。这样，四因归结为形式与质料。亚里士多德认为，形式和质料是自然事物的两个内涵。

对于自然事物来说，形式与质料这二者中，更为根本的是形式而不是质料。例如，一张桌子和一把椅子，它们可以用相同的材料制作，但区分一张桌子和一把椅子，是通过它们的"形式"而不是通过它们的质料。也就是说，决定桌子与椅子本质区别的是"形式"。如果我们把一个事物区别于其他事物的本质视为内容，那么在亚里士多德这里，"形式"就可以看作是这个内容。也就是说，"形式"是内容，内容是"形式"。

2. 形而上学

哲学中非常重要的概念"形而上学"（metaphysics）是由亚里士多德的著作而来，但它又不是亚里士多德提出来的。这是因为后人在整理亚里士多德的著作时，发现在他的《物理学》（Physics）后面还有一部分，讨论的并非自然事物，而是关于"实体"（substance）的问题，于是就把这部分内容独立出来，将其命名为Meta-physics（直译是"物理学之后"）。汉语将其译为"形而上学"是借用《周易》中的说法。《周易》中说："形而上者谓之道，形而下者谓之器。"亚里士多德的《物理学》的内容是关于自然事物的，我们可以说这是关于"器"的；在《物理学》之后的那一部分是关于抽象"实体"的问题，这是西方哲学中讨论的核心问题，可以说是关于事物存在的"道"。所以，用"形而上学"来翻译亚里士多德的这一思想还是非常恰当的。

亚里士多德认为，形而上学即所谓"第一哲学"（first philosophy）。他认为，第一哲学不是研究万物本原的，也不是研究理式、理念的，而是研究所谓"实体"意义的。他对"实体"的讨论，又与其对"是者"（beings）的思考相关。西方哲学普遍讨论的"存在"（being），源于作为判断动词的"是"（be）。亚里士多德所说的"是者"，也是关于"是"的。"是"是"是者"的"是"。亚里士多德对于"是"的分析，主要体现为一种逻辑学的方式。

在《范畴篇》（*The Categories*）中，亚里士多德把语言中的简单用语分为十种范畴。所谓简单用语，是指其本身不包含主谓结构的用语。在这十种范畴中，首先是表示实体的范畴；其次是表示数量、性质、关系、地点、时间、姿态、状况、活动、遭受这九个方面属性的范畴。在这方面，表示属性的范畴是用来表述那个表示实体的范畴，这就形成了通常的主谓陈述。

亚里士多德将实体分为第一实体（primary substance）与第二实体（secondary substance）。第一实体是个别的人或物，第二实体是个别的人或物所属的种（species）以及种之上的属（genus）。第一实体是真正的实体，它是最严格、最原初、最确切意义上的实体。例如，"苏格拉底是人。""人是政治的动物。"在这两句话中，苏格拉底这个人，他作为一个个体是第一实体，他所属的"人"这个种是第二实体，而"人"所属的"动物"这个属也是第二实体。因为"人"和"动物"都是一个类概念，没有与二者相等同的实在事物，所以第二实体通常是用来述说第一实体的。这个意思是说，第二实体可以出现在宾词的位置上来述说第一实体，但第一实体却不可以出现在宾词的位置上来述说第二实体。所以，只能作主词的是第一实体。

在《形而上学》中，亚里士多德提出的所谓"第一哲学"，它也是一门"实体之学"，其最核心的问题是"存在之为存在"（being as being），或说"'是'之为'是'"。亚里士多德说："于是很明显，这门科学的任务是考察存在之为存在，以及属于其作为存在的诸多属性。"❶所以，"实体之学"就是关于一个事物是其所是的问题。事物之所"是"分为本性（nature）的"是"与属性的"是"。

---

❶ARISTOTLE. Metaphysics[M]. ROSS W D, trans. Beijing: Central Compilation & Translation Press, 2012:66.

亚里士多德在其《形而上学》中将实体分为四类：一是单纯的物体与它们组成的事物，如土、火、水之类；二是在这些物体中，虽不能陈述主词却是它们之所是的原因，如灵魂是动物存在的原因；三是构成这些事物的部分，这些部分使其成为个体；四是本质（essence），它是一个定义的公式。这四类实体都是有其本性的。它们又可以归为两类：一是最终的基底（substratum），它们不再由其他事物来表述；二是可以分离与独立的事物。

在这里，亚里士多德更多讨论的是本质作为实体。他说："定义是本质的公式，本质或是单独地、或是主要地且基本地，无条件地属于实体。"❶亚里士多德认为，基底与本质以及二者的综合都是实体。当然，普遍性的事物也是实体。基底有两层含义：一是个体，如动物是它的各种属性所依附的底层；二是物质，它是某物完全实现的底层。简单地说，实体有两种：具体事物与本质公式。具体事物的实体是会灭坏的，而公式的实体是无生灭的。具体事物是物质与本质公式相结合的产物。所以，亚里士多德也称物质为潜在实体。

在柏拉图的基础上，亚里士多德从结构上把灵魂分成几个方面：营养灵魂、感觉灵魂和理智灵魂。

营养灵魂是每一个活着的生物都具有的。这个灵魂促使生物获取营养，完成生长的过程。但是每一个生物并不必然具有所有的感觉，身体构造简单的生物是不需要触觉的。但是动物必须有的是触觉，触觉是一个动物唯一的不可或缺的感觉。

另外两种灵魂是感觉灵魂和理智灵魂。它们分别与两类事物相关联。亚里士多德把自然事物分成两类：一类是可感觉的事物；一类是可认知的事物。人的感觉灵魂和理智灵魂的机能分别针对于这两类事物。感觉合于可感觉物，知识合于可认知物。亚里士多德同时指出，可以独立存在的对象，只

---

❶ ARISTOTLE. Metaphysics[M]. ROSS W D, trans. Beijing: Central Compilation & Translation Press, 2012:143.

有可感觉的空间物体；思想的对象，实际上是可感觉事物的形式表现。这种形式表现只会以心理印象的形式出现，而这种心理印象则与人的记忆有关。但他还指出，并非只有人才有记忆。

在各种感觉中，亚里士多德认为，从生存的角度说，视觉是最重要的；对于理智来说，听觉是最为重要的。他这是从语言的角度来说的，因为理智是跟语言相关的，而说话是通过听觉来产生作用的。

亚里士多德逝世后不久，地中海地区随着马其顿王国的扩张而进入希腊化时期，古希腊哲学由此产生更为广泛的影响。这一时期的主要哲学家有：伊壁鸠鲁（Epicurus，公元前342—公元前270年），前4世纪末他在雅典创办学园。卢克莱修（Lucretius，约公元前99—约公元前55年），他的主要作品是《物性论》。芝诺（Zeno of Citium，公元前334—公元前262年）曾在雅典市场北面的一个画廊（stoa）创办学园。由此，他们被称为斯多亚派或画廊派。

古希腊的哲学家们非常重视数学对于哲学的重要性。受此影响，法国现代哲学家笛卡儿认为，算术与几何是哲学研究的典范。在他看来，由于算术与几何研究的对象是既纯粹而又单纯的，所以算术与几何的推理是确实可靠的。他说："探求真理正道的人，对于任何事物，如果不能获得相当于算术和几何那样的确信，就不要去考虑它。"❶他的意思当然不是说，除了算术和几何，其他的科学都不需要研究了。他是说，任何科学的研究，都要以用于算术与几何中的那种思维来进行，以达到确信的结论。

五、美学：美在何处寻

美学（Aesthetics）是研究人的审美活动的学科。美学作为一门学科，

---

❶笛卡儿.探求真理的指导原则[M].管振湖,译.北京:商务印书馆,1991:7.

产生于18世纪中叶的德国，但是这门学科的渊源是西方长时间对于美的思考。这种思考早在苏格拉底之前就已经开始了。

美在古希腊文化中具有非常重要的位置。西方之所以有关于美的思考，这与古希腊人的爱美风尚有很大的关系。古希腊人的爱美，可以通过三个紧密相关的事情来理解：一是关于金苹果的争端；二是特洛伊战争的起因与目的；三是史诗《伊利亚特》中描写长老对海伦的态度。

在本书前文中提到，人类英雄佩琉斯和海洋女神忒提斯举行婚礼，众神都得到了邀请，除了不和女神。于是，不和女神在婚宴上丢下一个金苹果，引起了三位女神赫拉、雅典娜与阿弗洛狄忒之间的争端，而帕里斯将金苹果给了美神阿弗洛狄忒。阿弗洛狄忒为了兑现自己给帕里斯的承诺，帮助帕里斯拐走了古希腊最美的女子斯巴达王后海伦（Helen）。希腊英雄为了救回海伦，发起了长达十年的特洛伊战争。当然，现在的学者考察特洛伊战争确实存在，但并不是为了争夺海伦，可能起于商业利益的冲突。但是古希腊人宁愿认为这场战争是由于美而引起来的。

尽管海伦给特洛伊带来了灾难，但史诗《伊利亚特》中描写长老看到海伦时，表示出对双方为她而开战的理解[1]：

特洛亚的领袖们是这样坐在望楼上。

他们望见海伦来到望楼上面，

便彼此轻声说出有翼飞翔的话语：

"特洛伊人和胫甲精美的阿开奥斯人

为这样一个妇人长期遭受苦难，

无可抱怨；看起来她很像永生的女神；

不过尽管她如此美丽，还是让她坐船离开，不要成为我们和后代的祸害。"

---

[1] 荷马.荷马史诗·伊利亚特[M].罗念生,王焕生,译.北京:人民文学出版社,1994:64-65.

希腊人对美的态度与中国有很大的区别。虽说爱美之心，人皆有之，但美如果与政治利益相比较，中国古人的选择通常是与古希腊人不一样的。与古希腊人为美人而战斗不同，中国古代多有以美人和亲。美并不是中国古代政治文化中最重要的。中国古代有导致朝代灭亡的美人，如妲己、褒姒等，她们都是被历史所批判的。

在哲学上，中国古人也并不赞同以美为美。以《庄子》作为典型，庄子认为，大美不美，刻意追求美是不好的。具体来说，不美的人追求美（东施）不好，如《天运》篇中丑女效西施捧心而颦的结果；美的人追求美也不好，如《山木》篇中逆旅主人对待他的一美一丑两个妾的态度。《庄子》哲学对中国艺术的影响很大，这是中国艺术不重视形式美的一个重要原因。与此不同，西方艺术将美置于一个非常重要的位置，所以也就有了大量关于美的思考。

（一）前苏格拉底时期论美

毕达哥拉斯学派在从数的角度提出关于宇宙的理解时，涉及了美的问题，并且他们也是从数的角度来理解美。其主要观点是，美在于和谐，而和谐则出于数的比例，比例是各个部分之间的关系。比例与和谐在本质上都是数的关系。毕达哥拉斯学派提出，最美的比例是黄金分割比例。

他们还对具体的美的形状有所思考，提出："一切立体图形中最美的是球形，一切平面图形中最美的是圆形。"[1] 他们这种美是比例与和谐的观念，对西方艺术的影响非常深远，这种美的观念不仅深刻地影响了古典主义艺术，而且在现代艺术中也有所体现。

毕达哥拉斯学派在音乐上也有深入的探索。他们认为，音乐在本质上是声音的数量关系之间的和谐。在此基础上，他们提出音乐中的音程问题。他

[1]北京大学哲学系美学教研室.西方美学家论美和美感[M].北京:商务印书馆,1980:15.

们在思考宇宙的数量关系中，还提出天体音乐的观念，这就是指天体按照其轨道运行过程中的旋律与节奏。这类似中国哲人老子所说的"大音希声"。他们还将音乐与其灵魂学说结合起来，认为好的音乐可以改变人的性格、净化人的灵魂，甚至可以治疗人的心理疾病。显然，毕达哥拉斯学派已经初步建立了西方最早的音乐美学。

赫拉克利特在其火本原说的基础上提出自己关于美的观点。这主要有两个方面。

第一，美在于和谐。赫拉克利特所说的和谐，尤其是指相互对立的事物之间的和谐。他说："互相排斥的东西结合在一起，不同的音调造成最美的和谐。"[1] 在他看来，自然与艺术都是对立之物而不是同类之物所造成的和谐。这类似于孔子所主张的"和而不同"。

第二，美是相对的。赫拉克利特说："最美丽的猴子与人类比起来也是丑陋的。……最智慧的人和神比起来，无论在智慧、美丽和其他方面都像一只猴子。"[2] 赫拉克利特较早提出了美的相对性思想。

德谟克利特（Democritus，约公元前460—公元前370年）是古代最早的原子论者。根据他的断编残简，他也谈到美与艺术的问题。他认为，诗的美来源于诗人的热情与灵感。身体的美要与聪明才智结合起来，否则只能是动物性的东西。并且，青年人的身体之美尤其在于有力，而老年人的身体之美尤其在于智慧。心灵神圣的标志，是永远创造美的东西。只有天赋很好的人能够认识并热心地追求美的事物。

智者学派也提出关于美的理论，他们的主要观点有两个方面：首先，美是相对的。在这一点上，他们主要探讨美与丑之间的相对性问题。也就是说，美与丑是可以相互转化的。例如，浓妆艳抹对于女人是美的，但对于男

---

[1] 北京大学哲学系美学教研室.西方美学家论美和美感[M].北京:商务印书馆,1980:15.

[2] 同①16.

人则是丑的。其次，艺术与幻觉。高尔吉亚认为，诗的语言有一种非凡的魔力，能够把灵魂引入一种幻觉状态。

（二）苏格拉底的问题

我们知道，苏格拉底的谈论主要是在他的两个学生的文本中体现，其一是色诺芬的《回忆录》；其二是柏拉图的《对话录》。在这两个文本中，苏格拉底的对话性质不太一样。在色诺芬的文本中，苏格拉底阐述了自己关于美与模仿的一些观点；但在柏拉图的对话录中，苏格拉底主要提出美的本质这个对西方美学影响极大的问题。

首先，我们在色诺芬的《回忆录》中看到的苏格拉底在美学的主要观点有两个方面。

一是关于美的观念。苏格拉底认为，美在于效用，并且具有相对性。在苏格拉底看来，美应该与善统一起来，它们都应该从功用的角度来衡量。由于美与善、有用是统一的，而事物的效用又具有相对性，所以美也具有相对性，并且同一事物有可能同时既是美的又是丑的；既是善的又是恶的。

二是关于模仿的观念。苏格拉底对模仿的讨论也是与美相关的。这主要是关于艺术创造的问题。在这方面，他的主要观点是，艺术不但可以模仿美的形象，而且还可以模仿人的内在性格。

苏格拉底主张，画家要从许多人当中进行选择，然后把每个人最美的部分集中起来，以使所画人物的每一部分都显得美。他还认为，模仿人的性格，要通过模仿人的神色来实现，因为我们通常是通过人的神色来判断他的性格。所以，艺术家就可以通过作品的形式来模仿人的心理活动。

其次，在柏拉图的《对话录》中涉及美学思想的内容中，可以归于苏格拉底的主要是《大希庇阿斯》（*Greater Hippias*）这篇对话。这篇对话是探讨美的定义，但最后也是无果而终，是非常典型的苏格拉底式对话。这篇对话对美学的影响是极大的，它导致西方美学很长时间是关于美的本体追问。

在对话中，苏格拉底反复跟希庇阿斯强调，他的问题是"美是什么？"（what beauty is）而不是"什么是美的？"（what is beauty）苏格拉底提出这个问题的目的是寻找一个适合所有美的个体的那个"绝对的美"（the absolute beautiful）。也就是说，我们找到了"绝对的美"，就能够解释所有个体为什么美的原因。

希庇阿斯的回答总是某个具体的美的事物。例如，他说："一个美丽的少女是美的。"但他这只是回答了"什么是美的？"这个问题，而并没有回答苏格拉底的问题。与希庇阿斯的回答一样，说"一把美丽的竖琴是美的""一个美丽的陶罐是美的"这都不是对"美是什么"的回答。苏格拉底问题的实质是，这些事物是美的，是什么决定了它们是美的，它们身上拥有什么东西而使自己成为美的。

可以说，苏格拉底的问题是在寻找一个能够适用所有个体的关于美的普遍定义。他们在对话中提出很多尝试性的解答，但是又都能找到反例来推倒他们的解答。所以，他们在对话的最后引用了一句古希腊谚语说："美的事物是难懂的。"❶

（三）柏拉图的美学

柏拉图的美学思想极其丰富，其主要内容有：关于美的理论、关于模仿的理论、诗人的灵感问题、艺术教育（美育）的问题等。当然，他的美学理论基础是他的理式说。

第一，美的理论。实际上，我们可以将苏格拉底提出的定义问题视为柏拉图思考的起点。柏拉图写《大希庇阿斯》篇及其他探讨定义的对话，可能还有一个目的是，指出从经验中的具体事物出发去探讨事物的本质问题是行

---

❶柏拉图.柏拉图全集:增订版·下卷[M].王晓朝,译.北京:人民出版社,2018:429.

不通的。所以他抛开了经验的探讨，直接提出"理式"作为他的哲学理论的基础。

柏拉图关于美的理论主要有两个方面的内容，其一是美的本体论，即美的本质是什么；其二是美的认识论，即我们如何认识美的本质。

在美的本体论方面，柏拉图认为美是理式。苏格拉底寻找的美本身，在柏拉图这里表现为"理式"，即美的"理式"。我们之所以在前面将柏拉图对话录中的《大希庇阿斯》篇归为苏格拉底的思想，是因为这篇对话在最后并没有得出对话双方都认可的答案。这也是苏格拉底对话的特点。他的对话的目的是让我们知道我们自己的无知，我们通常所谓的见解并不是真正的知识。

但是，他的学生并不满足于老师只提出了问题而没有答案。于是，他给出了答案。柏拉图进一步区分了美的本质和具体的美的东西。具体的美的东西是有很多个的，我们用复数形式的词语来表达他们。然而，美的本质只有一个，这个美的本质是一个单一的理式，它是一个统一者，是每一个个体之美所依赖的实在。个别的事物之所以美，就在于它们模仿了或说分有了美的理式。

柏拉图在《会饮篇》中全面阐述了美的本质的特点。他说："首先，它永恒存在，不生不灭，不增不减。其次，它不是以此方式美，而以彼方式丑；不是在一时美，而在另一时丑；不是与一物相联系时美，而与另一物相联系时丑；不是在这里美，而在那里丑，就好像对一些人美，而对另外一些人丑。这美不是以一张脸或一双手或属于身体的其他任何部分的形象显现出来，它也不会作为一种观念或一种知识显现出来。它不以某一事物的形式存在于任何地方，就像一个动物、大地、天空，或其他任一事物那样；它只是其自身，而以形式的整一与自身同一，所有其他美的事物都是分有它，如此其他的事物都是有生有灭的，而这美却不会有所减或有所增，不会发生任何变化。"❶ 所以说，柏拉图的这个美的本质只是一个"理式"，它是超验的，所以也是超乎想象的。

那么，如何认识美的本质呢？柏拉图以阶梯说回答了这个问题。他说："为了这大美（Beauty），人总是可以从美的事物开始，将其作为上升的台阶而攀升：从单个身体到两个，并从两个到所有美的身体，然后从美的身体到美的风俗，从风俗到认知美的事物，从这些知识最后达到这样一种知识——关于这个大美的学问，这样最后他就会领悟什么是美之所是。"❷ 这就是关于美的本质的认识之路。

也就是说，柏拉图认为，只有在"关于美的科学"中才能领悟美的本质。可见，"美的本质"接近于一种概念性的东西；而这门学问就是后人所建立的美学。这样，从柏拉图的角度，后人将美学理解为关于美的本质的学科，也便可以理解了。当然，后世也有学者认为，柏拉图所说的这门学问是建立在一个错误的问题之上的。

柏拉图认为，爱与美是紧密结合的。这可能也是古希腊人的普遍观念。因为阿弗洛狄忒既是爱之女神，也是美之女神。柏拉图认为，一个人由于对爱有了正确的观念，并且出于这种爱，就能够达到那个绝对的美。这里其实还包含了审美中的一个重要问题：我们认为一个事物是美的，通常是由于对这个事物有很深的爱。这种爱当然可能只是针对于对象的形式。中国有句古话：情人眼里出西施。由于我爱这个人，所以这个人在我眼里是美的。

第二，模仿（mimesis）理论。在古希腊，柏拉图最早阐发了系统的模仿理论。他的模仿理论主要是讲艺术的本质，这种本质是通过其与理式的关系而得到体现的。在《理想国》第十卷中，柏拉图以"床"为喻讲了艺术对

---

❶PLATO.Complete works[M]. Indianapolis: Hackett Publishing Company, 1997:493.
❷同①.

理式的模仿关系。在这里，柏拉图分析了三种不同存在方式的床。

第一种床是神造的床。神造的是床的本质与本性（nature），或者说，神是床的本质与本性的创造者（creator）。柏拉图说："或者因为他不想，或者因为他不这样做是出于必要，神没有制作更多本性上的床，而是只造了一张，那张床正是床的存在本性。神没有制作两张或者更多的这种床，他也绝不会去造。"❶ 这张床其实也是床的"类型"，也即床的理式。

第二种床是木匠做的床。木匠做的只是经验世界中"具体的床"，木匠是床的"制造者"（maker）。木匠是根据床的理式做的具体的床，这样的床只是理式的床的影像。

第三种床是画家画的床。画家只是床的"模仿者"（imitator）。画家模仿的是木匠做的床，他模仿的是理式的影像的影像。所以，画家画的床与真正的实在的床还隔着两层。也就是说，与模仿相关的事物"位于从真相开始的第三级"。柏拉图说："模仿是一个低劣的事物与另一个低劣的事物结合而生下来的一个低劣的子女。"❷

第三，对诗人的控诉。柏拉图以床为喻讲画家画的床，最终目的还是要批评荷马史诗。柏拉图认为，诗与画当然是处于同样的级别。画是模仿，诗也是模仿。由于画与诗都是对具体之物的模仿，所以它们与真理就有了距离，都只是达到了真理的影像，而并非真理本身。

在此基础上，柏拉图列出了诗人的两条罪状，这也是诗人与画家的两个共同之处。柏拉图说："正如一个画家，他创作的作品对于真理来说是低劣的；而且，这作品诉诸灵魂中同样低劣的那一部分，而不是那最好的部

---

❶ PLATO.Complete works[M]. Indianapolis: Hackett Publishing Company, 1997:1201.

❷ 同①1207.

分。"❶这里面包含两点是：第一，诗人说谎，诗是不真的；第二，诗腐蚀人的灵魂，诗是不善的。这就是柏拉图对艺术家的指责。

首先，诗人说谎。柏拉图在《理想国》第二卷中讲到对城邦保卫者的教育。这种教育主要是用体操来训练身体，用音乐来陶冶心灵。他认为对儿童的教育应该先教音乐，后教体操。在柏拉图看来，音乐教育的主要目的是让儿童接受优美高尚的故事。这些故事主要来源于颂诗人所唱的诗。

当时古希腊的颂诗人所诵唱的主要是赫西俄德与荷马的诗，但柏拉图认为他们都没有描写出诸神与英雄的真正本质。因为在柏拉图看来，神是善的原因，而不是一切事物的原因；而在荷马史诗中，神是很多恶的原因。由于诗人把神与英雄的性格写得不正确，所以从这方面说，诗人说的完全是谎言。柏拉图批评说："模仿者对于自己模仿的东西没有什么值得一提的知识。模仿只是一种游戏，是不能当真的。"❷

其次，诗腐蚀人的灵魂。我们知道，诗通常是诉诸人的情感。正因为这样，柏拉图说："我们完全有理由拒绝让诗人进入治理良好的城邦。因为他的作品在于激励、培育和加强心灵的低贱部分，毁坏理性部分。"❸柏拉图将人的灵魂分为理性、激情与欲望三个部分，欲望是其中最为低贱的方面，而诗正是对人的情欲起作用的。所以，诗的危害是极大的。

人们通常认为，柏拉图要将诗人赶出他的理想国。但这样的看法其实是片面的。柏拉图认为诗人主要有两种：一种是模仿的诗人，是创作悲剧与喜剧的诗人；另外一种是抒情的诗人，是创作酒神颂与日神颂的诗人，他们抒发自己对神的情感。其实，柏拉图要从他的理想国中驱逐出去的是第一种诗人而不是第二种诗人。他甚至说，如果模仿的诗人也能够模仿好人的语言，

---

❶ PLATO.Complete works[M]. Indianapolis: Hackett Publishing Company, 1997:1209.

❷ 柏拉图.理想国[M].郭斌,张竹明,译.北京:商务印书馆,1986:399.

❸ 同②404.

他们也能够留在这个城邦。但问题是，柏拉图所看到的诗人都只是模仿者，他们都只得到了影像，而并没有达到真理。所以，柏拉图最终还是坚持将诗人赶出他的理想国。

（四）亚里士多德的美学

从哲学上说，亚里士多德颠覆了其师柏拉图的学说；在美学方面，他同样与柏拉图拉开了距离。这不仅体现在他对美的本质的认识上，更体现在他对诗的模仿的本质的理解方面。

第一，美的观点。亚里士多德反对柏拉图的"理式"说，这在他的美学思想中也有体现。亚里士多德不再从超验的"理式"中寻找美的本质，不再用"理式"来解释事物的美，而是将思考的方向回归到现实的事物本身。

亚里士多德认为，一个事物的美就在这个事物本身的某种比例与安排，美的主要形式是秩序（order）、匀称（symmetry）和明确（definiteness）。美的事物要符合两个条件：其一是符合秩序的安排；其二是合适而非得于偶然的体积大小。也就是说，美的本质在于事物本身的结构和秩序。

第二，诗与模仿。在古希腊时期，"艺术"一词包括的范围很广，它泛指人的各种技艺。亚里士多德对模仿的讨论，集中在《诗学》一书中。亚里士多德从当时的艺术观念中划分出一类，它所包括的范围大致相当于我们现在使用的"艺术"概念。亚里士多德对这类"艺术"的限定是"模仿的艺术"。也就是说，我们现在通常所说的艺术，亚里士多德认为其本质特点就在于模仿。

继而，亚里士多德又从模仿的角度对这些艺术种类做了进一步的区分。这主要是从模仿的媒介来说的：一是用颜色和姿态，如画家与雕塑家；二是用声音，主要是诵诗人；三是用节奏、语言、音调，如舞蹈、音乐与各种诗艺。亚里士多德在《诗学》中主要是讲悲剧与喜剧，这二者都属于诗艺的范畴。

我们说过，柏拉图认为诗人说谎。在这一点上，亚里士多德与柏拉图又是极为不同的，他赋予了诗以崇高的地位。他说："诗的作品不是要讲述已经发生的事；而是要讲述可能发生的事和那种源于可然律或必然律的可能性。历史学家与诗人的区别不在于是用韵文还是用散文讲述，确切地说，他们的区别在于一个讲述已经发生的事，而另一个则讲述可能发生的事。因此，诗是比历史更具哲学性和更严肃的事情，因为诗更多的是讲述普遍性的事物，而历史更多的是讲述具体的事情。"❶

柏拉图的美学反映了当时雅典哲学中的一个重要问题——诗与哲学的地位之争。柏拉图认为，诗的地位显然远低于哲学，哲学是通向"理式"的真相，而诗则是虚假的。但亚里士多德认为，诗显然有与哲学一样的地位，因为诗具有了哲学性。诗按照可然或必然的原则描述可能发生的事，就说明诗是要表现事物内在的规律性与普遍性，而这正是哲学要完成的任务。显然，亚里士多德对诗的态度也具有强烈的反柏拉图倾向。

六、艺术：身体之姿与人文之美

古希腊人的生活观念与美学思想，对于他们的艺术特征有重大的影响。但是他们早期的艺术却是对于古埃及艺术的学习。这是我们从早期古希腊艺术特征上可以明确看到的，这种关系尤其体现于绘画与雕塑。

（一）古埃及艺术

对于古埃及人的绘画表现方式，英国著名艺术史家贡布里希（Sir E. H. Gombrich）指出："无论哪一个事物，他们都从它最具有特性的角度去表

------

❶ ARISTOTLE. Poetics[M]. SACHS J, trans. Newburyport: Focus Publishing, 2006:32.

现。"❶ 这是古埃及人绘画的规则与程式，他们的绘画通常是要突出一个事物中最能表现其特征的方面。他们不是要画我们看到的样子，而是要画我们理解的样子。也就是说，他们要突出的不是视觉的真，而是理解的真。我们理解一个事物，主要是靠它最突出的特征。埃及人就是要把他们所知道的事物的最突出特征和最典型的样子画出来。

图1-19是古埃及新王国第18王朝时期，底比斯官员内巴蒙（Nebamun）陵墓壁画中的花园。从壁画中可见，古埃及人对自然景物的描绘，显然与我们观看事物的视觉效果差别非常大。他们所画的不是我们看到事物所呈现的样子，而通常是画出事物的正侧面，因为事物最典型的特征一般是通过它的正侧面呈现的。

图1-19　内巴蒙花园（公元前14世纪），墓室壁画，底比斯内巴蒙墓

图1-20是内巴蒙在沼泽地中猎禽的场面。在壁画中，他的头部是正侧面的，但是眼睛却是正面的；躯干是正面的样子，但是双脚却又是正侧面的。这当然不是我们正常站立的姿势，我们也无法摆出这样的姿势。也就是说，古埃及人并不是要把人站立的姿态真实地描画出来。他们是要把人各方面的、最典型的特征画出来。

古埃及人很长时间一直把人的形象画成这种样子，这就形成所谓的程式（convention）。有了程

图1-20　内巴蒙花园（公元前14世纪），墓室壁画，底比斯内巴蒙墓

---

❶ 贡布里希.艺术的故事[M].范景中,译.南宁:广西美术出版社,2008:61.

式，创新就成为次要的方面了，所以古埃及的艺术在上千年的时间里基本没有什么变化。柏拉图认为，埃及雕塑是再现某些神圣的姿势，他也极其赞赏古埃及图像千年不变的规则。

（二）古希腊艺术

我们可以用贡布里希关于图式（schema）与矫正（correction）的理论来说明古埃及艺术与古希腊艺术之间的关系。从造型与构图上看，古希腊艺术中的雕塑与瓶画应该受到古埃及艺术很大的影响，但在后来，古希腊艺术对古埃及艺术的图式进行矫正。古埃及学者海因里希·舍费尔（Heinrich Schäfer）认为，古希腊对古埃及艺术的矫正并不是刻意为之，如短缩法的发现也许是很偶然的事情。但是这种偶然的突破一旦出现便一发而不可收。于是，古希腊艺术的风格特征便逐渐凸显出来。

古希腊的艺术大致分为三个时期：第一个时期是荷马时期，从公元前12世纪到公元前8世纪；第二个时期是古风（archaic）时期，从公元前7世纪到公元前5世纪希波战争；第三个时期是古典（classic）时期，从公元前5世纪希波战争到公元前4世纪伯罗奔尼撒战争，这也是古希腊艺术的黄金时期，尤其是雅典的艺术达到辉煌的顶点。在此之后，希腊化时期可以算作第四个时期。古希腊艺术的主要成就是早期的瓶画及此后的建筑和雕塑。

1. 瓶画

古希腊早期艺术的主要成就是瓶画。瓶画是烧制在陶瓶上的，从时间发展上主要有四种风格：几何风格、东方风格、黑绘风格与红绘风格。

（1）几何风格。这是古希腊最早出现的具有风格意义的瓶画，瓶画造型以几何图案为主，间或有较为简单的人物图像（见图1-21）。根据考古发现，这些陶瓶主要集中在公元前9世纪到公元前8世纪荷马时代后期。在希腊本土及爱琴海诸岛屿都有出土。我们从几何风格时期的瓶画可以看到，古希腊在公元前10世纪到公元前9世纪的陶瓶制作技术已经非常成熟。

（2）东方风格。在古风时期，希腊瓶画达到了很高的水准。公元前8世纪，希腊半岛通过腓尼基的航海者重新建立了与东方的联系，在艺术上他们也多向东方世界学习。这个时期的陶瓶受到了两河流域文化很大的影响，艺术史上称为东方风格。在东方风格的构图中，出现了较多人物活动的场面，但是人物的细节还不够突出。

（3）黑绘风格。在东方风格的基础上，瓶画发展为所谓的黑绘风格。黑绘是指瓶画的人物主体是黑色，而画面的底色是红色。在制作黑像的过程中，艺术家先用黑色清漆涂绘出人物的剪影，然后用利器把人物轮廓刻画清晰，把多余的清漆刮掉，再用白色勾画细部线条。烧制好后，陶瓶上的人物的底色就成为橘红色。这种方法绘制的人物比单纯用线条勾画的人物更加厚重有质感。

图1-21 陶瓶（瓶上画面为葬礼）（公元前8世纪作）雅典国家考古博物馆

图1-22是古希腊神话中的阿基琉斯与埃阿斯（Ajax）出征特洛伊途中遇到风暴在帐篷中玩骰子的情景。二人在游戏的时候仍然不解盔甲，并且将长矛靠在肩头，表现出勇士的性格。我们从画面中人物的侧面构图上，还能看到古埃及绘画的影响，但是人物的姿态显然已经比古埃及的绘画生动活泼了很多。

（4）红绘风格。在古风时期末期，出现了红绘风格，这种风格的陶瓶在古典时期臻于成熟。红绘风格的人物是红色的，而底色是黑色的。红绘风格瓶画的制作是与黑绘风格的色彩作一翻转，不在陶

图1-22 双耳陶瓶（公元前540年），梵蒂冈博物馆

图1-23 双耳陶瓶(公元前6世纪),慕尼黑州立文物博物馆

瓶上用黑漆画人物,而是用黑漆涂满背景,将轮廓刻画清晰后,再用黑漆勾画细部线条。这样,烧制好的瓶画人物就成了橘红色,而背景成了黑色。这种红绘人物比黑绘人物具有更强的肌肤感,更为生动逼真。

图1-23表现的是三个饮酒狂欢的人物。人物的姿态变化丰富,画面富于生活气息。尽管三个人都是扭曲或倾斜着身体,但他们的双脚依然是正侧面的,这样的造型显然还受到古埃及绘画的深刻影响。

红绘风格时期,古希腊的瓶画有了一个巨大的变化,或者说是希腊人的一种探索。这种探索就是前缩法(foreshortening)的出现。这种前缩法的使用说明古希腊人在绘画中思考如何画出我们看到的人物样子。

从这幅描绘雅典娜的瓶画中(见图1-24),我们依然能够看到古埃及绘画的影响:雅典娜的头部是正侧面的,而眼睛是正面的,同样她的那个头盔也是呈正侧面的;从她的乳房左右对称可见躯干是正面的,但是乳房本身却是正侧面的。

尤其值得注意的是,雅典娜的双脚显示出古希腊艺术家的探索:她的一只脚是正侧面的,但另一只脚则呈现正面的效果。这只呈现正面效果的脚在绘画时就使用了前缩法,这种方法事实上使脚的特点不再突出。前缩法反映

图1-24 雅典娜(公元前5世纪),瓶画,纽约大都市博物馆

了古希腊艺术的一种新的探索，这种探索正是西方写实艺术的最初萌芽。他们开始在绘画时关注视觉上的真实。

普林尼（Pliny）在他的《自然史》中记述了很多古希腊艺术家的名字。根据他的阐述，菲迪亚斯（Pheidias）算得上是最早有名传世的画家，他生活在公元前5世纪。雅典人欧马鲁斯（Eumarus）在绘画中使男性与女性有了区别。克莱奥内（Cleonae）的西蒙（Cimon）最早开始使用斜影的画法，也就是展示人脸的3/4效果。塔索斯的波利格诺图斯（Polygnotus）首先在绘画中描绘了身着透视装的妇女形象，他还画出张着嘴露出牙齿的形象，这就大大丰富了人物的表现，他还用绘画装点了德尔菲的阿波罗神庙。

普林尼还记述了赫拉克利（Heraclea）的宙克西斯（Zeuxis）与以弗所（Ephesus）的帕拉西乌斯（Parrhasius）之间所进行的一场绘画竞赛。宙克西斯成功地画了一幅葡萄的绘画，以至于小鸟飞到挂画的地方想啄葡萄。而帕拉西乌斯则画了一幅有帘布覆盖的错觉画（trompe-l'eil），以至于宙克西斯看到后想把帘布扯掉看帕拉西乌斯画的都是什么。但当他要揭掉时才发现帘布是画在上面的，于是宙克西斯承认自己的失败了。这是因为，宙克西斯的作品骗过了鸟儿，但帕拉西乌斯的作品却成功地骗了他。阿佩莱斯（Apelles）也是一个非常著名的画家，他的创作盛期是在公元前4世纪中期。

2. 雕塑

古希腊古风时期的人物雕塑主要有两类：裸体的青年男子（kouros）立像和着衣的青年女子（kore）立像。这些立像的造型与古埃及雕塑的造型是极其相似的，也就是说，这个时期的人物雕塑基本上属于古埃及雕塑风格。这种风格的人物雕塑整体是直立的，双臂下垂而略微有些弯曲，双腿轻微跨开，双眼闭着且面部没有表情。总的来说，这个时期的雕像是非常模式化的（见图1-25和图1-26）。

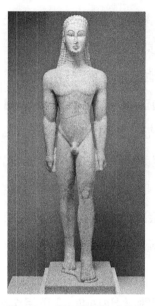 

图1-25　青年男子像（公元前6世纪），纽约大都会艺术博物馆　　图1-26　青年男子像（公元前6世纪），雅典国家考古博物馆

图1-27　《系鞋的妮克》（公元前5世纪），浮雕，雅典卫城博物馆

　　古希腊雕塑的艺术成就在古典时期最为辉煌。公元前5世纪初的作品《系鞋的妮克》（*Nike Adjusting Her Sandal*）已经显示出古典时期艺术家的高超艺术水平（见图1-27）。妮克是古希腊的胜利女神，而浮雕表现了女神系鞋这一个非常有意思的细节。这种细节的表现能够反映古希腊人对神的人性的强调。在古希腊神话中，尽管神有人所不具备的能力，但神也有与人一样的性情。这尊表现胜利女神的雕塑，从人物动作和衣服褶皱上都反映了古希腊人在雕塑上已经达到的高度。

　　这个时期最为杰出的雕塑家以米隆和菲狄亚斯（Pheidias，约公元前480—公元前430年）为代表。米隆的《掷铁饼者》（见图1-15）创作于公元前5世纪中期，这个雕塑原本是一件青铜雕像，但古希腊的很多青铜雕像都被熔化掉，幸而我们还能看到它的复制品。

这尊雕像表现的是运动员在握着铁饼旋转身体至一个极限并且将要回转扔出铁饼的那一瞬间。用德国美学家莱辛（G. E. Lessing，1729—1781年）的话说，这个动作是"最具包蕴性的一刻"。显然，这个雕塑符合古希腊人追求的健康之美的审美风尚。并且，这个雕像以巧妙的方式实现了古埃及的前辈所崇尚的一些基本规则：按照雕像正常的摆放方向，雕像的双脚是侧面的，但是躯干则是正面的。

菲狄亚斯设计了雅典卫城，并且是雅典卫城浮雕的作者，他还雕刻了其中帕特农神庙中的雅典娜雕像。

米隆和菲狄亚斯之后，古希腊最为出色的雕塑家还有生活在公元前4世纪的普拉克西特列斯（Praxiteles），他的重要作品是《尼多斯的阿弗洛狄忒》（*Aphrodite of Knidos*）和《赫耳墨斯与婴儿狄奥尼索斯》（*Hermes and the Infant Dionysus*）。前者是古希腊最早的全裸女性雕塑（见图1-28）。据说这尊雕塑是根据雅典高等妓女弗瑞娜（Phryne）为模型创作的，作品完成之后被尼多斯人买走置于神殿中，希腊各地的人都去尼多斯观看这一杰作。《赫耳墨斯与婴儿狄奥尼索斯》表现的是宙斯将狄奥尼索斯交给赫耳墨斯之后，赫耳墨

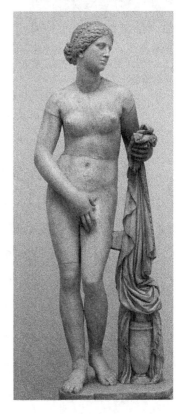

图1-28 普拉克西特列斯《尼多斯的阿弗洛狄忒》（罗马复制品），罗马国家博物馆

图1-29　普拉克西特列斯《赫耳墨斯与婴儿狄奥尼索斯》（公元前4世纪），奥林匹亚考古博物馆

图1-30　《萨莫色雷斯的胜利女神》（公元前2世纪），巴黎卢浮宫

图1-31　《米洛斯的阿弗洛狄忒》（罗马复制品），巴黎卢浮宫

斯认真看护小狄奥尼索斯的情景（见图1-29）。由这两件作品，我们可以看到古典时期的艺术家已经可以极其逼真地表现人物的情态。两件作品的共同之处是人物的衣服脱下来置于旁边的架子上，这可能是要进入浴池的情景。旁边的衣服褶皱已经达到极其细腻的程度。

公元前4世纪的一件经典作品是《萨莫色雷斯的胜利女神》（*The Winged Victory of Samothrace*），雕塑的碎片在出土经过修复后，仍然是一具不完整的作品（见图1-30）。雕塑没有头部，并且当时也缺少右侧的翅膀，后来艺术家们以左侧翅膀的镜像做了右侧的翅膀，尽管左侧的翅膀是完美的，但是将其镜像接在右侧后效果却很不理想。

古典时期后，希腊化时期的单体雕塑中最负盛名的当属《米洛斯的阿弗洛狄忒》（*Aphrodite of Milos*）。这尊雕塑通常叫作断臂维纳斯，其设计很具匠心（见图1-31）。女神脱落的长袍由于左腿的弯曲而停留于腰间，长袍形成的褶皱与上半身光滑且让人感到柔软的肌肤形成鲜明的对比，产生一

种相辅相成的美感效果。当然，对于这尊雕塑，人
们最喜欢的是想象她那缺失的双臂。其实，就像后
人给萨莫斯的胜利女神增加了另一只翅膀却造成败
笔一样，我们对于米洛斯的阿弗洛狄忒也完全没有
必要在想象中补充那双胳膊。我们完全可以在所看
到的所谓不完整之中去感受艺术品的完美无缺。

　　希腊化时期的雕塑中具有新风格的作品是《拉
奥孔与他的儿子》（*Laocoon and His Sons*）。
《拉奥孔与他的儿子》算是一座群雕，其中人物
是特洛伊的祭司拉奥孔和他的两个儿子（见图
1-32）。故事的背景是这样的：特洛伊战争第十
年，希腊英雄仍然难以取胜，后来英雄奥德修斯
（Odysseus）想出一个计谋，他们制作了一匹巨
大的木马，让一些将士藏在里面，放在特洛伊的城
外，然后全部的队伍都撤退藏起来，制造队伍撤退
的假象。这一计谋果然骗过了特洛伊的将领，他们
想把木马拉到城中，但是祭司拉奥孔担心其中有
诈，劝告特洛伊国王不要将木马拉到城中。这却惹
怒了站在希腊一方的战神雅典娜，她命两条大蛇缠
住拉奥孔父子，将其缠死。此后，特洛伊人将木马
拉到城里，最终导致特洛伊城的陷落。

　　雕塑表现的是父子三人被雅典娜派遣的大蛇缠
绕时的情景。在作品中，我们看到这三个人物的表
情与动作是非常夸张的。这是古希腊古典时期不会
出现的风格，并且也不是温克尔曼所说的古希腊艺
术作品中的那种高贵的单纯和静穆的伟大。后来，

图1-32 《拉奥孔与他的儿子》（公
元前1世纪），梵蒂冈博物馆

莱辛专门著书《拉奥孔》就这尊雕塑与史诗中对拉奥孔的描绘做了精彩的对比分析。

可以说，古希腊的艺术家通过裸体的雕塑，展现了理想中的身体之美。这当然有其文化的原因。古希腊人在现实生活中展现裸体并不少见，尤其他们在体育训练与体育竞技时，裸体更是一种包含宗教意味的审美风尚。席勒则从艺术的角度对古希腊的艺术家进行了赞扬。他说："衣服对于他来说是某种偶然的东西，必然的东西从来不会被放到偶然的东西后面，而体面和需要的法则并不是艺术的法则。雕塑家应该希望给我们表现人，而衣服却掩藏了他；因此，他有权摒弃衣服。"❶那必然的东西就是美的本质和理想。

3. 建筑

古希腊城邦的建筑艺术主要体现在公共建筑上。他们的公共建筑主要有三类：一是宗教建筑，主要有神庙、圣坛、祭坛；二是市政建筑，主要有法庭、议事大厅、公民大会会场等；三是文化建筑，主要有剧场、体育馆、运动场等。在这些建筑中，我们能够看到的，并且也是代表古希腊建筑最高成就的是神庙。神庙作为古希腊建筑的典型，对整个世界产生了极大的影响。

学界认为，古希腊的神庙最早出现在公元前800年左右，这正是古希腊城邦兴起的时间。也有学者认为，神庙作为城邦公共建筑的核心部分，是一个城邦真正产生的重要标志。

从公元前6世纪到公元前4世纪，希腊神庙的样式逐渐固定下来。其结构主要有两部分：正殿（cella）和环形柱廊（peristyle）（见图1-33）。正殿是神庙的核心部分，用来放置神庙供奉的神像，正殿通常只在前面有进口。大型神庙的柱廊一般是回形的，围绕正殿；小型神庙一般只有前廊与后廊，或者只有前廊。

廊柱是神庙最突出的部分。早期的神庙多为木结构，到公元前7世纪后神

---

❶席勒.席勒美学文集[M].张玉能,译.北京:人民出版社,2011:150.

庙一般是以石头作为材料。石柱包括三个部分：柱础（base）、柱身（shaft）和柱头（capital）。石柱支撑的石梁叫额枋（architraves），支柱上的整个部分是檐部（entablature），梁与梁之间的空隙叫间板（metope）。神庙的装饰主要是正面和背面屋顶下的三角形区域，这称为山墙（pediment）。

古希腊神庙的风格主要是由柱式来表现的，以柱式表现的风格主要有三种：多立克式（Doric order）、爱奥尼式（Ionic order）与科林斯式（Corinthian order）。

图1-33　帕特农神庙（公元前5世纪），雅典

多立克式出现在公元前7世纪的古风时期晚期。在三种柱式中，多立克式是最简单的一种，通常是在地基上直接立起，没有单独的柱础。柱头也非常简单，一般是一块石板，上面是石梁。采用多立克式的代表性神庙建筑是雅典卫城的帕特农神庙（Parthenon Temple）。

爱奥尼式有一个圆形的柱础，通常有三层，上下两层为凸出的圆弧形，中间的一层为凹进的圆弧形。柱身相对多立克式更为细长，上方的柱头有漩涡式的装饰，所以看起来更加美观。每个柱头上的漩涡装饰通常是四个。爱奥尼式的代表性神庙建筑是雅典卫城的雅典娜胜利女神庙（Temple of Athena Nike）（见图1-34）。

图1-34　雅典娜胜利女神庙（公元前5世纪），雅典

科林斯式出现在公元前5世纪后期。科林斯式与爱奥尼式大体相似，不过有时更有层次感。比较

突出的是其柱头比爱奥尼式看起来具有更强的装饰性，柱头造型通常是茛苕叶饰。科林斯式的代表性神庙建筑是雅典的奥林匹亚宙斯神庙（Temple of Olympian Zeus），神庙遗址现在只剩下几根柱子（见图1-35）。

　　我们可以说，这三种柱式的演变成为西方艺术风格现象的真正起源。前述古希腊的瓶画尽管有黑绘风格与红绘风格之说，但这只是人物涂色的不同，并不具有形式造型上的差别。而神庙建筑的三种柱式真正有了风格上的差别，它们对于西方甚至整个世界的建筑风格产生了极大的影响。

图1-35　奥林匹亚宙斯神庙（2世纪）雅典

第 二 章

古罗马的文化

罗马人的政权在早期只是局限在意大利半岛，即亚平宁半岛（Apennine Peninsula）。意大利半岛上的早期文化区域主要有三个：伊特鲁里亚（Etruria）、拉丁姆（Latium）和坎帕尼亚（Campania）。对古罗马文化影响较大的是伊特鲁里亚文明及古希腊文明。

一、罗马史与罗马法

罗马人最初居住在意大利半岛的台伯河（Tiber River）流域，而较早在这一流域生活的部族还有伊特鲁里亚人、拉丁人与萨宾人（Sabines）等。根据古罗马的神话传说，罗马人的祖先是与希腊人交战的特洛伊英雄埃涅阿斯（Aeneas），他的后裔在公元前8世纪建立了古罗马（见图2-1）。

图2-1 《马尔斯与维纳斯的祭坛》（2世纪），浮雕，罗马国家博物馆

（一）罗马的由来

根据古罗马的神话传说，埃涅阿斯的母亲是古希腊神话中的爱神阿弗洛狄忒，父亲是特洛伊末代国王的兄弟。在特洛伊战争结束后，他逃离特洛伊，乘船辗转通过克里特、迦太基（Carthage）等地，最后到达现在的意大利半岛。

他们在经过迦太基的时候，迦太基女王狄朵（Dido）爱上埃涅阿斯。他们私下结合，却没有正式结婚。埃涅阿斯受神谕引导，抵住了狄朵的阻拦赶往意大利。这使狄朵非常愤怒。于是她立下诅咒：迦太基将与埃涅阿斯的后人永世为敌。这就为后来古罗马与迦太基之间延续百年之久的布匿战争埋下了伏笔。

埃涅阿斯到达意大利半岛的拉丁姆，这个地方在现今罗马往南一带，是神谕安排他所要抵达的地方。当时拉丁姆的国王是拉丁纳斯（Latinus），在埃涅阿斯到拉丁姆之后，国王根据神谕，将女儿拉维尼亚（Lavinia）嫁给埃涅阿斯。埃涅阿斯以其妻之名建了一座城市，名为拉维尼姆（Lavinim）。他们所生的儿子是西尔维阿斯（Silvius）。这样，埃涅阿斯的后人便成为拉丁人的一脉。

公元前8世纪，拉丁姆国王传至努米托（Numitor），但是他的兄弟阿穆略（Amulius）夺取了他的王位，将他囚禁起来，杀死了他的儿子，并且还要杀死他的女儿瑞亚·西尔维亚（Rhea Silvia）。由于阿穆略的女儿求情，阿穆略才没有杀死西尔维亚，但安排她去做灶神维斯塔（Vesta）的贞女祭司，使其不能婚嫁。这样，西尔维亚就不会生有子嗣。

但是，不料战神马尔斯（Mars）爱上了西尔维亚，并使其怀孕。于是阿穆略便将西尔维亚囚禁起来。后来西尔维亚生下一对双胞胎，阿穆略便让仆人把两个孩子装在篮子扔到台泊河。但是河水把篮子冲到河岸一棵无花果树下，战神马尔斯派遣一只母狼去给他们喂奶。有一个牧人发现了两个孩子，并把他们收养起来。兄弟二人后来的名字分别叫罗穆路斯（Romulus）和雷穆斯（Remus）。

17世纪，法国画家尼古拉斯·米格纳德（Nicolas Mignard）作有一幅《牧人浮斯图卢斯将罗穆路斯和雷穆斯带给妻子》（*The Shepherd Faustulus Bringing Romulus and Remus to His Wife*）。画面中，牧人将兄弟两人抱回家，他的家人惊奇地看着这两个孩子（见图

2-2）。

图2-2 米格纳德《牧人浮斯图卢斯将罗穆路斯和雷穆斯带给妻子》（1654年），布面油画，美国达拉斯艺术博物馆

两个孩子长大后，得知他们的身世，领导公民发动起义，杀死阿穆略，并将王位归还他们的外祖父努米托。此后，兄弟二人决定在牧人发现他们的地方建立一座新城。但是他们在决定具体位置的时候发生争执，于是采取吉兆比赛的方式来判定。先是雷穆斯在天空看到6只秃鹫飞过，而后罗穆路斯在天空看到12只秃鹫飞过。前者以先看到为理由，而后者以看到的数目更多为理由。于是兄弟二人发生冲突，罗穆路斯将弟弟杀死，便在自己选的位置建城，并以自己的名字将新城命名为罗马（Roma）。

罗穆路斯在建罗马城时，招募了很多壮丁，但城建好后，城中却没有多少女子，这给繁衍人口带来问题。不过，附近的萨宾人却人丁兴旺。罗穆路斯向萨宾人发出邀请，到罗马城参加献祭活动。萨宾人到罗马城后，罗马城中的人开始大肆抢劫萨宾妇女，并把萨宾男子赶出城外。此后，萨宾人为救回萨宾妇女，便围攻罗马城，但却以失败告终。过了一段时间，萨宾人又向罗马城发起攻击。由于双方势均力敌，战争延续了很长时间。此时，被抢劫的萨宾妇女很多已经怀孕或生子，所以她们不想再发生战争或回到萨宾。于是这些妇女开始阻拦双方的战斗。路易·大卫以此为题材创作了《萨宾妇女的调解》（*The Intervention of the Sabine Women*）。作品（见图2-3）展现了罗马人与萨宾

图2-3 路易·大卫《萨宾妇女的调解》（1799年），布面油画，巴黎卢浮宫

人战斗的激烈场面，画面正中是几个妇女和孩子，其中一个妇女身穿白裙，如女神一般勇敢地站出来分开争斗的双方；而她身后几个妇女则面露恐惧，地下的婴儿对此懵懵懂懂，让人怜爱。

（二）罗马的扩张

古罗马的历史从罗马城的建立开始，其发展大致可分三个阶段：王政时期，从公元前8世纪到公元前6世纪；共和时期，从公元前6世纪到公元前1世纪；帝国时期，从公元前27年到395年罗马帝国分裂为东西罗马。

王政时期的古罗马，在亚平宁半岛上占有非常有限的区域，此时更强大的政权是伊特鲁里亚。公元前6世纪初，罗马建立共和国，开始由公民大会选举产生执政官。执政官通常有两个，一个负责行政，一个负责军事指挥。执政官任命元老院负责财务与对外政策。但在刚开始的很长一段时间，执政官始终是由贵族担任，直到公元前4世纪，经过一系列的民主改革，平民有了担任执政官的资格。并且，两个执政官中必须有一个由平民担任。

公元前3世纪早期，罗马统一意大利半岛，成为地中海地区的强国。在向地中海扩张的过程中，古罗马与迦太基之间发生了三次战争，史上称为布匿战争（Punic Wars）。布匿是腓尼基人的拉丁名称。迦太基则是腓尼基人于公元前850年左右在非洲北部建立的殖民地。

第一次布匿战争从公元前264年延续到公元前241年。古罗马与迦太基双方先是在西西里岛交战。公元前260年的米拉海战是双方优劣的转折点，虽然最后迦太基被打败，但罗马人在与迦太基的战斗中也损失惨重。经过第一次布匿战争，西西里岛被划进罗马人的疆域。

第二次布匿战争从公元前218年延续到公元前201年。这是三次战争中最著名的一次。迦太基主帅汉尼拔（Hannibal）率数万大军穿过阿尔卑斯山攻打罗马，随后罗马又出兵迦太基南岸本土。于是汉尼拔回军驰援，迦太基战败。在这次战争中，有两次较为重要的战役，一次是公元前216年发生在意大利东南部的坎尼（Cannae）战役；另一次是公元前202年发生在非洲北部临近地中海的扎马（Zama）战役。这两次布匿战争后，迦太基丧失了全部海外领地，并且交出舰船，向罗马赔款。

第三次布匿战争持续时间较短，从公元前149年到公元前146年。这一次是罗马主动进攻，长期围困迦太基城，最后迦太基战败，惨遭屠城。之后，迦太基的领土成为罗马的一个行省——阿非利加（Africa）省。

根据历史学家麦克高希的研究，公元前200年左右，罗马人口达到500万人，这使其在与迦太基的战争中处于上风，因为后者人口当时大约是150万人。❶对迦太基战争的胜利，使罗马人开始迅速扩张，并很快征服了马其顿。从公元前1世纪到公元1世纪，罗马人的权力范围已经扩至横跨欧亚非。

从公元前1世纪前期到中期，罗马政权先后在路奇乌斯·科尔涅利乌斯·苏拉（Lucius Cornelius Sulla）、格奈乌斯·庞培（Gnaeus Pompey）和葛约斯·尤利乌斯·凯撒（Gaius Julius Caesar）的控制下，共和政体已经名存实亡。庞培和凯撒为联盟而斗争，庞培失败后从罗马逃至埃及，后又被埃及人刺杀。公元44年，凯撒宣布成为"终生独裁官"（Dictator Perpetuus）。但就在这一年，凯撒被元老院的元老们设计刺杀。

公元前27年，罗马元老院授予屋大维（Octavius）"奥古斯都"（Augustus，"至尊至圣"之意）的称号，这标志罗马已经正式成为一个帝国。尽管屋大维声称他更喜欢共和国的"第一公民"（元首）称号。

古罗马的帝国时期从公元前27年延续到395年。在奥古斯都之后，罗马帝国先后有四暴君与五贤帝的统治。五贤帝中较为著名的有图拉真（Trajan，53—117年）与马可·奥勒留（Marcus Aurelius，121—180年）。117年，图拉真去世后，帝国的扩张才告结束。180年，奥勒留去世，

❶麦克高希.世界文明史:观察世界的新视角[M].董建中,王太庆,译.北京:新华出版社,2003:11.

标志罗马的伟大时代结束。

进入3世纪，由于奴隶制已经阻碍生产力的进一步发展，严重影响罗马帝国的经济，再加上罗马帝国内部的战乱与外部蛮族的入侵，罗马帝国遭遇到前所未有的危机。尤其是从公元235年塞维鲁（Severus）王朝的结束到公元284年戴克里先（Diocletianus，244—312年）为罗马皇帝这半个世纪的时间最为严重，这被历史上称为"三世纪危机"（crisis of the third century）。

在结束了"三世纪危机"之后，罗马皇帝戴克里先认为庞大的帝国凭借个人能力难以掌控，于是开创了四帝共治制（Tetrarchy）。戴克里成为皇帝后，授予马克西米安（Maximian）"恺撒"的称号，使其成为"副帝"；而后又授予他"奥古斯都"的称号，成为罗马帝国的另一个皇帝。这样，戴克里让马克西米安在米兰负责帝国的西部，自己将皇宫移至马尔马拉海沿岸的尼科米底亚（Nicomedia）。293年，戴克里又为自己与马克米西安各增加一个助手，授予"恺撒"称号，成为副帝。这样，整个罗马帝国就有了四位皇帝。但是，四帝制导致帝国内部的权力争斗与分裂危机。324年，君士坦丁重新统一帝国，他被历史上称为君士坦丁大帝（Constantine the Great）。

395年，古罗马皇帝狄奥多西（Theodosius，346—395年）去世，帝国一分为二，分别由他的两个儿子统治，这就是西罗马帝国与东罗马帝国。476年，西罗马帝国灭亡，标志着欧洲进入中世纪，即欧洲的封建制社会。如果从文化上说，313年，米兰敕令的颁布，基督教在欧洲的合法化，标志中世纪实际上已经开始。或者我们可以把从313年到476年视为欧洲进入中世纪的过程。

（三）罗马法三部曲

古罗马给人类文明留下的重要成果中，法律是其中不可忽视的一项。意大利著名罗马法学家格罗索（G. Grosso）说："法是罗马人民天才的最高表现。"❶在法律建设这一方面，罗马的贡献超过其他人类早期文明。汉密尔顿说："作为正义理想在实践中的实现，法律自然且必然是罗马人的首创。希腊人提出理论，罗马人将他们的理论付诸实践。"❷古罗马在法律建设过程中，有三个阶段的重要成果是最具代表性的。

第一，十二铜表法。在成文法出现前，世界各个民族早期的行为规范受习惯法制约，习惯法通常是通过权威来产生作用。罗马在成为共和国后，实行的实际上是贵族共和制政体，也是贵族专制政体，平民与奴隶无法享受民主权利。由此，贵族与平民之间的矛盾逐渐加深，而平民也为获得公民权而展开与贵族之间的斗争。

在这种矛盾中，罗马的习惯法不能保护平民权利。公元前494年，罗马平民发起历史上著名的集体撤离运动。尽管罗马的平民也有自己的武装，但他们没有试图使用暴力推翻贵族政权，而是自始至终都以和平的方式离开罗马城前往他们的圣山。由于贵族军队也是由平民组成，所以没有构成武力的镇压。这次和平撤离对于后来西方革命观念产生了很大影响。维瑟尔认为："这看似一种简单和平的方式却造就了一个新的政治制度。它对罗马社会甚至对后来整个西方世界的政治制度都产生了深远的影响。"❸的确，正是这种和平的革命方式造就了罗马的伟大。不过，维瑟尔也指出，这次运动并没有真正解决平民与贵族在法律上的平等权以及平民的立法权等问题。

经过罗马平民长期斗争，公元前454年，罗马元老院被迫接受公民大会制定法典的决议，设置了由十名贵族成立的法典编纂委员会。公元前451年，十人委员会制定了十表（表是当时书写用的木板或金属板等）法律，第二年又重新组建十人委员会再制定了两表。这样，法典共完成十二表。公元前449

---

❶格罗索.罗马法史[M].黄凤,译.北京:中国政法大学出版社,2018:2.

❷汉密尔顿.罗马精神[M].王昆,译.北京:华夏出版社,2014:178.

❸维瑟尔.欧洲法律史:从古希腊到《里斯本条约》[M].刘国良,译.北京:中央编译出版社,2016:90.

年，这十二表法刻在十二块铜版上公布于罗马广场，故称十二铜表法（Law of the Twelve Tables）。这是古罗马第一部成文法典。十二铜表法体现了古希腊及西方以民主为核心的法制观，被称为一切公法与私法的源头。公元前390年，高卢人入侵罗马，铜表在战火中全部被毁，原文散佚，只能从其他古代著作中略见梗概。

第二，万民法。十二铜表法主要是用来解决罗马公民之间矛盾的法律，但是随着罗马的扩张，罗马与异族之间的矛盾也越来越多，需要有一种新的法律来解决这些问题，于是就有了万民法。

万民法最突出的特征是其共通性。格罗索指出其含义："一个是理论上的含义，它的根据是存在一种所有民族共有的法，并且认为自然理由是这种普遍性的基础；另一个是实在的和具体的含义，它指的是产生于罗马人与异邦人之间关系的那种罗马法体系，一般说来，这种法适用于罗马人和异邦人。"[1] 由于万民法是以自然法为基础的，所以它与处理罗马人内部关系与问题的市民法是可以共存的。万民法与市民法的共存，为罗马法的发展开辟了更广阔的道路。

第三，查士丁尼民法大全。这是东罗马帝国对于罗马法的贡献。东罗马皇帝查士丁尼一世（Justinianus I，又译优士丁尼一世，约483—565年，527—565在位）于528年下令编纂，于534年编成，历时六年。

查士丁尼民法大全（Corpus iuris civilis）由《查士丁尼法典》《查士丁尼法学汇纂》《查士丁尼法学总论》和《查士丁尼新敕》四部分组成。其中，《查士丁尼法典》是历代罗马皇帝所颁敕令的汇编，它后来被另一部所代替，所以没有流传下来，现在只能看到部分篇章。《查士丁尼法学汇纂》是对历代公认法学家著作的汇编，并且成为法理陈述的唯一合法来源。《查士丁尼法学汇纂》是一部用于法律教学的教科书，并且还具有法律效力。

---

[1] 格罗索.罗马法史[M].黄风,译.北京:中国政法大学出版社,2018:196.

《查士丁尼新敕》是查士丁尼去世后，法学家将他在535年到565年的敕令做的汇编。

查士丁尼民法大全的颁布标志罗马法的完备，由此罗马法也成为世界史上内容最丰富、体系最完善、对后世影响最广泛的古代法律。德国著名法学家鲁道夫·冯·耶林（Rudolph von Jhering）在其《罗马法的精神》一书中说："罗马帝国曾三次征服世界，第一次以武力，第二次以宗教（指基督教），第三次以法律。武力因罗马帝国的灭亡而消失，宗教随着人民思想觉悟的提高、科学的发展而缩小了影响，唯有法律征服世界是最为持久的征服。"❶当然，基督教对于世界的影响仍然是非常深远的，尽管已经不是中世纪时的那种影响了。罗马法受到罗马法律哲学的深刻影响，而罗马法律哲学则非常强调理性精神与实践意义。从其理性精神上，与古希腊的理性精神也是一脉相承的。

二、哲学与美学

在理性思辨上，古罗马比古希腊要逊色不少，所以在哲学与美学方面，古罗马人的成就并不是特别突出。这里将古罗马时期重要的哲学思想、美学思想与艺术理论一起做简略的阐述。

（一）西塞罗论美

西塞罗（Cicero，公元前106—公元前43年）是古罗马著名政治家、演说家、法学家和哲学家。他在公元前63年当选为执政官，后来被他的政敌杀害。

西塞罗关于美的思想主要有以下两个方面。

第一，美的本质。西塞罗对于美的本质的理解是：各部分的适当比例，

---

❶周枏.罗马法原论[M].北京:商务印书馆,2017:18.

再加上一种悦目的颜色。李醒尘说："西塞罗的这个新定义，在客观的形式因素之外，又加上了主观因素、人的因素，这是他的重大贡献。"● 的确，这是对于古希腊关于美的观念的一个重要的推进。

第二，美的分类。他对美进行了多种区分，其中最重要的是男性美与女性美的区分，这相当于后世所说的尊严与秀美。吉尔伯特（K. E. Gilbert）与库恩（H. Kuhn）在其《美学史》中说这是"西塞罗最为独创的美学见解之一"。后来，席勒撰写了多篇文章讨论尊严与秀美的问题。另外，西方很早就开始讨论美与崇高的关系问题，这也应该与西塞罗的男性美与女性美的区分有关。

（二）维特鲁威论建筑

维特鲁威（Vitruvius，约公元前90—公元前20年）是古罗马最负盛名的建筑学家，生活在恺撒与屋大维的时代。他的著作《建筑十书》（*The Ten Books on Architecture*）是我们目前能看到的唯一一部关于古希腊和古罗马建筑的古代典籍。《建筑十书》不仅是一部建筑专著，也是一部西方古代建筑美学的著作。

全书内容以建筑师的培养开始。他提出，建筑师要有多方面的修养，除了精通建筑学与几何学之外，还要兼通历史、哲学、音乐、医学，甚至还要具备天文学的素养。这些观点对于现代的建筑设计也有启发意义。维特鲁威提出建筑要遵行的三项原则：坚固、适用和美观。

从建筑的整体来说，建筑是由法式（ordinatio）、布置（dispositio）、比例（eurythimia）、均衡（symmetria）、适合（decor）与经营（distributio）等方面构成。维特鲁威认为，法式指建筑各个细部自身的尺度；布置指各个细部的安排与配置；比例指各个细部之间的组合关系；均衡

● 李醒尘.西方美学史教程[M].北京:北京大学出版社,2005:48.

指建筑各细部本身产生的比例与协调；适合指建造目的与样式的协调及细部之间的风格协调；经营指建筑场地与材料的选择等。

（三）贺拉斯的论诗艺

贺拉斯（Horace，公元前65—公元前8年）生在奥古斯都时代这个罗马艺术的黄金时期，他讨论诗学的著作是《诗艺》（*The Art of Poetry*）。《诗艺》是贺拉斯写给罗马贵族皮索（Piso）父子谈论诗学的诗体长信，主要是从创作方面来谈作诗的规则，整体上缺乏理论的深度和论证的严谨，但在当时却有重要的指导意义。

在这封诗体长信中，贺拉斯主要谈论了他的古典主义原则。他认为，诗人要日夜揣摩古希腊的经典，从荷马那里吸收养分。他提出"合式"（Decorum）的古典主义原则。他要求，作品的想象要合乎规范，不能过度夸张；人物的言行要适合身份，性格要前后一致。他还讨论了传统与创新的关系，天才与技艺的关系，他主张二者要和谐地统一。贺拉斯还提出寓教于乐的原则，诗要让人愉快，同时还要对人有教益。

（四）朗吉努斯论崇高

罗马时代的诗学著作，除了贺拉斯的《诗艺》，对后世产生重大影响的是朗吉努斯（Longinus）的《论崇高》（*On the Sublime*）。其实这篇文章作者的真实身份是有争议的，我国著名文艺理论家缪朗山先生认为作者应该是生活在公元1世纪。❶

朗吉努斯《论崇高》的核心是探讨诗歌崇高风格的来源，或者说如何达到崇高的风格。他说："崇高的风格，可以说有五个真正的源泉，而天赋的

---

❶章安祺.缪灵珠美学译文集:第一卷[M].缪灵珠,译.北京:中国人民大学出版社,1998:76.

文艺才能仿佛是这五者的共同基础，没有它就一事无成。"❶ 也就是说，崇高风格主要是基于五个方面的因素。这五个因素是：庄严伟大的思想、慷慨激昂的热情、构想辞格的藻饰、使用高雅的措辞、尊严和高雅的结构。第五个因素尊严和高雅的结构包括了其他四者，其他几个方面包含在诗的结构中。

在这五者当中，最重要的是庄严伟大的思想和慷慨激昂的热情。朗吉努斯说："崇高的风格是一颗伟大心灵的回声。"❷ 崇高的风格是伟大思想与灵魂的自然结果。但朗吉弩斯还说，这五者依赖于一个共同的条件，这是天赋的文艺才能。

除了那五个来源，朗吉弩斯还提出实现崇高的另外两条途径：一个是模仿古人，模仿古代伟大的诗人与作家，并且同他们竞赛。另外一个是通过想象，要善于创造一种意象或心象。他还认为，尽管崇高风格主要依赖于天赋的艺术才能，但它还要凭借技巧达到尽善尽美的地步。

（五）普鲁塔克论丑

普鲁塔克（Plutarch，约46—127年）是罗马帝国时期的哲学家、演说家与传记作家。他生于希腊的克罗尼亚（Chaeronea），青年时期移居罗马。

普鲁塔克提出了一个重要的美学问题，即在现实中丑的东西能否在艺术中变成美的？他的回答是："从本质上来说，丑不可能变得美，但是模仿品如果是酷肖的话，是可以受到人们赞赏的。丑的东西的影像不可能是美的影像；如果它是美的影像的话，它就不可能适合于或符合于它的原型……美和模仿的美是完全不同的两回事。"❸

显然，他这段话中包含两层意思：一是现实中的丑被艺术作品所模仿，

---

❶ 章安祺.缪灵珠美学译文集:第一卷[M].缪灵珠,译.北京:中国人民大学出版社,1998:83.
❷ 同①84.
❸ 鲍桑葵.美学史[M].张今,译.北京:中国人民大学出版社,2010:99.

不可能变成美的事物，如果艺术作品是坚持逼真地再现；二是现实中丑的事物在艺术作品中如果被人欣赏，不是这个事物变得美了，而是人们在赞赏艺术家的模仿技艺。其实，至今很多学者也并没有将这二者分辨清楚，因为他们总是认为事物被创作进入艺术作品中便是美的了。

（六）普罗提诺的流溢说

普罗提诺（Plotinus，205—270年）是古罗马时期最重要的哲学家，他是新柏拉图主义的奠基者。普罗提诺生于埃及，年轻时到亚历山大城学习哲学，后又参加了罗马对波斯的军事征服，40岁左右在罗马定居。他所著作的54篇文章由他的学生波菲利（Porphyre，233—305年）整理为六卷，每卷九章，故名《九章集》（The Six Enneads）。

普罗提诺提出一种"流溢（emanation）说"。在他看来，宇宙最高的本原有三个，即"太一"（the one）、"心智"（nous）和灵魂（psyche）。这三者合称为"原质"（hypostases），是本原的三个本位、三个位格。他说的本原尤其是指"存在"（being）的本原。也就是说，三者是事物是其所是的原因。

在本原三位当中，"太一"又是最高的本原。普罗提诺对于"太一"的某些阐述，极似中国古代老子对于"道"的阐述。普罗提诺说："太一是万物，而不是万物之一；太一是万物之源，但非万物；但是太一是超验意义上的万物。"❶"太一"是难以论述、不可命名的。这也正如老子所说："道可道，非常道；名可名，非常名。"

"太一"是超越"存在"的。也就是说，它不"是"（is）什么。"太一"是原初的生产行为，它产生出"存在"，但它不是"存在"，因为产生"存在"的根源不能是"存在"。也就是说，"太一"是使万物是其所是的

---

❶普罗提诺.九章集[M].应明,崔峰,译.上海:上海三联书店.2017:569.

根源，但我们不能说它"是"什么，它只是"一"。

"太一"是完满的，所以它是要流溢的，这样就有了新的事物。这个产物在生成之后又转向它的生产者，它对"太一"的观照使其自身成为"存在"，它便是"心智"。所以，它同时是"心智"与"存在"。"心智"观照并且模仿"太一"，它会流溢出一种巨大的能力，这是灵魂。不仅人有灵魂，灵魂还会进入动物与植物。或者说，感性世界的事物是由灵魂所生成。

在论美方面，普罗提诺提出，美主要有两种：感性的美与理性的美，即此界的美与彼界的美。感性美是物体的美，它主要诉诸视觉，其次是听觉。理性美是感性美的根源，感性的美源于理性所赋予的形式，这就是理想形式（ideal-form）。缺乏这种理式，就是丑。物体的美根源于分享了神的理式。此界的美是混合的；而彼界的美是纯粹的，它是大美。

大美（beauty）是本真的"存在"；而大丑（ugliness）是与"存在"对立的本原，它是原初的大恶。所以，与大恶相对立的大善，也是大美。在他看来，这个具有本真性的大美与大善是必须要置于"第一义"（the first）的。从这个"第一义"直接派生出"心智"，"心智"是大美的超凡的显现。通过"心智"，灵魂也是美的（beautiful）。因"第一义"与"心智"和灵魂有这样的逻辑，所以普罗提诺说的这个"第一义"其实是"太一"。

他认为，各种较低层次事物的美都来自具有塑形能力的灵魂的运作，灵魂是可感世界中可见之美的创造者。他说："灵魂，为一神圣之物，正如其本为本原大美之一份，它将美赋予其所掌握并塑造之物，并使此物之美达至其所能容纳之圆满。"❶也就是说，感性事物的美来源于其内在的灵魂，归根结底是来源于那种本原大美。

普罗提诺提出，观看这种本原的大美需要有一种所谓"灵魂的眼光"

---

❶PLOTINUS. The six enneads[M]. ENNA M S, PAGE B S, trans. Chicago: Encyclopedia Britannica, Inc., 1952:24.

（soul's sight），它也是一种"内在的视力"（inner vision）。如何实现这样的视力与眼光？普罗提诺说："我们要学会训练我们的灵魂，让我们的灵魂习惯于觉察一切高贵的追求，再去习惯于美的作品。这些作品不是通过技艺的劳作，而是通过因善而闻名的人的美德来生产，以此探索那些塑造美的形式的人的灵魂。通过这样的方式，美德的神性光芒就会照耀在我们身上，我们成为视界的本身。这样，你就不再需要他人的指引，你就能够看到那非凡的大美。"

三、罗马艺术的崇高风格

如果说古希腊艺术呈现的主要是美，那么古罗马艺术呈现的主要是崇高。里德说："罗马艺术只能被认为是希腊艺术的晚期模仿阶段——失去了希腊艺术中至关重要的有机节奏——它表现的不是欢快，而是满足；不是均衡，而是力量。"❶ 这种观点当然是片面的。古罗马艺术中最具世界声誉的是建筑。尽管很多建筑作品都是出于皇帝为彰显帝国荣耀而产生的奢侈之心，但其中却有罗马人艺术智慧的光芒。

（一）罗马的建筑

古罗马建筑的新面貌得益于新材料的使用。艺术史家伍德福德（S. Woodford）研究指出："罗马人从2世纪开始使用混凝土，这种材料便宜、坚韧，可用于建造大型建筑。"❷ 这种技术还可以建造较为复杂的建筑形式。在古罗马的建筑中，最突出的成就是圆拱的使用。拱门并非罗马人的发明，而是他们从伊特鲁里亚文化中借鉴而来的。他们在建造拱门建筑的同时，又学习了希腊人的圆柱结构，加上拱门和圆顶就形成罗马特色的伟大建筑。古

---

❶ READ H.The meaning of art[M]. New York: Praeger Publishers, 1972:122.

❷ 伍德福德.古希腊罗马艺术[M].钱乘旦,译.南京:译林出版社,2009:111.

罗马的建筑类型主要有巴西利卡（basilica）、神庙、祭坛、大剧场、凯旋门与纪功柱等。

巴西利卡是罗马人在借鉴希腊神庙而建造的一种公共建筑，主要用于行政或法庭。神庙与祭坛是为供奉或祭祀神祇之用。凯旋门与纪功柱多是为纪念战争胜利而造的标志性建筑。在罗马建筑中，最著名的神庙是万神殿（Pantheon），祭坛如为罗马和平女神而建的和平祭坛（Altar of Augustan Peace）；凯旋门这种建筑是罗马人的创造，著名者如提图斯凯旋门（Arch of Titus）、君士坦丁凯旋门（Arch of Constantine）；纪功柱中闻名者如图拉真纪功柱（Trajan's Column）。

图2-4　万神殿（外观），罗马

万神殿是供奉奥林波斯诸神的神庙建筑，建于公元前27—公元前25年，80年因火灾而部分被毁，120年重建。万神殿主要由两部分组成，前面是一个古希腊神庙式的方形建筑，其三面有科林斯柱式的回廊；后面的主体部分是一个有穹顶的圆形建筑，穹顶是一个半球，其顶端距地面的高度与半球直径正好等同（见图2-4）。穹顶没有窗户，只在顶端有一个圆孔，阳光从圆孔照射进来，照射在内墙上形成一个移动的光圈，这不能不说是罗马艺术家一个奇妙的设计。图2-5是18世纪意大利画家帕尼尼（G. P. Panini）对万神殿内部的描绘。

图2-5　帕尼尼《万神殿》（1734年），布面油画，华盛顿国家美术馆

在万神殿建造大约百年之后，罗马人又建造了著名的大斗兽场（Colosseum），它又叫圆形竞技场、圆形大剧场。它是在公元72年，罗马皇帝维

斯帕西安（Vespasian）为庆祝征服耶路撒冷而敕令建造，公元80年其子提图斯（Titus）在位时建成，主要用于罗马官员、贵族和自由民观看奴隶斗兽或奴隶之间的角斗。

大斗兽场主体呈椭圆形，共三层，下两层有拱门。外侧连接了一道半圆形高墙，当时是用来撑起遮阳的天篷（见图2-6）。这道高墙共四层，下面三层开有拱门，拱门之间有壁柱。三层壁柱分别采用古希腊的三种柱式：从最下层往上到第三层分别是多立克式、爱奥尼式和科林斯式。这个设计是非常具有匠心的，同时也表明了罗马人对希腊文化的推崇。

图2-6 大斗兽场，罗马

（二）罗马雕塑与绘画

古罗马的雕塑主要有肖像、浮雕，还有对古希腊雕塑的复制。肖像除了全身像，还有胸像与头像；浮雕则有建筑浮雕、墓葬浮雕，建筑浮雕主要是在祭坛、凯旋门与纪功柱上。

罗马雕塑中的全身像中较为著名的如《奥古斯都像》（Augustus of Prima Porta）和《马可·奥勒留骑马像》（Equestrian statue of Marcus Aurelius）。这两尊雕像（见图2-7和图2-8）一起来看是非常有意思的，他们都有一个伸开的手势。奥古斯丁向前方伸出一个手指，让人想到他在手指远方，左手撩起他的战袍，手与袍之间可以看到有一段或是王杖的残存，这尊雕像显然是表现奥古斯古征服远方的决心，沉着的表情暗示奥

图2-7 《奥古斯都像》（1世纪），梵蒂冈博物馆

图2-8 《马可·奥勒留骑马像》（公元175年），罗马卡比托里尼博物馆

古斯都的雄才大略，而下方一个小爱神则要表现这位皇帝的仁爱之心。与此不同，奥勒留的雕像则是伸出手掌，掌心向下，他骑在马上，手中却没有拿兵器，显然是要显示这位哲学王的宽容与沉着。

祭坛上的浮雕，如罗马人献给马尔斯与维纳斯的祭坛，上面雕刻有罗马起源的传说。和平祭坛四周围墙雕刻有埃涅阿斯、罗穆路斯与雷穆斯、和平女神等有关故事与传说，还雕刻有当时的官员、学者及他们的家庭成员。

凯旋门上的浮雕以康斯坦丁凯旋门为代表。图拉真纪功柱则在柱身上以螺旋饰带的方式雕刻了长达200米的浮雕图像，这些图像真实记录了罗马皇帝图拉真征服达契亚（Dacian）的扩张战争。

我们现在能够看到的古罗马绘画主要是壁画与镶嵌画。镶嵌画是罗马人的创造，罗马人的镶嵌画主要是用彩色的小石片嵌入泥浆而形成。罗马人创作更多的是壁画。

公元79年，由于维苏威（Vesuvius）火山喷发，厚达五六米的火山灰将庞贝城掩埋地下，而这反倒保存了庞贝城的大量壁画，并且很多壁画的色彩至今仍很新鲜。庞贝壁画中，很多作品反映当时罗马人的日常生活与风俗，但也有表现神话题材的，如《芙罗拉》（Flora）将花神描绘得极其生动（见图2-9）。尽管花神是背对着观者，但是她那采花的姿态步履轻盈，加上那飘动的长裙，让花神增加了神秘的魅力。花神的美，丝毫不逊色于古希

图2-9　《芙罗拉》（1世纪），壁画，庞贝阿里安娜别墅

腊艺术中的阿弗洛狄忒。

　　古希腊艺术中有崇高，如神庙建筑，但古希腊人更加追求的是美；古罗马艺术中也有美，如这幅《芙罗拉》，但古罗马人更加追求的是崇高。古罗马人之所以开始重视崇高，是与其政治文化有紧密关系的。与古希腊艺术以雕塑为主不同，古罗马的艺术主要是建筑，并且古罗马的建筑体量都非常庞大，这些建筑表现出来的崇高风格也是与古罗马的帝国气派也是相关联的。

第 三 章

中世纪的文化

经过中世纪的千年时间，基督教成为构造欧洲现代文化的核心元素之一。其实，中世纪后的文艺复兴艺术也受到中世纪极大的影响，文艺复兴并不是从开始就与中世纪对立的，它实际上是因中世纪神权危机而在基督教的氛围中逐渐发展起来的。

与基督教具有深刻关联的早期文明是希伯来文化。《圣经》是希伯来和基督教的双重经典，它成为构成欧洲文化的一个重要方面。希伯来的民族史极其复杂，而从《圣经》中，我们可以知道希伯来、以色列、犹太等名称的来龙去脉及其与阿拉伯等民族的矛盾渊源。

一、希伯来与《圣经》

布克哈特认为，宗教源于人内心的一种形而上的需求，这种需求通常是人对自身有限生命的不满。人一旦有了生命的自觉，也就有了对生命有限的领悟，而这正是人所希望摆脱的，于是在各宗教中就都有了对于彼岸世界的向往，并希望在那个世界里获得永生。在各宗教中，达到彼岸世界都需要有神的引领，在基督教中这就是上帝与耶稣。

西方文化的基本文献《圣经》（*Holy Bible*）同是犹太教和基督教的经典，包括《旧约》（*Old Testament*）与《新约》（*New Testament*）两大部分。《旧约》是讲希伯来民族的历史，是犹太教的经典；《新约》则是基督教的经典，主要讲耶稣的生平与言行，还有使徒的撰述等。

最早的《圣经》文本开始创作于公元前8世纪，而第一批《圣经》文本完成于公元前4世纪，共39卷。这正是雅斯贝尔斯所说的轴心时期。90年左右，犹太教确定这39卷为犹太教正典，这就是犹太教《圣经》。后来新教将犹太教《圣经》的中世纪抄本定为《旧约》正典，顺序与原来的犹太教《圣经》不同。现在通行的《旧约》共计39卷有：律法书5卷，历史书12卷，诗歌、智慧书5卷，先知书17卷。《新约》文本形成于1世纪到2世纪初期。397年，迦太基主教会议正式确定后期形成的27卷为《新约》正典。《新约》27卷有：四福音书4卷，教会历史（使徒行传）1卷，书信21卷，启示录1卷。

（一）《旧约》与犹太史

对于希伯来的历史，我们可以通过《圣经》来了解。麦克高希根据《圣经》的记述将犹太人的历史分成了七个阶段：第一个阶段是从亚当到挪亚，没有神的指引，这其实相当于人类的蒙昧社会；第二个阶段是从挪亚到上帝对亚伯拉罕的许诺；第三个阶段是从亚伯拉罕到摩西；第四个阶段是从大卫（David）到所罗门，公元前586年，耶路撒冷陷落，流放巴比伦；第五个阶段是重返耶路撒冷，公元70年，耶路撒冷被毁；第六个阶段开始于犹太人大流散；第七个阶段开始于犹太复国运动。

1. 世系一：从亚当到挪亚

亚当（Adam）和挪亚（Noah）是《圣经》中人类的两个开端。上帝创造亚当，是人类的最早出现；而挪亚则是人类经历大洪水且与神立约之后的新的开端。从亚当到挪亚的这个阶段，在《旧约·创世纪》的第一章到第九章。米开朗琪罗在西斯廷礼拜堂（Sistine Chapel）所作的天顶画描述了创世纪这一阶段的主要事件（见图3-1，自左至右九幅作品）。

图3-1　米开朗琪罗《西斯廷教堂天顶画》（1512年），壁画，梵蒂冈西斯廷教堂

　　上帝创造天地用了七天时间做了几件重要的事情：第一日分出昼夜；第二日造出空气；第三日造出陆地、树木与果蔬；第四日造出日月星辰；第五日造出各种鸟和鱼；第六日造出牲畜、昆虫、野兽；第七日造出人类，完成了他造物的工作并且安息。

　　米开朗琪罗作的天顶画前三幅都与神造万物有关：第一幅为《分开光明与黑暗》（The Separation of Light and Darkness）；第二幅为《创造日月与大地》（The Creation of the Sun, Moon and Earth）；第三幅为《分开陆地与海洋》（The Separation of Land and Water）。

　　上帝创造人类时，最先造了一个叫亚当的男人，然后让他住在伊甸园中，而后又抽了亚当的一条肋骨造了一个女人，亚当叫她夏娃（Eve）。亚当和夏娃是人类的始祖。上帝本来禁止他们吃园子中善恶树上的果子，但二人在蛇的引诱下违背了上帝的旨意，于是上帝将他们赶出伊甸园。这就有了人类的历史。

　　善恶树上的果子使人有智慧。这种智慧实际上是指性与羞耻的意识。这种关于性的羞耻意识也是一种善恶。在孟子看来，羞恶之心是人善的本性。但事实上，上帝看到有了这种意识的人在不断地作恶。所以，亚当和夏娃偷吃果子的故事也是一个关于文明的隐喻，性的自觉与羞耻是人类文明的开端，而与文明相伴的是人类的罪恶。所以，在希伯来人看来，亚当和夏娃违背了神的旨意，而这成为人类的原罪。米开朗琪罗天顶画的第四幅、第五幅、第六幅是这些内容。

第四幅为《创造亚当》（*The Creation of Adam*）；第五幅为《创造夏娃》（*The Creation of Eve*）；第六幅为《逐出伊甸园》（*The Temptation and Expulsion*）。

亚当与夏娃被逐出伊甸园后，生下了该隐（Cain）和亚伯（Abel），后来该隐把亚伯杀了；而后夏娃又生了塞特（Seth），神让他来代替亚伯。挪亚是塞特的后人，他又生了闪（Shem）、含（Ham）和雅弗（Japheth）三个儿子。

上帝创造人类后，看到人类的缺点，总是想起人的罪恶，于是后悔创造了人类，就想将其创造的所有生命从大地上除灭，而只有挪亚可以蒙恩于神，因为他是一个义人。这就有了上帝与挪亚的两次立约。第一次是大洪水前，神让挪亚建造方舟，带着他的家人及有血肉的活物每样两只一公一母。以此，挪亚在方舟上躲避了大洪水，过后他为耶和华献祭。这就有了与上帝的第二次立约。神晓谕挪亚与他的儿子说："我与你们立约，凡有血肉的，不再被洪水灭绝，也不再有洪水毁坏得了。"❶神与人立约的记号是把虹放在云中。希伯来文化的核心精神在于信仰，而信仰的最重要体现就是神与人的立约。神最先与其立约的就是挪亚。

根据《圣经》，挪亚的三个儿子闪、含和雅弗各有宗族，各随他们的支派立国。这些邦国之间的关系，受到挪亚醉酒事件的很大影响。大洪水后，挪亚种葡萄酿酒。有一次在园中喝醉，赤着身子睡在帐篷中，含看到后告诉了他的哥哥和弟弟，而闪和雅弗知道后拿着衣服倒退着进去给他父亲盖上，这样就不会看到父亲的赤身。挪亚酒醒后知道是因为含的缘故，就说："迦

---

❶《创世记》9：11。本书所引用的《圣经》文本均出自中文和合本，相关的英文译名则出自英文标准版（ESV）。

南当受诅咒，必给他弟兄作奴仆的奴仆。"● 又说："耶和华闪的神是应当称颂的，愿迦南作闪的奴仆。愿神使雅弗扩张，使他住在闪的帐篷里，又愿迦南作他的奴仆。"

这里挪亚说的迦南（Canaan）首先应该是一个人；其次还可能是一方土地的隐喻。我们从《圣经》文本知道，含有一个儿子名叫迦南。那么，挪亚这里就很可能是指含的儿子迦南一支成为闪这一脉的奴仆；而闪有一个儿子叫亚述（Asshur），这个亚述可能是希伯来人心目中亚述人的先祖。有学者以此为依据，提出挪亚的三个儿子三分世界的观点："雅弗得到欧洲（基督徒的土地），闪得到亚洲［闪米特人（Semite）的土地］，含得到非洲（仆从的土地）。"● 这可能就过于简单化了。

米开朗琪罗天顶画的第七幅、第八幅和第九幅是关于挪亚的：第七幅为《挪亚的献祭》（*The Sacrifice of Noah*）；第八幅为《大洪水》（*The Great Flood*）；第九幅为《挪亚醉酒》（*The Drunkenness of Noah*）。

2. 世系二：从挪亚到亚伯拉罕

挪亚的儿子闪的后代中有他拉（Terah），生下亚伯兰（Abram）、拿鹤（Nahor）和哈兰（Haran）。他拉带领亚伯兰和哈兰的儿子罗德（Lot）去往迦南，但他拉死于中途。于是，亚伯兰带领罗德到了迦南，并因耶和华将此地许诺给他的后裔而在此地筑了很多祭坛。他便往南不断迁移，又因遭遇饥荒，便带领妻子和罗德去埃及，但后又因故回到曾经迁移之地。由于担心他们的牧人发生冲突，亚伯兰要与罗德分开。于是，罗德迁往约旦河的平原流域，亚伯兰住在迦南的希伯伦（Hebron）。希伯来（Hebrew）即与此相关。也正是这时，《旧约》中明确称亚伯兰为希伯来人（Abram the He-

---

● 《创世记》9：25—27。

❷ 本内特,霍利斯特.欧洲中世纪史[M].第10版.杨宁,李韵,译.上海:上海社会科学院出版社,2007:105.

brew）。所以，真正意义上的希伯来人应该从亚伯兰算起。

亚伯兰的妻子撒莱（Sarai）不生育，她让自己的使女夏甲（Hegar）为亚伯兰生下一个儿子以实玛利（Ishmael）。亚伯兰在九十九岁的时候，耶和华与亚伯兰立约，让他改名为亚伯拉罕（Abraham），让他的妻子改名撒拉（Sarah），并且还给他生一个儿子起名以撒（Isaac）。撒拉生下以撒后，神让亚伯拉罕听从撒拉的话，将夏甲和以实玛利母子驱逐出去。这样，"以实玛利遂成为阿拉伯人的祖先，因此他们和犹太人一样，都是亚伯拉罕的子孙"❶。

神对亚伯拉罕说："我与你立约，你要作多国的父。从此以后，你的名不再叫亚伯兰，要叫亚伯拉罕，因为我已立你作多国的父。我必使你的后裔繁多，国度从你而立，君王从你而出。我要与你并你世世代代的后裔坚立我的约，作永远的约，是要作你和你后裔的神。我要将你现在寄居的地，就是迦南全地，赐给你和你的后裔，永远为业。我也必作他们的神。"❷神最先与挪亚立约，但是如果从与希伯来人立约的意义上说，神最先与其立约的是亚伯拉罕。在这个意义上，我们说亚伯拉罕是犹太教的奠基者。

3. 世系三：从亚伯拉罕到摩西

亚伯拉罕赶走夏甲母子后，神要考验他是否有信，让他用以撒为自己献祭。于是亚伯拉罕就带以撒到神指定的地方去要为神献祭。神看到了亚伯拉罕对自己的敬畏，就在亚伯拉罕要杀自己的儿子时，让天使去及时阻止了他。并且，神要以此赐福于亚伯拉罕和他的子孙。很多艺术家都画过这个题材，如卡拉瓦乔（Caravaggio，1571—1610年）的一幅《以撒的献祭》（*Sacrifice of Isaac*）描绘的是亚伯拉罕正要杀死自己的儿子给神献祭，天使握住了他拿刀的胳膊制止了他，同时告诉他可以用羊作代替

---

❶ 阿姆斯特朗.神的历史:珍藏版[M].蔡昌雄,译.海口:海南出版社,2013:179.

❷《创世记》17：4—8。

来献祭神耶和华（见图3-2）。画面中，在以撒的旁边是那只替代的羊。

图3-2　卡拉瓦乔《以撒的献祭》（1603年），布面油画，佛罗伦萨乌菲齐美术馆

以撒的两个儿子叫以扫（Esau）和雅各（Jacob），以撒的妻子利百加（Rebekah）在怀孕的时候，两个胎儿在她腹中争斗。耶和华对她说："两国在你腹内，两族要从你身上出来，这族必强于那族，将来大的要服侍小的。"两个孩子长大后，以撒爱以扫，利百加爱雅各，但利百加用计谋让雅各获得了父亲的祝福。此后，雅各为骗取祝福而逃往母舅拉班（Laban）家里，雅各通过服侍拉班多年，娶了他的两个女儿利亚（Leah）和拉结（Rechel）。

在拉班那里，利亚与拉结及她们各自的使女共为雅各生下十二个儿子。首先是利亚生下流便（Reuben）、西缅（Simeon）、利未（Levi）和犹大（Judah），然后是拉结让她的侍女辟拉（Bilhah）为雅各生下但（Dan）和拿弗他利（Naphtali）；其次是利亚的侍女悉帕（Zilpah）为雅各生下迦得（Gad）和亚设（Asher）；再次是利亚又生下以萨迦（Issachar）、西布伦（Zebulun）；最后是拉结生下了约瑟（Joseph），后来拉结在迦南又生下了便雅悯（Benjamin）。由于拉班认为雅各使得神给他赐福，所以不让雅各离开。于是雅各就携带妻儿偷偷离开回到父亲以撒所在的迦南地区。

雅各在回迦南的中途过一条河，他让两个妻子、两个使女和十一个儿子先过去。只剩下他一个人的时候，有一个人来与他摔跤，直到黎明。那人胜不了他，就在他的大腿窝摸了一把。那人告诉雅各，让他改名为以色列。因这与他摔跤的是天使，随后，雅各的大腿就瘸了。雅各回到迦南后，神向他显现，又让他改名为以色列。

这样，雅各就改名为以色列（Israel）。"以色列"的意思是"与天使较量的人"。也就是说，"以色列"首先是人名，指雅各；后来成为一个民族的名称。所以，以色列人的正式开始应该从雅各算起。由于雅各改名为以色列，在雅各的十二个儿子的基础上形成十二个支脉，就构成了历史上所称的以色列十二支派。在这十二支派中，没有利未一脉，因为这一脉世代为祭司，所以利未一支没有自己的土地；另外再加上约瑟的两个儿子以法莲（Ephraim）和玛拿西（Manasseh），所以这十二支派中也就没有约瑟。

在这些儿子中，以色列最爱小儿子约瑟，所以约瑟的哥哥们就恨他。约瑟曾做了两个梦，并且把梦告诉了他的哥哥们，这导致他的哥哥们更加恨他。约瑟说的前一个梦是：他们在田里捆禾稼，约瑟的捆是站着的，他哥哥们的捆围着他的捆下拜。后一个梦是：他梦见太阳、月亮与十一个星星向他下拜。正因为此，以色列让约瑟去示剑（Shechem）城找他的哥哥们，却被哥哥犹大等人卖给以实玛利人，带到埃及。由于约瑟擅长解梦，所以在埃及很受尊重，做了埃及宰相，并且娶了妻子，生下两个儿子玛拿西和以法莲。后来遭遇饥荒，迦南地区没有粮食，约瑟的哥哥们到埃及，向埃及的宰相请求买粮。约瑟的梦得到应验。后来以色列知道了约瑟在埃及，于是带着全家来到埃及，父子团圆并且约瑟与他的哥哥们和好。这就有了以色列人在埃及的历史。

以色列与其众子后来都死在埃及，以色列人生养人口众多。当埃及换了新王，新王担心以色列人给他们带来威胁，就让以色列人做苦工压迫他们。埃及新王命令他的众民，如果以色列人生下的男孩都要丢到河里，不过女孩的性命是可以留下来的。

有一个利未家的人，娶了一个利未女子为妻。那女人生了一个儿子，藏了三个月，不能再藏了，就将孩子放在一个箱子里，搁在河边的芦荻丛中，让孩

子的姐姐看着。这时正赶上法老的女儿到河边洗澡，
发现了箱子，就让婢女拿来打开，并发现了孩子。孩
子的姐姐便征求法老女儿的同意将孩子留下来，喊来
母亲抱回孩子喂养。孩子渐长，妇人将他带到法老女
儿那里，让孩子做了她的儿子。她给孩子起名摩西
（Moses），意思是"因我把他从水里拉出来"。19
世纪英国画家爱德温·朗（Edwin Long）作有一幅
《发现摩西》（*The Discovery of Moses*）。画家
在塑造人物时，显然借鉴了古埃及绘画的造型，让作
品有了较为浓郁的埃及风情，同时也准确表达了故事
发生的地域背景（见图3-3）。

图3-3　爱德温·朗《发现摩西》
（1886年），布里斯托尔城市博物馆
与美术馆

　　摩西长大后，神耶和华向他显现，命他带领
以色列人离开埃及这苦难之地，去迦南那"流奶与
蜜之地"。但是由于法老拒绝以色列人离开，耶和
华就给埃及降下各种灾殃，帮助摩西和他的哥哥
亚伦（Aaron）带领以色列人离开。《圣经》中写
道："以色列人住在埃及共有四百三十年。正满
了四百三十年的那一天，耶和华的军队从埃及出
来了。这夜是耶和华的夜，因耶和华领他们出了埃
及，所以当向耶和华谨守，是以色列众人世世代代
该谨守的。"❶

　　以色列人离开埃及后经过西奈山，神让摩西到
山顶，给以色列人提出十条基本训诫，这就是所谓
的摩西十诫。 摩西十诫的主要内容是（《出埃及

---

❶《出埃及记》12：40—42。

记》和《申命记》）：

不可有别的神。

不可为自己雕刻偶像；也不可做什么形象仿佛
上天、下地和地底下、水中的百物。不可跪拜
那些像；也不可侍奉它，因为我耶和华你的
神，是忌邪的神。

不可妄称耶和华你神的名。

当纪念安息日，守为圣日。

当孝敬父母，使你的日子在耶和华你神所赐你
的地上得以长久。

不可杀人。

不可奸淫。

不可偷盗。

不可作假见证陷害人。

不可贪恋人的房屋；也不可贪恋人的妻子、仆
婢、牛驴，并他一切所有的。

17世纪法国画家菲利浦·德·尚佩涅
（Philippe de Champaigne）在其《摩西与十诫》
（*Moses with the Ten Commandments*）中为我
们呈现了一个温和谦逊的智者形象（见图3-4）。
整幅画的构图以《十诫》和摩西分成左右两部分，
极富秩序的稳定，而摩西的头靠近石版，表现了他
对于《十诫》的忠诚。尚佩涅在作品中的石版上所
展现的《十诫》显然与《圣经》的顺序是不一致
的，他是按照当时神学家们推荐的顺序排列的。

除了《十诫》，耶和华还给摩西确立了以色列人

图3-4 尚佩涅《摩西与十诫》
（1648年），布面油画，圣彼得堡
国立艾尔米塔什博物馆

需要遵守的各种律法，这是耶和华与以色列人的一次重要的立约。可以说，以色列人在西奈山接受耶和华的律法标志着犹太教的正式形成，摩西则是犹太教的真正创立者。其实，就摩西而言，说犹太教并不合适，因为在这个时期他们还不能被称为犹太人。

在摩西十诫中，对欧洲艺术产生重要影响的是其中的第二条：不能制作各种雕像与图像。并且耶和华还说："你们不可做什么神像与我相配，不可为自己做金银的神像。"❶这条戒律导致欧洲出现多次破坏圣像运动。

摩西死后，由约书亚（Joshua）接替以色人的领袖地位。经过约书亚带领以色列人的扩张，十二个支派都分配了自己的土地。这便是耶和华与亚伯拉罕立约赐给希伯来人的"应许之地"，也即那"流奶与蜜之地"。约书亚去世之后，以色列人进入了士师（Judges）时代。这一时期，以色列人与周围其他部族战争不断。但是对于出埃及之事，学界史家的一致意见却是，"以色列人出埃及的传说并没有历史依据"。❷当然，也许是这一事件没有留下什么历史痕迹，也有可能是希伯来人根据某种事件所作的虚构。

4. 王国时期

以色列最后一位士师是撒母耳（Samuel）。撒母耳年迈之时，以色列的长老要求他立一个王来管理以色列人，并且领导他们当时与非利士人的战争。撒母耳听从耶和华的话，为以色列人立了第一位王——扫罗（Saul）。这样，以色列便由一个部族成为一个王国。

扫罗死后，大卫在希伯仑作了第一个犹大王。大卫因曾在少年时迎战巨人歌利亚（Goliath）而闻名。歌利亚是非利士人中的巨人勇士，每天挑战以色列人，扫罗也非常惧怕他。大卫在与歌利亚的战斗中用石子击中他的额头，歌利亚扑倒在地，大卫用歌利亚的刀割了他的头。大卫三十三岁

❶《出埃及记》20：23。
❷阿姆斯特朗.轴心时代[M].孙艳燕,白彦兵,译.海口:海南出版社,2010:40.

时，应以色列各派长老的请求同时也做了以色列的王，然后攻下耶路撒冷并在那里建造宫殿。

古以色列第三任国王是所罗门（Solomon），他是拔示巴（Bathsheba）为大卫生下的儿子。所罗门在耶路撒冷为耶和华建了圣殿，并将放置耶和华与摩西立约石版的约柜从大卫城运到耶路撒冷圣殿。

由于所罗门宠爱外邦女子，耶和华使以色列各支派对他心生怨恨。这就有了以色列的分裂。《旧约》中有一段隐喻性的话："一日，耶罗波安（Jeroboam）出了耶路撒冷，示罗人先知亚希雅（Ahijah）在路上遇见他。亚希雅身上穿着一件新衣，他们二人在田野，以外并无别人。亚希雅将自己穿的那件新衣撕成十二片，对耶罗波安说：'你可以拿十片。'耶和华以色列的神如此说：'我必将国从所罗门手里夺回，将十个支派赐给你。'"❶

这段话预示所罗门去世后，王国一分为二：南方的犹大与便雅悯这两支组成犹大国（Judah），北方的其余十支组成以色列国（Israel）。所罗门之子罗波安（Rehoboam）是分裂后犹大国的第一个王，而耶罗波安是分裂后以色列国的第一个王。这样，由雅各而来的以色列人分为北方的以色列人和南方的犹大人。

何细亚（Hoshea）为以色列王第九年的时候，亚述（Assyria）王攻取了撒玛利亚（Samaria），将以色列人掳至亚述。亚述王采取了亚述人与以色列人混杂居住的政策，这就有了历史上所说的"消失的十个支派"。约雅斤（Jehoiachin）为犹大王的时候，巴比伦（Babylon）王围困耶路撒冷。约雅斤投降巴比伦王，巴比伦王洗劫了圣殿的财宝，并将约雅斤和王后、王妃及犹大国中的工匠掳至巴比伦。巴比伦王立约雅斤的叔叔做王，使其改名西底家（Zedekiah）。但后面由于西底家背叛巴比伦王，巴比伦王重又攻陷耶路撒冷，抢劫焚毁圣殿与王宫，拆毁耶路撒冷城墙，剜去西底家的眼睛，

---

❶《列王纪》11：29—31。

将其掳至巴比伦。这样，犹大国成为巴比伦的一个省。此后，犹大人也被称为犹太人。公元前6世纪，波斯王居鲁士下令允许犹大人返国重建圣殿。

（二）《新约》与基督

根据《新约》所记耶稣的家谱，他是亚伯拉罕的后裔、大卫的子孙。[1]在雅各后的以色列十二支派中，他属于犹大这一支脉。在耶稣这一支脉做犹大王的最后一个是约西亚（Josiah，公元前7世纪后期为犹大王）。约西亚迁至巴比伦后至耶稣共十四代。在《新约》中，关于耶稣行迹的内容主要是在四福音书中。这四福音是：《马太福音》（Matthew）、《马可福音》（Mark）、《路加福音》（Luke）与《约翰福音》（John）。

1.基督的诞生

耶稣（Jesus）出生于公元前4年。我们知道，公元元年本是以耶稣出生为基准的，但开始使用公元纪年的时候对于耶稣出生的时间推算并不准确，这样就导致现在所看到的耶稣出生在公元前4年而不是公元元年。基督（Christ）原文是希腊语"Χριστός"（Christos），它是希伯来文"弥赛亚"（messiah）的希腊文翻译，是"受膏者"的意思。

犹太王希律（Herod）时，神耶和华的使者加百列（Gabriel）先是对一个叫撒迦利亚（Zechariah）的祭司显现告诉他将有一子，这个儿子应起名为约翰（John）。六个月后，天使加百列又到加利利（Galilee）的拿撒勒（Nazareth）城见一个叫马利亚（Mary）的童女。马利亚已经许配给大卫家一个叫约瑟（Joseph）的人。天使加百列告诉马利亚：她蒙了主的大恩，主与她同在了；她要怀孕生子，并且给孩子起名耶稣；这是因为圣灵临到她的身上。在西方绘画中有很多关于这个故事的作品，这些作品通常叫

---

[1] 在《新约》中，《马太福音》与《路加福音》都有耶稣的家谱，前者是从亚伯拉罕开始一直到耶稣，共42代；后者从耶稣追溯到亚当与神耶和华。

作*Annunciation*（圣母领报、天使报喜、受胎告知）。此后，约瑟在梦中知道了这件事情，便迎娶了马利亚。

在关于圣母领报的作品中，很多画家都是把马利亚画成中年妇女的形象，这其实并不太合适，因为当时她只是跟约瑟订了婚还没有迎娶。意大利画家本韦努托·蒂西（Benvenuto Tisi）的作品《圣母领报》（*Annunciation*）则将马利亚画得非常年轻（见图3-5）。在通常的圣母领报图中，人物的构图基本上都是加百列在左，马利亚在右。在蒂西的作品中还表现了圣父、圣子与圣灵三位一体的内涵。三位一体（Trinity）是基督教的基本教义，意思是圣父、圣子、圣灵这三者为神的三个不同的位格。神耶和华使圣灵临到马利亚身上，这是道成肉身。道是神，肉身即耶稣。耶稣作为圣子，本是圣父的化身。圣灵是道，它经常显现为鸽子，而其本来也是圣父与圣子。

马利亚临产的时候，约瑟带着她到伯利恒（Bethlehem）这座大卫的城，以便给将要出生的孩子报名上册。到那里不久，马利亚生下耶稣，用布包起来，放在马槽里，因为客店里没有地方。此时，东方几个博士看到天上有耶稣的星，就来到耶路撒冷询问那犹太人的王在哪里。希律王听到这种说法非常不安，问祭司基督应当生在何处，祭司告诉他是在伯利恒。希律王想让博士找到那孩子后告诉他，并且表面上说为了去拜他。博士在去伯利恒

图3-5　蒂西《圣母领报》（1528年），布面油画，罗马卡比托里尼博物馆

的时候，他们在东方看到的星又出现在他们前面，引他们找到耶稣出生的地方，他们拿礼物献给耶稣。而后，由于梦中受主指示，他们没有去见希律王而直接回东方去了。

　　西方艺术中关于博士来拜的作品有很多，但同样也有不少作品将马利亚描绘成一个中年妇女的样子。但事实上，博士来拜是在耶稣刚生下来，距圣母领报也就十个月左右的时间。文艺复兴后期的意大利画家雅各布·巴萨诺（Jacopo Bassano）的《博士来拜》（*Adoration of the Magi*）给我们呈现的马利亚虽然是母亲的装束，但也是年轻的样态（见图3-6）。他在作品的上方马厩屋顶旁边画出那颗引领博士的星，一道光芒照向出生不久的耶稣。右边是那三个博士在敬献黄金、乳香和没药等礼物。

图3-6　巴萨诺《博士来拜》（1564年），布面油画，维也纳艺术史博物馆

2.基督的受难

　　在耶稣传道之前，先是施洗的约翰在约旦河一带传道并给人施悔改的洗礼。后来，施洗的约翰被希律王囚禁并杀害。耶稣也是受了约翰的洗礼后，开始在加利利布道并给人治病。在布道的过程中，耶稣挑选了十二个门徒。福音中有这十二门徒的名字："这十二使徒的名：头一个叫西门（Simon），又称彼得（Peter），还有他兄弟安得烈（Andrew）、西庇太（Zebedee）的儿子雅各（James）和雅各的兄弟约翰（John）、腓力（Philip）和巴多罗买（Bartholomew）、多马（Thomas）和税吏马太（Matthew）、亚勒腓（Alphaeus）的儿子雅各

（James）和达太（Thaddaeus）、奋锐党的西门（Simon the Canaanite），还有卖耶稣的加略人犹大（Judas）。" ❶

耶稣布道到了耶路撒冷，但他因布道获得的尊重挑战了耶路撒冷祭司长的权威，所以祭司长图谋杀害耶稣。事实上，耶稣多次向他的门徒讲到他要受难和复活的预言。也正因如此，他的使命是他必须去耶路撒冷。他们到了耶路撒冷后，那个加略人犹大为三十块钱出卖了耶稣。在过逾越节的筵席上，耶稣对他的门徒讲，他们中间有人出卖了自己。这便是最后的晚餐，西方艺术中以此为题材的作品相当多。

这次最后的晚餐还关涉圣餐的设立。《新约》中说："他们吃的时候，耶稣拿起饼来，祝福，就劈开，递给门徒，说：'你们拿着吃，这是我的身体。'又拿起杯来，祝谢了，递给他们，说：'你们都喝这个，因为这是我立约的血，为多人流出来，使罪得赦。'" ❷

图3-7　马西普《最后的晚餐》（1562年），木版油画，马德里普拉多博物馆

饼和血，就是圣餐。西班牙画家文森特·胡安·马西普（Vicente Juan Masip）的一幅《最后的晚餐》（Last Supper）表现了设立圣餐的这一时刻（见图3-7）。

---

❶《马太福音》10：2—4。

❷《马太福音》26：26—28。

　　在最后的晚餐之后，耶稣带领门徒到另一个
地方祷告，这正是耶稣被抓的时候。耶路撒冷的大
祭司要杀害耶稣，但他们不认识耶稣，犹大就在抓
捕耶稣时给他们一个暗号——亲吻耶稣。耶稣被抓
捕后，大祭司把他交给了犹太行省的总督彼拉多
（Pilate）。此后，犹大悔恨上吊自杀。彼拉多知
道耶稣是一个义人，不想杀害他，便想趁逾越节释
放囚犯的惯例放掉耶稣，但是祭司长一伙坚决要求
除灭耶稣，把他钉在十字架上。

　　瑞士裔意大利画家安东尼·奇塞里（Antonio
Ciseri）有一幅《瞧这个人》（*Ecce Homo*），刻
画了彼拉多下命令时的状态，他伸出手指着旁边的
耶稣，但显然画家是要突出彼拉多这个人物（见图
3-8）。整幅画面由明暗分明的远近两部分组成：
近景是殿宇内比较昏暗的场景，而远处则是楼宇矗
立在非常明亮的金色阳光之中。很明显，这金色的
阳光并非自然的阳光，它是对于耶稣神性光芒的隐
喻，并且我们会注意到，彼拉多也在这片光芒的映
照下，这说明他也是处于基督的神恩当中。因为在
这些人当中，只有他是不想杀死耶稣的。他旁边的
人则没有受到这种光芒的映照。从彼拉多的造型
上，画家让他背对着我们，他前倾着身体，左臂伸
向后方，这是对耶稣被处死的一种无奈之举，也表
现了他内心的痛苦与自责。

图3-8　奇塞里《瞧这个人》（1871
年），布面油画，佛罗伦萨皮蒂宫

　　逾越节的第二天是预备日，耶稣被钉在十字架
上。耶稣死后，门徒约瑟将他埋葬于磐石凿出的坟墓

中。彼拉多应大祭司的要求，派兵把守耶稣坟墓。但是安息日的第二天清晨，即耶稣死后的第三天，马利亚与抹大拉的马利来要去膏耶稣的身体，却发现墓门已经打开，坟墓已空，两个白衣天使告诉她们基督已经复活。在抹大拉的马利亚伤心的时候，耶稣向她显现了。把守坟墓的士兵也看到耶稣的复活，但他们报告希律王的时候，希律王让他们宣扬是耶稣的门徒把他的尸体偷走了。

耶稣的死与犹太人的确有关，因为很多犹太人并不相信耶稣的神迹。犹太人甚至对使徒心存仇恨。在耶稣死后，很多犹太人只是坚守摩西所立的律法而行割礼；耶稣的门徒则是聚在一起，凡物皆公用，他们宣扬耶稣的神迹及耶稣复活的故事，接受圣灵的洗礼，并且使徒也在外邦人中传道。这样，耶稣的使徒事实上构成新的宗教——基督教，而那些只限于在犹太人之间对摩西、雅各律法信仰的就成了犹太教。

二、中世纪与基督教

在基督的使徒向西传教的过程中，基督教逐步进入罗马人的世界。布克哈特说："与印度人相比，希腊人和罗马人只能被称为世俗的民族，所以他们没能像印度人那样依靠自身的力量创造宗教，而是借助犹太人（基督徒）的成果。"❶古希腊与古罗马都有神话，但那不是宗教。当然，我们通常会说，古希腊有宗教，但因神话而形成的宗教并没有达到对神的敬畏和信仰。

（一）基督教的合法化

公元1世纪，犹太人口猛增，这使犹太人将基督教和犹太教带到罗马帝国的很多城市。❷由于基督教徒崇拜的对象是基督耶稣，而不是罗马皇帝，所

---

❶ 布克哈特.世界历史沉思录[M].金寿福,译.北京:北京大学出版社,2007:38.
❷ 麦克高希.世界文明史:观察世界的新视角[M].董建中,王太庆,译.北京:新华出版社,2003:11.

以在早期，罗马帝国是敌视基督教的，甚至迫害基督教徒。但这并没有阻碍基督教的发展，并且基督教在发展过程中，不仅没有仅停留在平民阶层，反而影响了贵族阶层和统治阶级。

公元313年对基督教来说是非常重要的一年。这一年，罗马帝国的君士坦丁大帝与罗马东部皇帝李锡尼（Licinius，308—324年在位）共同颁布《米兰敕令》（*Edict of Milan*），确定了基督教的合法地位。君士坦丁大帝对基督教的态度，应该是受其基督徒母亲圣海伦（St. Helena）的影响，据说还有一个原因是他在公元312年的一场战役前的晚上做了一个梦。他梦见一个十字架，预示他以此而获得胜利。第二天，他的士兵在十字架的保护下，势如破竹，取得大胜。

文艺复兴时期画家皮耶罗·德拉·弗朗切斯卡（Piero della Francesca，1415—1492年）有一幅《君士坦丁的梦》（*The Dream of Constantine*）就是以君士坦丁大帝的这个梦为题材（见图3-9）。画面中君士坦丁大帝在帐篷中安睡，有士兵把守着他的帐篷，还有一人坐在他的床边休憩。画面左上方的帐篷外有一个天使俯冲下来用手指着他，应该是在使其做梦，这也使帐篷前面笼罩在一片光芒之中。但是在这幅画中我们并没有看到与这个梦有重要相关性的十字架的信息，而画面中支起帐篷的柱子与帐篷的外圈构成了一个隐匿的十字架。这样，画家表现的则是君士坦丁安睡在一个大十字架下。

图3-9 弗朗切斯卡《君士坦丁的梦》（1464年），壁画，意大利阿雷佐圣弗朗西斯科教堂

《米兰敕令》的颁布成为基督教发展中的重要转折点。基督教成为罗马帝国的合法宗教，并且成为国家政权的精神支柱。基督教取得合法地位后发展迅速。公元300年时，基督教还是少数宗教；但到了400年左右，基督教已经发展成为地中海地区影响最大的宗教。

公元392年，罗马皇帝狄奥多西一世（Theodosius I, 378—395年在位）宣布基督教为国教，其他异教为非法。他还认为古代奥运会有悖基督教教旨，属于异教徒的活动，于394年宣布废止古代奥运会。395年，狄奥多西一世去世，罗马帝国分成东西两部。475年，西罗马帝国灭亡，欧洲进入中世纪。

（二）修院制度

早期基督教得到发展的一个重要表现是修院制度的出现与逐渐成熟。公元3世纪，由于埃及的圣安东尼（St. Anthony the Great，约251—356年）的隐修而逐渐开始出现隐修团体。

4世纪，有了更温和、更具公众化的修院制度。大约315—320年，在埃及的坦本尼西（Tabennisi）这个地方，有一位名叫帕科缪（Pachomius）的信徒创立了第一所基督教修道院，并建立了一套修道院制度。公元5世纪初，欧洲出现修道院。此后，修院制度较为兴盛的地区是爱尔兰与苏格兰地区。

欧洲修院制度的完备得益于努西亚的圣本笃（St. Benedict of Nursia，480—547年），他著有《圣本笃会规》（*Rule of St. Benedict*），并因而被誉为"西方修院制度之父"。

格里高利教皇一世（Pope Gregory I，590—604年在位）曾任罗马城执政官，后来受到隐修生活的吸引，在做执政官一年后，弃官走上隐修之路。后又作修道院院长，罗马教区总教辅。他在590年被推选为教皇，成为第一个隐修士出身的教皇。595年，他又兼任罗马行政官，这就相当于建立了一个政教合一的政权。

（三）帝国的分裂

古罗马帝国于395年分为东西两部，476年西罗马帝国由于蛮族入侵而终结，1453年东罗马帝国因奥斯曼土耳其的入侵而灭亡。后世历史将西罗马帝国灭亡到东罗马帝国灭亡这近1000年的时间称为中世纪。在传统的历史观点看来，文艺复兴延续了古希腊和古罗马的文明，而这1000年则是古典文明中断的一个时期。不过，现在很多历史学家开始关注中世纪时期的文明发展。

古罗马帝国被一分为二的时候，基督教早已是古罗马的国教。随着帝国的分裂，基督教也分裂为东西两个教会。西罗马教会为天主教，以拉丁文为教会语言；东罗马教会为东正教，以希腊语为教会语言。西罗马帝国都城依旧是罗马城，东罗马帝国的都城则是君士坦丁堡。

君士坦丁堡的前身是公元前7世纪希腊城邦迈加拉（Megara）的移民所建立的殖民城市，名为"拜占蒂翁"，后来此城的拉丁文写法就是"拜占庭"（Byzantium）。324年，罗马皇帝君士坦丁将其改为"新罗马"（Nova Roma）；330年，将罗马帝国首都移到此城，此后不久又改为君士坦丁堡。由于君士坦丁堡曾以拜占庭为名，所以后来的欧洲史学家称东罗马帝国为拜占庭帝国。这种称呼容易让人忽视东罗马帝国与古罗马帝国之间的历史关联。

476年，西罗马帝国灭亡，但教会却依然发展，并成为欧洲最高权力机构，教皇作为宗教领袖的同时成为世俗政权的最高领袖。

（四）蛮族的入侵

罗马帝国时期，在莱茵河与多瑙河连线东北区域，生活着很多部族。罗马人统称其为蛮族（Barbarians）。在这些蛮族居住地的东边，还有更加"野蛮"的匈奴人（Huns）和阿兰人（Alan）。4世纪中期，阿兰人被匈奴人吞并。罗马帝国东北的各蛮族在受到匈奴人的入侵后，一方面为了逃避匈奴人的进攻；另一方面希望享受古罗马的文明，于是展开了对罗马帝国的入侵。这些蛮族中主要有三大族群，即凯尔特人（Celts）、日耳曼人（Germanic）和斯拉（Slavs）夫人。每一个族群又有多个分支种族。

罗马帝国以武力统治见长。4世纪中期，罗马帝国境内人民不堪承受残暴统治而纷纷起义反抗。外患内忧加速了帝国的解体。罗马帝国分裂为东西两部后，日耳曼人的一支西哥特人（Visigoth）在阿拉里克（Alaric）率领下掀起风潮，从巴尔干进攻意大利，并于410年占领罗马。日耳曼人的另外两支汪达尔人（Vadal）和勃艮第人（Burgundian）也从北方向意大利进攻。

5世纪70年代，西罗马帝国终于土崩瓦解。476年，日耳曼人首领奥多亚塞（Odoacer，476—493年在位）废黜罗马皇帝罗慕路斯（Romulus Augustus），自立为王。这标志着西罗马帝国的灭亡。尽管奥多亚塞宣称效忠东罗马帝国皇帝弗拉维·芝诺·奥古斯都（Flavius Zeno Augustus），但他仍然把意大利的统治权握在自己手中。奥多亚塞后来被东哥特人（Ostrogoth）领袖狄奥多里克（Theodoric，493—526年）杀死。狄奥多里克实际上成为中世纪第一个国王。

500年，正当蛮族国王们将西罗马帝国的政治统一撕得粉碎时，罗马的教权（papacy）却逐渐取得稳固的地位，获得一种独立的、权威的正统力量，这种力量影响了整个欧洲。在这方面，教皇利奥一世（Pope Leo I）起到重要作用。他和他的继任者宣布，罗马主教（教皇）是教会的最高权威，并且是国家道德、伦理事务的权威。此时，教会成为独立自主并拥有政治与道德权威的机构。6世纪，东罗马帝国皇帝查士丁尼曾先后收复罗马乃至地中海地区而形成统一的局面。但在他死后，东西罗马又重新分裂。

蛮族的入侵还是推动欧洲形成封建制度的一个重要原因。蛮族入侵及蛮族部族之间的战争使普通民众的生活很难得到保障，于是他们就依附于有能力保护他们的富有的地主。农民为地主劳动，地主保护农民的财产。当然，地主通常也会以这种方式盘剥和奴役农民。领主与封臣之间也有类似的责任与义务。

六七世纪，欧洲被分解为诸多蛮族政权或贵族自治政权。但是，教会却保持了另一种形式的统一。此时的教会还远不及后来那样拥有至高的权力。如果说耶路撒冷是基督教的精神圣地，那么罗马则成为基督教的权力中心。进入中世纪，罗马教皇逐渐成为整个欧洲教会的最高权威。这有一个很重要的原因是使徒圣彼得（St. Peter，1—65年）和圣保罗（St. Paul，5—67年）在罗马的殉教。圣彼得被认为是罗马的第一任主教，因为圣彼得是耶稣的第一个大弟子，并且他掌握着通往天国的钥匙。

诸蛮族在瓦解罗马帝国并取得政权后，通过接受基督教获得罗马教皇的认可，这是一条方便的途径。同时，罗马教皇也通过拒绝施行圣礼或将皇帝驱逐教会来获得对世俗政权的控制。这样，罗马教会便逐渐成为一个世俗的帝国。西方历史学家普遍认为，诸蛮族之间相互争地夺池的两个世纪，是一个无所建树、沉闷黑暗的时代。

（五）法兰克王国

当狄奥多里克在意大利地区统治东哥特王国的时候，法兰克人（Frank）克洛维斯（Clovis，483—511年在位）在先前罗马帝国统治的高卢地区建立了法兰克王国。与其他蛮族国王不同，克洛维斯非常支持天主教。几个世纪后，法兰克王族的名称由"克洛维斯"改变为更为柔和一些的"路易"（Louis），"法兰克人"也改称为"法兰西人"（French）。

751年，法兰克王国开始了加洛林（Carolingian）王朝时期。在此期间，国王查理曼（Charlemagne，768—814年在位）统一了西欧大部分地区，建立了一个庞大的帝国。800年，由罗马教皇加冕称帝，史称查理大帝。于是查理大帝成为西罗马帝国终结之后西欧第一个皇帝。由于查理大帝试图恢复往日罗马帝国的繁荣，所以他推动恢复罗马文化，这实质上形成一次文艺复兴，历史上称之为"加洛林文艺复兴"。

查理大帝死后，法兰克帝国走向解体。843年，路易一世的三个孙子签订了《凡尔登条约》（*Treaty of Verdun*），帝国一分为三，成为东、西、中三个法兰克王国。870年，其中两个孙子又签订了《墨尔森条约》（*Treaty of Meerssen*），瓜分了中间王国的大部分，这就构成了以后德意志、法兰西和意大利三国的基本格局。

对于法兰克王国来说，还有一个重要的方面是封建体制的出现。本内特与霍利斯特说："封建主义（Feudalism）在9世纪、10世纪诞生于西法兰克的政治分裂，却最终成为建筑中央集权的基石。"[1] 他们主张，应该将封建制理解为欧洲中世纪的政治与社会制度，而经济制度应该用采邑制（manorialism）来说明。

首先，封建制源于封地（feudum），封地是领主给予封臣的土地，其目的是作为封臣为其服务的交换条件，"拥有土地的精英阶层统治着普通百姓"；其次，采邑制指的是"拥有土地的精英阶层由农民和农奴们的辛勤劳作支撑着"。最大的领主是国王，国王之下的封臣是公爵或伯爵；而低等的贵族可能成为公爵或伯爵的封臣；骑士通常是贵族的封臣，骑士作为封臣的主要责任是为贵族领主作战。

（六）日耳曼诸国

在马扎尔人（Magyar）和维京人（Viking）的侵略下，法兰克王国逐渐走向衰退。与此同时，日耳曼人逐渐强大起来，东法兰克王国以日耳曼人为主。911年，东法兰克国王孩童路易（Louis the Child）无子而终，加洛林王系宣告结束，德意志公爵们推举康拉德为国王，称康拉德一世（Konrad I）。

其后则是捕鸟者亨利（Henry the Fowler，919—936年在位），据传他在得知自己被推举为国王时正在捕鸟。亨利一世去世后，其子奥托一世

---

[1] 本内特,霍利斯特.欧洲中世纪史[M].第10版.杨宁,李韵,译.上海:上海社会科学院出版社,2007:144.

（Otto I，936—973年在位）继位。955年，奥托一世击败了马扎尔人的大举进攻，彻底阻止了马扎尔人的西进，因此他被称为奥托大帝（Otto the Great）。

962年，教皇封奥托一世为"罗马皇帝"，并为其加冕。这次加冕，标志着神圣罗马帝国（Holy Roman Empire）的形成。神圣罗马帝国一直延续到1806年，拿破仑（Napoleon）勒令弗朗茨二世（Franz II，1792—1806年在位）放弃神圣罗马皇帝尊号，仅保留奥地利皇帝称号。法兰克王国一分为三和神圣罗马帝国的建立，标志着现代意义上的欧洲基本形成。

（七）教权与皇权

教皇（Pope），拉丁文papa，意指"爸爸"，开始是基督教中对神职人员的通称。基督教成为罗马帝国国教后，教皇专门用来称呼教宗。西罗马帝国灭亡后，罗马主教只认可用papa称谓西部教会的领袖。公元8世纪时，papa这一称谓专门用于罗马主教，开始有教皇之意。

中世纪早期，教会学者主张神权应该高于世俗权力，这就好比人的灵魂高于身体，永恒的救赎重于尘世的繁华。在很多宗教领袖看来，"一个真正的基督教社会，应该是由教会领导的，而教会则是由教皇领导的"❶。但在中世纪前5个世纪里，教会受当地贵族控制，主教由国王或公爵任命。当然，世俗国王对教会的领导有时也有积极意义，但带来更多的是教会的腐败。

这种情形到第11世纪才有了重大改变。神圣罗马帝国皇帝亨利三世（Heinrich Ⅲ）利用自己的权力，决定性地改变了罗马教廷。1046年，亨利三世率军开进罗马，废黜了反对他的教皇格里高利六世（Pope Gregory VI），任命日耳曼血统的改革派教皇。在亨利任命的教皇中，最有魄力的是

---

❶ 本内特，霍利斯特.欧洲中世纪史[M].第10版.杨宁,李韵,译.上海:上海社会科学院出版社,2007:15.

利奥九世（Pope Leo IX）。1054年，利奥九世将君士坦丁堡大主教开除教会。自此，天主教和东正教正式分裂。

尽管亨利三世支持利奥九世进行宗教改革，但是改革的激进派仍然反对这种控制。坚持教会改革的激进派代表洪贝尔（Humbert）和希尔德布兰特（Hildebrand）推动教会于1059年颁布了一份《教皇选举法令》（*Papal Election Decree*），规定教皇由红衣主教选举任命，帝国皇帝及官员只是在形式上赞同红衣主教的任命。1073年，希尔德布兰特成为教皇，即格里高利七世（Gregory VII，1073—1085年在位）。格里高利七世规范了教皇选举，坚定地排除了皇帝的影响。

教会的改革与皇帝亨利四世（Henry IV，1056—1106年在位）产生了矛盾。1076年1月，亨利四世召集部分教区的宗教会议，宣布罢黜格里高利七世，但他的决定并没有得到会议的支持。作为回应，格里高利七世于2月宣布开除亨利四世的教籍并废黜其皇帝之位。这对亨利四世的帝位造成严重威胁，因为如果一年内他得不到教皇的宽恕，各公国诸侯将不再承认他的皇帝身份。1077年1月，亨利四世从都城亚琛（Aachen）出发去会见格里高利七世，二人最后在卡诺莎（Canossa）城堡会面，最后亨利四世获得格里高利七世的宽恕。

然而，后来由于亨利四世又任命了另一个教皇，这使格里高利七世又一次将他开除教籍，然而格里高利七世自己也惨遭流放。为了吸取这二人的斗争教训，教会与皇帝之间各自退步，皇帝同意放弃对教皇的授职，而教皇则允许皇帝对所辖教区的主教授职。

到了中世纪晚期，教皇与皇帝之间的斗争依然紧张。但是14、15世纪，由于在自然灾难面前的无能为力，教会的诚信与权威受到严重的质疑。14世纪初，法兰西国王与英格兰国王都对教皇权威展开积极的攻势。14世纪末到15世纪初，教会又经历了一次大分裂（great schism）。到1500年，教皇的势力已经大不如前。

（八）东罗马帝国

在西罗马帝国被蛮族入侵崩溃时，东罗马帝国凭借经济与军事实力阻挡住了蛮族的南下。这时，黑海也成为东罗马帝国的天然屏障。但是，在7世纪兴起的哈里发帝国（Caliphates），凭借其勇猛的攻势，大大压缩了东罗马帝国的政治版图。从13到15世纪，东罗马帝国的疆域在奥斯曼帝国（Ottoman Empire）的攻击下不断收缩，直到1453年被后者灭亡。

由于罗马帝国分裂时，东部帝国的文化选择使其在日后的发展中逐渐与拉丁文化拉开距离。"东罗马帝国也改变了自己的性格；到700年时，它已经失去了许多拉丁文化特色而成为一个更希腊化的国家。"❶ 也正因为这个原因，后世的历史学家用了一个具有希腊文化渊源的名字将它称为拜占庭帝国。

8—9世纪，拜占庭帝国发生了破坏圣像运动（Iconoclasm），基督教合法化后，教会借助圣像（Icon）推动宗教传播。这种圣像传播在6世纪发展成为圣像崇拜，教会通过圣像聚敛财富，并进而拥有大量土地。由于哈里发帝国的威胁与土地侵食，皇权与教权之间的矛盾日益严重。在这种背景下，726年，利奥三世颁布法令，拆除教堂圣像并禁止圣像崇拜。787年，尼西亚大公会议恢复偶像崇拜。但是，813年利奥五世即位后反偶像派重新得势，偶像崇拜再次被禁止；直到迈克尔三世（Michael III）即位后，其母狄奥多拉（Theodora）于843年摄政，才真正终结了破坏圣像运动。长达百年之久的破坏偶像运动使东西教会之间的对立愈加严重，最终在1054年正式分裂。

（九）十字军东征

十字军东征（The Crusade）发生的重要背景是东西教会的分裂。东西

---

❶本内特,霍利斯特.欧洲中世纪史[M].第10版.杨宁,李韵,译.上海:上海社会科学院出版社,2007:73.

教会在发展过程中产生了重重矛盾，在1054年，东西教会正式分裂。就像麦克高希所说的那样："在公元第1个千年结束之时，东欧成为罗马天主教和希腊东正教争夺的战场。"❶

　　西罗马帝国灭亡后，拜占庭帝国凭借其经济、军事实力及君士坦丁堡坚固的城墙抵抗住了阿拉伯帝国的攻势。11世纪，塞尔柱土耳其人（Seljuk Turks）凭借其强大的骑兵，攻克了地中海东岸大片区域及小亚细亚。不仅耶路撒冷被塞尔柱人占领，拜占庭帝国的存亡也成了一个问题。在这种情况下，拜占庭帝国皇帝阿莱克修斯一世·科穆宁（Alexius I Komnenos，1081—1118年在位）向教皇乌尔班二世（Urban Ⅱ，1088—1099年在位）求救。

　　1096年，在乌尔班二世的号召下，教会组织了由骑士组成的军队。由于士兵都佩戴十字徽章，所以这支东征军队被称为十字军。从1096年到1291年近二百年的时间内，十字军的主要东征行动前后共有七次。

　　第一次东征，十字军到达君士坦丁堡后，与拜占庭盟军产生分歧，拜占庭只想收复小亚细亚，但十字军却要收回圣城耶路撒冷。最后十字军南下进攻，并于1099年攻下耶路撒冷。十字军占领耶路撒冷后，在城中大肆烧杀抢掠，穆斯林与犹太人都未能幸免。战争结束后，部分将士留下并在他们占领的地方建立了几个所谓的"十字军国家"（crusader states）。但是，不久穆斯林军队开始收复失地。

　　于是，十字军就有了后续的行动。第二次和第三次东征行动都远没有达到收回圣城耶路撒冷的目的。第四次东征行动（1201—1204年）对拜占庭帝国有着重要的影响。十字军这次行动虽然没有到达圣城，但他们介入了拜占庭的皇位之争，却攻下了君士坦丁堡，然后同样在城中烧杀抢掠。几个世纪

---

❶ 麦克高希.世界文明史:观察世界的新视角[M].董建中,王太庆,译.北京:新华出版社,2003:213-214.

以来，从未被穆斯林攻下的君士坦丁堡却被十字军攻陷了。直到1261年，君士坦丁堡才又重新回到拜占庭帝国的手中，但拜占庭帝国因此大伤元气，他们更加视十字军如仇寇。

相继的第五六七次东征行动都是失败的。1291年，十字军在地中海东岸的最后一个据点阿卡城（ARRO）被穆斯林占领，作为第一次十字军成果之一的耶路撒冷王国灭亡，十字军东征彻底终结。

十字军东征遭遇的失败，也逐渐冲淡了骑士阶层对教皇的信念，教皇逐渐失去往日的荣誉。十字军东征还开启了欧洲范围对异教徒的迫害。在教皇夺回圣地的号召下，欧洲基督教世界达到空前的团结。同时，这也掀起欧洲的宗教狂热，正是这种狂热导致基督教对异教徒的迫害。在对异教徒的迫害中，以苦修为其特色的多明我会（Dominican Order）和方济各会（Franciscan Order）充当了重要角色。

三、中世纪的思想与艺术

尽管中世纪被后人称为"黑暗时代"，但事实上中世纪的思想与文化仍然得到了很大的发展。并且中世纪有些文化发展对现代社会影响非常深远，如在现代社会中扮演重要角色的大学就诞生在中世纪。中世纪的思想主要体现为基督教哲学，其具体形态为教父哲学与经院哲学；中世纪的艺术成就集中体现在哥特式建筑上，这种建筑达到了艺术与宗教信仰的高度统一。

当基督教经使徒的传播进入欧洲的希腊化地区，必然与古希腊哲学发生碰撞。开始基督教在希腊化地区是遭到排斥的，所以在这种背景下有了早期的护教士，他们为基督教进行辩护，目的是"说明基督教的圣道学说是希腊哲学的净化与精华"❶。这种为基督教辩护的态度发展出中世纪早期的教父哲

---

❶ 赵敦华.基督教哲学1500年[M].北京:人民出版社,1994:80.

学。所谓教父，是由于他们的思想对于后世基督教徒产生了重要影响，他们的著作成为基督教思想的基础文献。

神学家德尔图良（Tertullianus，150—230年）专门著有多篇护教篇文本。他在《反异端的法规》中说："雅典和耶路撒冷有什么相干？学院和教堂之间有什么一致之处？……让制造色彩斑驳的基督教，例如杂有斯多葛派、柏拉图派以及辩证法成分的基督教的所有企图都离得远远的吧！我们在拥有基督耶稣后不需要离奇古怪的辩论，在我们享受福音后不需要异端裁判！"[1] 这里，雅典代表了古希腊哲学的理性传统，而耶路撒冷代表了基督教的宗教信仰。这是理性与信仰的对立，而查士丁尼于公元529年关闭雅典学园则是这种对立的一个标志性事件。

德尔图良之后，拉丁教父哲学的主要代表有：圣安布罗斯（St. Ambrose，约339—397年）、圣哲罗姆（St. Jerome，约340—420年）与圣奥古斯丁（St. Augustine，354—430年）等，其中尤以圣奥古斯丁为著名。

（一）圣奥古斯丁的教父哲学

圣奥古斯丁354年出生于北非的塔加斯特城（Thagaste，今阿尔及利亚的苏克阿赫拉斯）。圣奥古斯丁早年信奉摩尼教（Manichaeism），20多岁时到罗马，30多岁时改奉基督教，在米兰受洗，后回到家乡，391年在希波（今阿尔及利亚的彭城）升为神甫，395年升任希波主教，并逐渐成为基督教学术界的中心人物。430年，汪达人（Vandali）侵入北非，希波被围三个月后，圣奥古斯丁病逝。

尽管圣奥古斯丁生活的时间是在罗马帝国（古罗马到西罗马）时期，但其哲学思想属于中世纪范畴，所以学界通常将其视为中世纪教父哲学的代表人物。圣奥古斯丁最有影响的著作是《忏悔录》（*Confessions*）一书。该

---

[1] 德尔图良.德尔图良著作三种[M].刘英凯,刘路易,译.上海:上海三联书店,2013:12.

书可分两部分，第一部分是回忆自己的经历；第二部分是阐述自己对基督教义的理解。根据其中的说法，他在年轻时耽于享乐，而后在学习雄辩术的时候，读到思想家西塞罗的一些文章后，他的思想开始发生改变。西塞罗的著作使奥古斯丁喜欢上了哲学，并开始阅读《圣经》。

圣奥古斯丁认为，上帝（God）或说天主（Lord）是创造天地万物的根源，上帝是没有形体的，也是不会朽坏的。上帝如何创作天地呢？圣奥古斯丁说："你一言而万物资始，你是用你的'道'——言语（word）——创造万有。"❶《新约·约翰福音》开篇即说："太初有道（word）。"奥古斯丁说："你唯有用言语（by saying）创造，别无其他方式；但你用言语创造的东西，既不是全部同时造成，也不是永远存在。"❷

上帝是用语言来创造，但我们却不能以语言来言说上帝。他说："至少下面一点是无疑的：上帝是实体，也许更好的词是'是者'［存在（being）］，即希腊语的οὐσία。"❸ 也就是说，上帝是一个实体（substance），他有其本质（essence），他是其所是。从古希腊的理性思想来说，有本质意味着可以定义、可以言说，但是上帝的本质是不可言说的，这是对古希腊理性思想的挑战。上帝的存在是无限的、绝对的。

圣奥古斯丁还以此谈到三位一体的问题。为阐述三位一体，他以人自身的三个方面为例。他说："我所说的三个方面是：存在（to be）、认识（to know）和意志（to will）。我存在，我认识，我愿意：我是有意识、有意志；我意识到我存在和我有意志；我也愿意我存在和认识。"❹ 人的生命包括不可分割的三个方面：一个是生命（life）；一个是思想（mind）；一个是本体（essence）。它们表现在三位一体中，圣父代表本体；圣子代表生命；

---

❶ 奥古斯丁.忏悔录[M].周士良,译.北京:商务印书馆,2015:251.

❷ 同①253.

❸ 奥古斯丁.论三位一体[M].周伟驰,译.北京:商务印书馆,2018:165.

❹ 同③315.

圣灵代表思想。所以，"父乃上帝，子乃上帝，圣灵乃上帝，无人否认这是在实体上说的；而我们仍说这一至上三位一体非三神而乃一神。同样，父为大，子为大，圣灵亦为大；却非三位大者，唯有一位大者。"❶ 这个"大"是绝对的"大"。

他认为，上帝是光。圣灵是上帝的智慧，上帝即圣灵，所以圣灵是光，圣子也是光。智慧是上帝本身。但是，这光不是我们能用肉眼看得见的，我们必须通过心灵的眼睛去看见光。当然，我们还要先凭信仰去爱他。奥古斯丁的三位一体理论深受普罗提诺的本原三位理论之影响。

圣奥古斯丁认为，上帝是善与美的本体，是至善和至美的。但是，这样如何解释恶的来源，成为一个非常棘手的问题。他认为，恶并非实体，而是败坏的意志叛离了最高的本体。这个最高的本体就是上帝。

（二）自由七艺

所谓"自由七艺"（the seven liberal arts），指算术、几何、天文、音乐、语法、修辞、逻辑这七种技艺，它们渊源于古希腊文化，但称其为"自由艺术"则是从古罗马开始。因为罗马人认为，这些技艺是一个公民能够真正实现自由所必须具备的。

早在毕达哥拉斯学派时期，他们的哲学思考就涉及四艺的问题。他们的哲学是数本原说，所以研究算术和几何的问题是自然而然的。他们还在数的基础上，探讨音乐中数的关系、天体中数的关系。在智者时期，修辞得到发展并被确立为一门技艺。亚里士多德则在柏拉图辩证法的基础上推动修辞与逻辑使其真正成为两门学科。这两门关于语言的学科引发了最早的语法讨论。此后，这几门技艺在希腊化与古罗马时期都得到进一步的发展。

---

❶ 奥古斯丁.论三位一体[M].周伟驰，译.北京:商务印书馆,2018:315.

基督教在希腊化地区开始占据优势时，以理性为特征的七艺不再受到重视。到了公元5世纪，有一些拉丁文学者开始以自由七艺的概念重新讨论它们。马提亚努斯·卡佩拉（Martianus Capella）在《菲劳罗嘉与墨丘利的婚姻》（*The Marriage of Philology and Mercury*）明确以自由七艺来组织整部著作。美国学者大卫·瓦格纳（David Wagner）说："这里的婚姻象征着学问（菲劳罗嘉）与语词技艺（墨丘利）的结合，它们分别对应于四艺和三艺。"❶

狄奥多里克时期的哲学家波爱修斯（Boethius，又译为波伊提乌，约480—524年）明确将这七门学科分成两类：几何、算术、天文和音乐组成所谓的四科（quadrivium），语法、修辞与逻辑组成所谓的三科（trivium）。波爱修斯认为，哲学包括思辨哲学与实践哲学。"三科"是哲学的工具，其中的逻辑是思辨哲学的一部分；"四科"则属于思辨哲学的重要内容。❷事实上，在从6世纪到10世纪这段"黑暗时代"中，世俗教育的真正内容主要是三科。

对于自由七艺的研究潮流延续到9世纪加洛林文艺复兴的结束，而它们再一次得到重视是公元11世纪、12世纪大学的兴起。公元11世纪、12世纪的学术中心是教会所办的学校，自由技艺首先成为这些教会学校的教学内容。瓦格纳说："沙特尔学校因其对语词技艺和数学技艺的贡献而闻名，正是在这里，自由技艺获得了中世纪的最高声望。"❸

（三）大学的兴起

现代大学源于9—11世纪发展起来的主教座堂学校，也是主教们在其所辖

---

❶瓦格纳.中世纪的自由七艺[M].张卜天,译.长沙:湖南科学技术出版社,2016:23.

❷赵敦华.基督教哲学1500年[M].北京:人民出版社,1994:193-194.

❸同①30.

教区创办的教会学校，教会学校的创办是为了培养教士。从11世纪开始，首先是法国的学校开始进行新的变革，到12世纪这种变革达到顶峰。12世纪，在教会学校的基础上开始普遍地产生早期大学。

首先，从表述上，与我们现在使用的名称"大学"（university）相对应的词语在中世纪是universitas，它开始有"公会"之意，指具有合法身份的社团，到12世纪末或13世纪初，它才开始应用于教师团体或学生社群，但不是指这些社团所在的地点。

其次，从事物上，在12世纪产生的那些与现代的大学相对应的叫stadium generale（高等学科研习所）。高等学科研习所较早出现在博洛尼亚与巴黎。

13世纪后期，大量出现的高等学科研习所良莠不齐。为了抑制这种情况，教皇与神圣罗马皇帝开始要求教师进行资格认证。拉斯达尔（H. Rashdall）说："1291—1292年，甚至就连巴黎和博洛尼亚两所古老的原型大学也正式从教皇尼古拉斯四世（Nicholas IV）那里获得了准许授予教师资格认证的谕令。"[1] 在此之后，高等学科研习所开始与universitas这个词联系起来，这是因为学高等学科研习所的核心就是教师公会或学者公会。到15世纪，这两个概念就基本没有了差别，并且，"大学"这个概念开始代替"学科研习所"的称谓。我们通常将博洛尼亚大学和巴黎大学视为两所原型大学，拉斯达尔认为还要加上萨勒诺医学院。

博洛尼亚大学与《查士丁尼民法大全》的研究有关。尽管《查士丁尼民法大全》在6世纪完成，但由于伦巴第人在意大利的统治，伦巴第法取代了罗马法的地位。直到11世纪知识复兴时期，意大利的若干城市恢复了对罗马法研习的热情，而这种热情与当时自由七艺的提倡是分不开的。博洛

---

❶ 拉斯达尔.中世纪的欧洲大学:大学的起源[M].崔延强,邓磊,译.重庆:重庆大学出版社,2011:7.

尼亚大学的最初形态是学生公会。拉斯达尔认为,公元1000年,它已经发展成为一所闻名遐迩的博艺研习所。● 官方将1088年确定为博洛尼亚大学的创建时间,是因为"这一年出现了独立于博洛尼亚教会学校的自由的法律教学组织"●。

拉斯达尔说:"巴黎大学应当算是巴黎主教座堂学校衍生出来的产物。"● 它开始作为教师公会的形式形成是在1150—1170年。此后,教师社团与巴黎主教座堂主事与托钵修会之间展开了长时间的斗争。这种斗争不仅使巴黎大学形成自身的体制,同时也推动了经院哲学的发展。阿伯拉尔(Abelard,1079—1142年)是大学观念形成的重要推动者。巴黎大学能够成为真正意义上的大学,阿伯拉尔为此做出了很大贡献,但他并不是巴黎大学的创始者。

学界关于大学起源的研究告诉我们,我们熟知的那几所早期大学的确切创建时间其实是无法确定的,因为作为一所真正大学所需要的条件是逐步实现的。此后的13世纪,有多所重要大学出现;到14世纪,大学则如雨后春笋般涌现。目前世界上的大学中,大约有80所是中世纪建立的。

以中世纪大学为开端的现代型大学有三个主要特点。

第一,学术自治。1155年,神圣罗马帝国皇帝腓特烈一世(Frederick I)征服意大利后去接受教皇加冕,应博洛尼亚大学师生的请求,颁布了《完全居住法案》,赋予师生们居住权和司法自治权,并且赋予教师自由讲学的权利。随着大学的兴起,《完全居住法案》逐渐被欧洲大学普遍采用,这就构成欧洲大学自治的传统,同时也保证了大学的学术自由和学术气质(aca-

---

● 拉斯达尔.中世纪的欧洲大学:大学的起源[M].崔延强,邓磊,译.重庆:重庆大学出版社,2011:78.

● 西蒙斯.欧洲大学史(第一卷):中世纪大学[M].张斌贤,等译.保定:河北大学出版社,2008:6.

● 同①4.

demic ethos）。

第二，文理为本。通常的大学（university）都是综合性的，并且非常重视文理基础学科。以巴黎大学为例，它由两部分四大系科（教师团）组成，已经具备了现代综合性大学的基本结构。基础部分是人文博艺系科，主要教授当时的基础学科，即自由七艺，相当于现代大学的本科阶段；另一部分是研究院，包括神学、法学、医学三大系科，相当于现代大学的研究生教学层次。在这样的传统下，那些非综合的、专业性的大学通常称为"学院"。

第三，答辩制度。答辩包括两种类型，一种是教学中的辩论；再有一种是毕业时的答辩。在教学中，教师通常会提出一种观点，让学生进行对辩并判断胜负，还有是定期进行自由辩论。在毕业时，学生要在公共场所进行讲演，然后由教师与学生发难质疑，讲演者要对质疑进行回应，完成答辩后可以获得授课准许。这种答辩逐渐演变为现在的论文答辩。

（四）阿奎那的经院哲学

11世纪，随着自由七艺重新受到重视，以逻辑学与辩证法开始思考神学问题的风尚催生了经院哲学（scholasticism）的产生。拉斯达尔认为，安瑟姆（Anselm，1033—1109年）与罗瑟林（Roscelin，约1050—1125年）在争论中成为经验哲学的先驱，而罗瑟林的学生阿伯拉尔则是经院哲学体系的真正创立者。[1]国内学者赵敦华认为，最早将辩证法用于神学讨论的是贝伦伽尔（Berengar，1010—1088年），所以他也应算在经院哲学先驱者的行列。[2]13世纪，亚里士多德的著作通过翻译进入拉丁世界，阿拉伯世界的亚里士多德主义对欧洲的神学产生重要影响。所以，经院哲学更为重视逻辑学为神学的服务。

---

[1] 拉斯达尔.中世纪的欧洲大学:大学的起源[M].崔延强,邓磊,译.重庆:重庆大学出版社,2011:29.

[2] 赵敦华.西方哲学简史[M].北京:北京大学出版社,2012:139,140.

托马斯·阿奎那（Thomas Aquinas，约1225—1274年）是经院哲学的集大成者。他生于意大利，五岁时进入修道院学习，十六岁时赴那不勒斯大学学习，几年后加入了多明我会，跟随大阿尔伯特（Albertus Magnus，1200—1280年）学习神学，后在巴黎大学获得神学学位。阿奎那的早期代表著作是《神学大全》（*Summa Theologiae*），该著作已成为神学研究的经典。

作为神学家和经院哲学家，阿奎那要解决的最重要的问题是如何把信仰与理性结合起来。这个问题其实也是古希腊传统与基督教传统的融合，这在他的《神学大全》中尤其突出。这部著作是由问题答辩构成，全书第一个问题是"论神圣学问的本性与范围"。这个问题在全书中具有导论性质，是讨论神学作为一门神圣学问（sacred doctrine）的基本问题，其中一个关键问题是信仰与理性的关系。

阿奎那认为，在普通的哲学学科之外，还要有一门源自神的启示（revelation）的科学。哲学诉诸人的理性，而神圣学问则诉诸人的信仰与上帝的启示。他认为，区分不同科学的依据是获得知识的方式。例如，天文学家与物理学家都可以证明"地球是圆的"这个结论，但是他们得出这个结论的方式是不同的。天文学家是通过数学的方法；而物理学家是通过考察地球这个事物本身。所以，哲学通过自然理性获知的事情，可以在另一门科学中通过启示的方式来获知，包含在神圣学问中的神学与作为哲学一部分的神学是不同的。并且，这门神圣学问所探究的主要是那些比人类理性更为崇高的事物——上帝。他说："这门学问是超乎所有人类智慧之上的智慧，不是只在一个方面或一个角度才如此，而是绝对如此。"❶

阿奎那的神学研究影响最大的一个方面是他对上帝存在的证明。他使用是逻辑的方法证明，他的证明分为五条路径。

---

❶阿奎那.神学大全·第一集·第1卷[M].段德智,译.北京:商务印书馆,2013:12.

第一条，第一推动者的证明。阿奎那指出，世上有些事物处于运动当中，这是显而易见的。运动的事物是由其他事物的推动，事物自己不能使自己运动，运动的事物是从潜能变为现实，但事物不能同时既是潜能又是现实。所以，一个事物的运动必然是由另一个事物的推动，而另一个事物的运动又是由它之外的事物的推动。但是，这种倒推又不能是无限的，所以必然有一个不受其他事物推动的第一推动者存在。这个第一推动者就是上帝。

第二条，第一动力因的证明。在感性世界中，有一个动力因的序列。每一个事物的运动都是由它之外的动力因所导致的，事物自身不能成为自己的动力因。同样，这个动力因的序列又不能是无限的，因为如果没有了第一因，就没有最终因，也没有中间因。但这显然是不可能的，所以第一因的存在是必要的，而这第一因就是上帝。

第三条，必然存在者的证明。因为自然事物有生有灭，所以它们可能存在，也可能不存在。可能不存在的事物，在某一时间内是不存在的。如果事物都是可能不存在的，那么在某一时间内什么东西都是没有的。如果这可能的话，那么现在就什么也没有。但是，现在是有事物存在的，所以有某种事物是必然存在的，并且有这种事物的必然存在是因为其自身具有必然性。这个其存在自身就具有必然性的事物就是上帝。

第四条，事物等级性的证明。在各种事物中，有一些具有较多的真与善，而有一些则有较少的真与善。这种多或少是与某种最大值相比较而言的，所以就存在某种事物，它是最真的、最善的和最尊贵的。并且它也是其他所有事物之真、善与完满性的原因。这就是我们所说的上帝。

第五条，事物目的性的证明。我们看到，即使缺乏知识的事物，在活动过程中也是追求最好的结果，这是它们活动的目的。它们要达到这个目的，显然是被设计出来的。所以，存在一个有理智的存在者，为所有的自然事物安排它们要达到的目的。这一存在者就是上帝。

不难看出，阿奎那的证明主要是按照一个因果逻辑链条来证明的，并且他认为这个因果逻辑链条不能是无限的，因为只有这样，他才能推得一个第一推动因或第一动力因。但是，他给予我们的理由事实上并不充分，如果我们接受因果序列可能是无限的，他所说的这种链条同样也是可以成立的。另外，他由事物存在的可能性推出某一事物的必然性，这种推理本身并不具备逻辑的必然性。

阿奎那还讨论了美的问题，他的观点主要有两个方面：第一，美有三个要素：整一、和谐即适当的比例、鲜明的色彩。并且他认为，上帝是这些要素的原因。第二，美与善的关系。首先，美与善是不可分割的；其次，美与善还有重要的区别：善涉及的是欲念的目的，而美涉及的是认识的功能。他说："凡是只为满足欲念的东西叫作善，凡是单靠认识到就立刻使人愉快的东西叫作美。"❶ 他用亚里士多德的概念指出，美属于形式因的范畴。

（五）早期的教堂建筑

早期的基督教在古罗马是非法宗教，所以基督徒多是在秘密场所或者地下墓穴进行传教活动，这个时期是没有宗教建筑的。只有到了313年《米兰敕令》颁布后，基督教的合法化带来了宗教艺术的发展与繁荣。基督教获得官方认可后，教堂建筑开始得到迅猛发展。为了容纳更多的教徒信众，教会没有选择古希腊的神庙建筑，而是选择了同样源自古希腊的巴西利卡（basilica）。因为神庙内部只是放置神像，没有多少空间，祭神的游行主要是在神庙外进行。相反，巴西利卡内部则有较大的空间。

在古希腊，巴西利卡是指城邦执政官的办公建筑，它本来并不代表建筑的样式与风格。巴西利卡在古罗马时主要用于法庭与广场建筑，但是在4世纪后便逐渐成为教堂建筑的主要模式，如著名的罗马四大主座教堂都是巴西利卡式的建筑。由于这四座教堂也是特级宗座圣殿，后来"巴西利

---

❶ 北京大学哲学系美学教研室.西方美学家论美和美感[M].北京:商务印书馆,1980:67.

卡"在拉丁文中就有了"宗座圣殿"的意思。凡是具有特殊地位的教堂，不管什么风格都可以叫作"巴西利卡"。

在这四大主座教堂中，第一座主座教堂是拉特朗主座教堂（Archbasilica of St. John Lateran）。它在公元4世纪由君士坦丁大帝敕令建造，是天主教罗马教区的主教座堂，也是罗马教宗的正式主教座堂（见图3-10）。

图3-10　拉特朗主座教堂，罗马

另外三座主座教堂分别是：城外圣保罗主座教堂（Basilica of Saint Paul Outside the Walls），是公元4世纪由君士坦丁一世敕令建于圣保罗葬址，后来又经历了多次扩建；圣母玛利亚主座教堂（Basilica of Saint Mary Major），位于罗马埃斯奎利诺山，4世纪中叶由教宗利伯略（Pope Liberius）敕令建造，是第一座以圣母命名的教堂，后经多次重建与修缮；圣彼得主座教堂（St. Peter's Basilica），位于梵蒂冈（Vatican），旧圣彼得教堂建于公元4世纪，是圣彼得的安葬地点，历任教宗也大都安葬于此。新教堂是在1506年开工，1626年完工。

（六）罗曼式与哥特式

蛮族开始入侵后，教堂建造进入低潮。11世纪时，各个蛮族都接受了基督教的归化，大规模、大范围的战争基本结束。经过几个世纪的战乱后，人们跨过了基督教的第一个千禧年，看到的并不是世界的末日，而是欧洲经济在战争破坏后的复苏。这些都燃起人们心中的宗教热情，无数的民众去耶路撒冷和罗马朝圣，于是建造教堂的热潮就出现了。在建造教堂过程中，由早期的巴西利卡发展出一种采用古罗马圆拱风格的教堂，即罗曼式或说罗马式（Romanesque）风格。

罗曼式建筑的主要特点是门窗采用圆拱。欧洲中世纪的罗曼式建筑以城堡为主，大量城堡的出现与其政治的封建割据状态相关联。罗曼式城堡都有厚厚的墙壁，这有利于军事防御。罗曼式教堂多是由大块的石头建造，墙壁很厚，窗户相对比较少，从结构上，罗曼式教堂的中殿（nave）用半圆形的拱券支撑。若干个半圆拱券组成一个筒形拱顶（barrel vault），两个筒形拱顶则组成一个交叉拱顶（groin vault）。罗曼式教堂的建筑整体开始使用十字造型，中殿最里面是做礼拜的后堂（apse），在中殿与后堂之间有向两边延伸的耳堂（transept）。这样，在中殿与耳堂交叉的地方就有了交叉拱顶。

罗曼式教堂在法国出现得比较早，位于图卢兹（Toulouse）的圣塞尔南大教堂（Basilica of Saint-Sernin）是其中较为著名的一座，并且它也是罗曼式教堂中规模较大的一座。圣塞尔南大教堂是在公元4世纪的一座巴西利卡基础上建造而成。它的中殿及其侧廊（aisle）是典型的桶形拱顶，中殿与侧廊之间的柱子则是圆拱结构（见图3-11）。

12世纪，当罗曼式教堂还在发展中，另一种后来被称为"哥特式"（Gothic）的教堂在法国出现。并且，很多早期的巴西利卡式教堂都得到了重建。"哥特式"是文艺复兴人文主义者给这种建筑风格起的名字，意思是说，这种建筑因远离了古典而具有一种野蛮的味道，因为意大利人始终怨恨哥特人毁灭了罗马帝国。所以，这个名称开始时包含了很浓的厌恶情感，直到19世纪浪漫主义的时候，哥特式才获得了极高的艺术赞誉。

图3-11　圣塞尔南大教堂（左：鸟瞰图；右：中殿），法国图卢兹

图3-12　兰斯大教堂（中殿与肋架拱顶），法国兰斯

哥特式教堂的出现，是为了解决罗曼式教堂所面临的一些问题。罗曼式建筑采用圆拱方式，但由于拱的宽度受到很大限制，所以它的高度也不会太高。并且圆拱对两侧的推力很大，这需要很厚的石墙来支撑。再者，由于罗曼式建筑的桶形拱顶重量很大，所以墙壁上的窗户开得比较小，于是教堂内部的光线很暗。但这些问题在哥特式教堂中都得到了解决。

哥特式教堂的主要特点是肋架拱顶（ribbed vault）和尖拱（pointed arch）。肋架拱顶（见图3-12）的拱，不再由一个半圆拱构成，而是由两条相交的弧形拱构成，所以在相交处就有一个尖。这种结构形成一个尖拱，尤其在钟楼的表现极其突出。通常的肋架拱顶是四条弧形拱呈十字交叉，这样它的高度受宽度的影响很小。圆拱是整个拱共同承受整个重量，而肋架拱顶主要是肋架承受整个拱的重量，肋架将承受力传递到下方支撑它的柱子上。这样，肋架之间就能够通过使用较轻的材料而增加高度。由于肋架之间的承重力变小且高度增加，于是可以增加更多的窗子，并且还可以使窗子更大，使教堂内部光线变得更加明亮。

哥特式教堂通过高高的柱子及其所支撑的肋架拱顶，造就一个向上延展的空间，信徒在教堂中感觉建筑有一种冲向高空的张力。尤其是在尖塔部分，这种空间上升感与基督教升入天堂的精神是非常契合的。这就达到艺术与宗教精神的完美统一。

在11世纪末，肋架拱顶开始出现在耳堂，到了12世纪初则有中殿也开始使用肋架拱顶。与罗曼式教堂的开端并不清晰不同，哥特式教堂风格的出现是有一座教堂作为标志的，这就是法国巴黎的圣丹尼斯修道院（Basilica of Saint-Denis）。这是世界公认的第一座哥特式教堂。该修道院始建于8世纪，是为生活于3世纪的圣徒圣丹尼斯（Saint Denis）而建。1134年，修道院院长絮热（Abbot Suger，1081—1151年）在国王的支持下对修道院进行了改建，改建后的圣丹尼斯修道院正式成为法国皇家陵园。

改建后的圣丹尼斯修道院，在西侧的正面增加了两个有尖拱的高塔，除了中间一个正门，两侧高塔下各有一个门可以直接通向侧廊。中殿的高度大大增加，最上一层墙的柱子之间都是窗子，窗子采用彩色玻璃图案，阳光照在窗子上，增加了几分神秘的气息，这也是与基督教的教义相契合的。圣丹尼斯修道院重建后的格局成为哥特式教堂的基本样式。遗憾的是，圣丹尼斯修道院西面双塔中北侧那个塔在19世纪被雷击损毁而拆除。

在哥特式教堂中，尽管肋架拱顶能够减轻墙的重量，但由于它的高度增加了很多，所以墙的重量依然很大，柱子也仍然承担肋拱向下的压力与向外的推力。为了保证建筑的稳固，在哥特式教堂中出现了一种新的结构——飞扶壁（flying buttress）。飞扶壁不仅在外增加了墙的稳固，同时也让整个建筑看上去更为丰富和美观。在哥特式教堂中，飞扶壁可以作为代表的是法国著名的巴黎圣母院（Notre-Dame de Paris，1163—1345年）

图3-13　巴黎圣母院，法国巴黎

（见图3-13）和兰斯大教堂（Reims Cathedral，1211—1275年）。不幸的是，巴黎圣母院在2019年4月15日失火，塔楼与教堂顶上的木制尖拱都被损毁，这是人类文明遗产的巨大损失。

（七）雕塑与绘画

中世纪教堂的艺术价值，除了在建筑结构之外，还有对建筑进行装饰的雕塑与绘画。古希腊与古罗马那种制作独立雕像作品的传统在中世纪没有得到很好的延续，中世纪的雕塑基本上都是依附于教堂。教堂雕塑主要是在大门入口和建筑墙壁顶端。当然，最为重要的是教堂入口的浮雕，基本都是在大门之上的拱券（tympanum）和过梁（lintels）及两旁的侧柱（jambs）等位置。这些作品的核心是大门鼓室的雕塑，其中常见的题材是王位上的基督、基督升天、末日审判等。

门廊雕塑在罗曼式教堂中并不是很多。法国的圣特罗菲姆教堂（Church of St. Trophime）是其中有代表性的一座。教堂西面大门鼓室雕塑的主题是王位上的基督像（Christ in Majesty）。画面中央是基督坐在天国的王座上，手中拿着一本福音，他的周围是四福音书的象征物：天使、狮子、鹰和牛（见图3-14）。其象征意义是：天使代表圣马太、狮子代

表圣马可、鹰代表圣约翰、牛代
表圣路加。天使、狮子、牛各拿
一本福音，而鹰所代表的那一本
在基督的手中。

图3-14 圣特罗菲姆教堂（门廊雕塑），法国阿尔勒

到哥特式教堂时期，西面
的主门基本上都有门廊雕塑。例
如，最具代表性的沙特尔大教堂
（Chartres Cathedral）西面国王门的中门上的鼓
室雕刻的是王位上的基督。右侧门上雕刻的是圣母
与圣子，左侧雕刻的是基督复活。

在教堂入口的雕塑中，除了半圆门楣之外，再
有是入口两旁中间的侧柱上通常都有人物雕刻，紧
贴柱身。我们比较沙特尔教堂国王门的中门上的雕
塑与兰斯大教堂的雕塑，很容易看到人物造型逐渐
变得更加生动活泼。

沙特尔的西面中门的侧柱雕像是细长的，使
徒的身体紧贴柱子，衣服的褶皱完全下垂（见图
3-15）。而兰斯大教堂西面中门的侧柱雕像则有
了顾盼，这四个人物分成两组（见图3-16）：左侧
两个人物是圣母领报，大天使加百列向圣母微笑侧
头，左手拽起一右侧衣襟，而圣母则表情含蓄；右
侧两个人物是圣母与施洗的约翰的母亲伊丽莎白在
谈话。另外，从这四个雕像的衣服褶皱，左侧两个
更为平直，右侧两个则更为丰富夸张，呈现为不同
的风格，所以这可能是出于两人之手。

相对于建筑，绘画艺术在中世纪则显得逊色不

图3-15 沙特尔大教堂西面中央门雕像柱

图3-16 兰斯大教堂西面中央门雕像柱

图3-17　圣母子与圣徒（6世纪），西奈山圣凯瑟琳修道院

图3-18　哀悼基督（12世纪），圣潘特莱蒙教堂

少。在古希腊占据主要地位的模仿观念，在中世纪已经失去它的影响。中世纪艺术创作的主流目的是表达基督教义，所以他们主要是用象征与隐喻的手法。中世纪艺术家并不追求视觉上的真和美，他们表达的是宗教精神。图3-17与图3-18是拜占庭时期的两幅壁画，前者是6世纪的，而后者是12世纪的，但是这相差6个世纪的作品在风格上并没有很大的区别。它们并不试图达到视觉上的逼真再现，主要目的是把神圣文本中的教义表达出来。

由于《圣经》中明确了不得崇拜偶像，所以早期的教堂中一般没有图像，并且其他圣像也很罕见。公元600年，格里高利一世（Gregory I）向破坏圣像的马赛主教致函提出：绘画之于文盲，即如《圣经》之于神职人员。❶ 有了教皇的肯定，基督教世界开始大量制作圣像。后来，由于拜占庭帝国在8—9世纪发生了破坏圣像运动，所以东西教会出现裂缝。尽管中世纪的绘画艺术水平不高，但仍有一些绘画作品是相当生动的。例如，成书于9世纪的《艾勃福音书》（*Ebbo Gospels*）中的圣徒像（见图3-19和图3-20）。

中世纪的绘画在风格上比较单调，因为它围绕基督教义的宗旨没有变化。但生活在13世纪中后期到14世纪早期的三个重要画家预示了绘画追求的变化。这三个画家是契马布埃（Cimabue，1240—

---

❶德布雷.图像的生与死[M].黄迅余,黄建华,译.上海:华东师范大学出版社,2014:71.

图3-19　圣马可像　　　　图3-20　圣马太像

1302年）、杜乔（Duccio，1255—1318年）和乔
托（Giotto，1267—1337年）。在中世纪的建筑时
期，法国一直处在引领地位上，但进入14世纪，意
大利的艺术在罗马帝国之后又重新获得繁荣发展。

　　契马布埃生于佛罗伦萨，他的作品以表现圣母
子为主。这种圣母子像带有很浓的中世纪特色，圣
母子占了图像的主要部分，而围在王座周围的天使
与王座下面的使徒都是很小的身形。圣子坐在圣母
的膝上，但看上去却像一个缩小尺寸的成人，可能
画家是以此表示圣子知道他来到这个世上的责任与
使命。在这方面，杜乔与乔托还没有大的突破，如
三人都有叫作《王座上的圣母》（*Madonna En-
throned*）的画作。从构图上，杜乔与乔托的圣母
子像与契马布埃的圣母子像都采用了相似的结构图
式（见图3-21、图3-22和图3-23）。

　　相比较而言，杜乔与乔托更加重视作品的整体
构图。杜乔在他的《圣母领报》（*Annunciation*）
中，通过绘画中的建筑表现人物的空间关系，并且

图3-21　契马布埃《王座上的圣母》（1280年），蛋彩镶板画，佛罗伦萨乌菲齐美术馆

图3-22　杜乔《王座上的圣母》（1285年），蛋彩镶板画，佛罗伦萨乌菲齐美术馆

图3-23　乔托《王座上的圣母》（1310年），蛋彩镶板画，佛罗伦萨乌菲齐美术馆

通过色彩表现一种明暗关系，以使作品更像看起来的那样（见图3-24）。尽管有时他的明暗处理并不合理，但这样的作品已经显示出一种视觉上的立体感。杜乔这种新的处理方式是令人耳目一新的。

　　在人物的构造上，杜乔作品中的半侧面更多一些，而乔托作品中的人物更多的是正侧面的姿态。相比较而言，乔托作品中的人物情感表现更为丰富，尽管人物的眼睛在他的作品中还尚缺乏个性。但是，从生动性上来说，他的作品已经远超过他的前辈了。在其《哀悼基督》（*Lamentation of Christ*）一画中，乔托运用了色彩明暗来显示空间立体性的方法，并且他大胆地把很多小天使表现为各种不同的姿态，甚至有的还以远缩透视的方法来处理（见图3-25）。

　　从契马布埃开始，绘画终于给人带来了一种新的气息，而杜乔与乔托都能够把视觉的观察融入作品中，古希腊的模仿传统又开始恢复它昔日的光彩。同时，在他们的作品中，我们可以看到艺术已经透露出文艺复兴的曙光。

图3-24 杜乔《圣母领报》（1311年），蛋彩木版画，伦敦国家美术馆

图3-25 乔托《哀悼基督》（1306年），意大利帕都亚的斯克洛文尼礼拜堂

第 四 章

文艺复兴:
宗教中的古典重生

文艺复兴不是突如其来地降落，而是在基督教文化的土壤中生长起来的。著名的文化史学者约翰·赫伊津哈（Johan Huizinga）说："古典主义并非突如其来，它是在中世纪思想的纷繁茂盛中长成。"[1] 保罗·斯特拉森（Paul Strathern）说："新兴的文艺复兴运动的出现，及至文艺复兴运动本身的繁荣，被看作是缓慢的、复杂的改变过程，而不是突然闯进全新时代的东西。"[2] 这一点现在应该没有什么人反对了。这样的话，文艺复兴在恢复古希腊人文精神的同时，基督教精神也伴随在这个过程中。基督教精神与古希腊精神的融合，不仅是思想家，也是艺术家在完成的一项工作，这也是古希腊精神与基督教精神对欧洲文明的进一步塑造。

一、理解文艺复兴

虽然从政治事件上说，中世纪是在15世纪中期结束，但是一方面，在13世纪、14世纪就有了较浓

---

[1] 赫伊津哈.中世纪的衰落[M].刘军,等译.北京:北京大学出版社,2014:279.

[2] 斯特拉森.美第奇家族:文艺复兴的教父们[M].马永波,聂文静,译.北京:新星出版社,2007:67.

的人文主义进展；另一方面，在文艺复兴发展的主要时间，宗教氛围依然非常浓厚。所以，文艺复兴时期的艺术，在创作理念上开始恢复古希腊以来的写实精神，但却仍然以表现宗教题材的绘画为主。

（一）文艺复兴的产生

"文艺复兴"（Renaissance）的拉丁文为"la rinascita"，这个词是由意大利艺术史家瓦萨里在他的《艺苑名人传》（*The Lives of the Artists*，1550年）❶中最早提出来的。这个词的意思是"再生"，它本来并没有"文艺"的意思，只是我们比较熟悉的是在文学艺术方面的新气象，瓦萨里用这个词主要是指"艺术"方面。

瓦萨里在他的《艺苑名人传》中，围绕绘画、雕塑、建筑这三种艺术展开论述。尽管当时的"艺术"一词本身还没有现在的广泛意义，但瓦萨里的著作却深刻影响了西方"艺术"概念的使用范围。西方的"艺术"一词在绝大多数的情况下指绘画、雕塑和建筑这三种类型，这不能不说有赖于瓦萨里这部著作奠定了艺术观念的基础。所以，瓦萨里这部著作成为一个较为明确的标志。

事实上，在瓦萨里之前的很长时间里，绘画、雕塑与建筑这三种类型的行业已经从一般的技艺行业中脱离出来，获得更高的地位。比瓦萨里早一个世纪的莱昂·巴蒂斯塔·阿尔伯蒂（Leon Battista Alberti，1404—1472年）撰写了三本关于艺术的著作：《论绘画》《论雕塑》和《论建筑》。这三本著作和瓦萨里的一本传记首先使意大利范围内产生了这样一种观念：这三种技艺是与其他技艺不同的更高的类型。这就是西方形成"艺术"这一概念的基础。

文艺复兴时期的主导思想是人文主义。正如阿伦·布洛克（Alan Bullock）所理解的那样，人文主义不是一种思想流派或哲学学说，而是一种

---

❶瓦萨里著作的全名英译为*Lives of the Most Eminent Painters, Sculptors and Architects*（《最著名的画家、雕塑家与建筑家生平》）。

宽泛的倾向，一种思想与信念的维度，以及一场持续性的辩论。❶ 应该说，这样的理解是符合事实的。

文艺复兴发生在意大利，主要得益于以下几个方面的因素的影响。

第一，大学的兴起。公元10世纪，欧洲经济恢复，城市兴起。城市反对领主的斗争迫切需要世俗的人才。在教会学校的基础上发展出的教师或学生公会逐渐独立出来组成世俗学校，这也就是现代大学的起源。这些大学除了学习神学之外，增设博艺人文学科，主要学习内容是自由七艺：算术、几何、天文、音乐、文法、修辞、逻辑。这些学科都来源于古希腊。自由七艺的普及推动了古典学术精神的复苏。所以，中世纪出现的大学与其发展，为文艺复兴奠定了重要的基础。

第二，十字军东征。十字军东征的根源在于基督教的圣城耶路撒冷被穆斯林占领。公元7世纪，拜占庭帝国的疆域在阿拉伯人的攻击下大大收缩，地中海东岸大片区域成为阿拉伯帝国的领土，而耶路撒冷正在这一部分。11世纪末，罗马教皇发出夺回耶路撒冷的圣战号召，于是发起了十字军东征。十字军东征从1096年到1291年，延续了近200年，共有七次主要行动。除第一次外，其余几次都以失败告终。尽管如此，十字军东征使欧洲天主教地区接触到当时更为先进的拜占庭文化和伊斯兰文明。这无疑给黑暗的欧洲点燃了火把，为文艺复兴开辟了道路。

第三，先驱的引领。13世纪，意大利出现一些天才式的人物，他们以新的方式在旧传统中打开缺口，成为文艺复兴的先驱与开拓性人物。在艺术方面，主要是前述的契马布埃、杜乔与乔托这几位开拓者。在文学方面，则有但丁·阿利基耶里（Dante Alighieri，1265—1321年）、弗兰齐斯科·彼特拉克（Francesco Petrarch，1304—1374年）和乔万尼·薄伽丘（Giovanni Boccaccio，1313—1375年）等，他们对人文主义的成长起到

---

❶布洛克.西方人文主义传统[M].董乐山,译.北京:群言出版社,2012:2.

奠基性的作用。

但丁创作的《新生》《神曲》洋溢了一种新的精神。布克哈特称但丁的《神曲》"划出中古精神和近代精神的界限",并且成为"一切近代诗歌的滥觞"。❶恩格斯说:"封建的中世纪的终结和现代资本主义纪元的开端,是以一位大人物为标志的。这位人物是意大利人但丁,他是中世纪的最后一位诗人,同时又是新时代的最初一位诗人。"❷彼特拉克和薄伽丘都对古典文化有深入的研究,二人曾一起推动让一个希腊人把《荷马史诗》由希腊文翻译成拉丁文的事件。彼特拉克还被称为第一个人文主义者,布克哈特称他为"一个最早的真正现代人"❸。薄伽丘的《十日谈》对宗教禁欲主义进行了强烈的讽刺。

(二)文艺复兴的推进

以上是从文艺复兴的发生来说。但是,文艺复兴在它产生之后,如果没有强大的推动力,也很可能只是昙花一现。所以,文艺复兴得到发展是需要有一些力量推动的。这种力量不但出现在意大利,而且出现在意大利的佛罗伦萨。

第一,拜占庭帝国的灭亡。1453年,君士坦丁堡被奥斯曼土耳其人攻陷,拜占庭帝国灭亡。由于君士坦丁堡的陷落,大批拜占庭帝国的学者西逃,主要是到罗马帝国的故土意大利,另外还有法国等地。这些西逃的学者带去大量中世纪神权笼罩下人们未曾见过的古代典籍。并且,在土耳其占领期间,仍有数以千计的古代图书被抢救运回意大利。柏拉图、普洛丁等古代哲学家的著作开始由阿拉伯文翻译为拉丁文。这推动了意大利古典学术的研

---

❶ 布克哈特.意大利文艺复兴时期的文化[M].何新,译.北京:商务印书馆,2009:341-342.

❷ 中共中央马恩列斯著作编译局.马克思恩格斯选集:第一卷[M].译.北京:人民出版社,2012:397.

❸ 同①327.

究热潮，也推动了人文主义在意大利进一步产生影响。

第二，美第奇家族（Medici Family）的资助。在文艺复兴发展过程中，佛罗伦萨成为意大利文艺复兴的一面旗帜。布克哈特称佛罗伦萨为"世界上第一个近代国家"[1]。早在14世纪中期，佛罗伦萨的封建政权就被共和政府所代替，并且又逐渐发展成为寡头政治，一直延续到文艺复兴末期。在这个过程中，美第奇家族扮演了重要的角色。

美第奇家族祖上本为农民，后以工商业致富，到乔凡尼·美第奇（Giovanni de' Medici，约1360—1429年）时代，美第奇家族成为欧洲最大的银行家，并开始对佛罗伦萨政府产生影响。从14世纪到17世纪，美第奇家族成为拥有强大势力的名门望族，并且在长达400年的时间里是佛罗伦萨的实际控制者。这个家族不仅常有人出任佛罗伦萨的行政长官，还曾经出了三位教皇和两位法国王后。

1463年，柯西莫·美第奇（Cosimo de' Medici，1389—1464年）赠予哲学家费奇诺一处别墅作为柏拉图学园，让他在学园中进行《柏拉图全集》的翻译。美第奇家族在文化上的最大成就是对艺术家的赞助，尤其是在绘画与建筑方面。乔凡尼·美第奇是美第奇家族中第一个艺术资助人，资助开始于洛伦佐·吉贝尔蒂（Lorenzo Ghiberti，1378—1455年）对圣约翰洗礼堂青铜大门的设计。他是在设计模型竞争中胜出而获得设计资格的。有很多艺术家参加这次竞争，甚至还有在当时极有影响的艺术家菲利波·布鲁内莱斯奇（Filippo Brunelleschi，1377—1446年）和多纳泰罗（Donatello，1386—1466年）的参与，并且二人也叹服吉贝尔蒂的设计。布鲁内莱斯奇由于这次竞争的失败，后来将精力主要投入建筑设计当中。

柯西莫一世·美第奇（Cosimo I de' Medici，1519—1574年）在瓦萨里的影响下于1563年建立了佛罗伦萨设计艺术学院（Accademia delle Arti

---

[1] 布克哈特.意大利文艺复兴时期的文化[M].何新,译.北京:商务印书馆,2009:80.

del Disegno），这对佛罗伦萨的艺术发展产生了极大的推动作用。这些惊人的资助与推动使美第奇家族被称为"文艺复兴教父"（The Godfathers of the Renaissance）。正因如此，佛罗伦萨的艺术辉煌使文艺复兴时期其他方面的成就黯然失色。

在文艺复兴时期的人文主义思想发展中，值得一提的还有学者皮科·米兰多拉（Pico della Mirandola，1463—1494年）。他在1486年作了后来以《论人的尊严》（*Oration on the Dignity of Man*）为题的演说。他在其中说道："我们愿意是什么，我们就能成为什么。"❶在他之前的阿尔伯蒂说过："只要愿意，人可以做所有的事。"❷米兰多拉的这篇演讲高扬了人的地位与尊严，后被誉为"文艺复兴宣言"（Manifesto of the Renaissance），成为文艺复兴人文主义的重要文本。

我国现代教育家蒋梦麟在其《改变人生的态度》一文中说："西洋人民自文运复兴时代改变生活的态度以后，一向从那方面走——从发展人类的本性和自然科学的方面走——愈演愈大，酿成十六世纪的'大改革'，十八世纪的'大光明'，十九世纪的'科学时代'，二十世纪的'平民主义'。"❸意大利的文艺复兴给欧洲乃至世界带来的影响是极其深远的。伯利克里曾说，希腊古典时代的雅典是希腊的学校；那么到十五六世纪，意大利则成为欧洲的学校。

二、透视法

文艺复兴是一种再生，它是古典的再生，是古希腊和古罗马文化的再

---

❶卡洛尔.西方文化的衰落:人文主义复探[M].叶安宁,译.北京:新星出版社,2007:3.

❷同①.

❸梁漱溟.东西文化及其哲学[M].北京:商务印书馆,1999:66.

生。也就是说，文艺复兴艺术本身是一种古典主义的艺术。但是，在绘画方面，文艺复兴艺术并不是直接受到来自古希腊和古罗马绘画的影响。一方面，古希腊古罗马的绘画成就并不是很大；另一方面，他们也很难见到古希腊和古罗马的绘画。所以在绘画方面，文艺复兴的古典精神主要受古希腊和古罗马美学思想的影响，再有是古希腊神话传说题材的表现。不过，在雕塑和建筑上，他们会直接受古希腊和古罗马艺术的影响。

（一）透视法的发明

西方绘画的成就与其科学探索是密不可分的。贡布里希说："在西方的传统里，绘画的确是作为一门科学来从事。"[1]西方传统绘画的一项核心技术是透视技法的掌握，而透视与几何学、光学、物理学等学科紧密相关。

透视法解决的是视觉构图问题。根据苏格兰艺术史家约翰·伯内特（John Burnet，1784—1868年）的解释，"透视"（perspective）一词由拉丁文per与specto构成，也就是"通过某物来看"的意思。[2]视觉所能透过的当然是透明的介质，而最为常见的透明介质是玻璃。透视法就是将我们用眼睛看到的形象视为它存在于我们和对象之间的透明介质之上。透视法表现出来的基本规律是近大远小，同时这个近大远小的规律在透视法中要符合几何规则。所以，透视画中的透视效果需要借助几何图式。

在古希腊的瓶画中，我们看到过前缩法的使用。这种前缩法其实就是一种透视法，这是古希腊人在绘画中对透视法的探索，但当时这种画法并没有得到普及。在古罗马的壁画中，我们也可以看到透视法的偶然使用，由于受到中世纪绘画观念的影响，透视法才没有得到充分的发展。在文艺复兴开始

---

[1] 贡布里希.艺术与错觉:图画再现的心理学研究[M].杨成凯,李本正,范景中,译.南宁:广西美术出版社,2012:29.

[2] BURNET J.An essay on the education of the eye with reference to painting[M]. London: James Carpenter, 1837:4.

后，由于受到古典精神的影响，透视法才得到不断深入的探索。当然，透视法的发明，是出于解决古典精神中的逼真摹仿如何实现的问题。

透视法的要义在于，它要在二维平面中再现三维空间中的视觉对象；也就是要在二维平面中表现深度，产生三维空间错觉的几何体系。所以，透视法既是一种视觉效果，也是一种几何图式。

布鲁内莱斯奇最早发现了这种线性透视效果的关键特点。柯耐尔说："他利用数学得出线性透视的一则公式：各条线后退会聚于一点之上，在这点上，它们仿佛消失掉了。"这个点就是透视法中的"消失点"（vanishing point）。阿尔伯蒂在其《论绘画》（On Painting，1435年）中对透视法进行了较为具体的说明，其核心是制作透视方格，后人称为"阿尔伯蒂网格"（Alberti Grid）。文艺复兴后，很多画家都采用这种方法完成较为准确的透视画。

我们以阿尔布雷希特·丢勒（Albrecht Dürer，1471—1528年）的版画来说明。版画《画女裸体》（Drawing a Nude）是一个画家要画一个躺着的妇女（见图4-1）。在这幅图画中，我们可以看到：被画的对象躺在画家

图4-1　丢勒《画女裸体》（1525年），木刻版画

的前方，在被画对象与画家之间，与画家视线垂直放置一个有网格的框子。画家也在画布上画上与网

格相同数量与大小的方格，画家眼睛前方设置一个装置用来保证在绘画时，画家的眼睛处于固定的位置。这样，在绘画时，画家眼睛处于固定的位置来透过前方的透明装置观看绘画的对象。根据绘画对象每一部位在方格中所处的位置与形状，在画布上相同位置的方格上画上相同的形状，这样就能画出具有透视效果的画面。当然，前方透明装置与画布上的方格越多，所画出的画面就越逼真、越接近绘画的对象。

　　丢勒还给我们展示了透视画法的另一种装置（见图4-2）。在《画鲁特琴》（*Drawing a Lute*）版画中，右侧墙上的钉子相当于视点，其中的直线相当于视线。首先在桌子上放好一个画框和要画的对象（鲁特琴），并且在画框上安装可以转动的画布。这样，左边的人用小棒拉着线的一端在鲁特琴的边缘及各重要的点上移动，而线的另一端挂着的重锤保证线始终是拉直的。右边的人记住线穿过画框的每一个位置，然后在画布相应的位置上画上一个点。这样，随着画布上点的增多，按照绘画对象（鲁特琴）把点连起来，就构成一幅透视画。

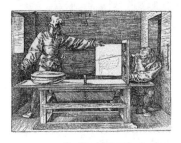

图4-2　丢勒《画鲁特琴》（1525年），木刻版画

（二）透视法的奇迹

　　布鲁内莱斯奇与阿尔伯蒂的透视法对西方绘画的影响是无法估量的。这种影响一直到印象派的出现才被打破。阿尔甘指出："从14世纪到19世纪所有的意大利艺术，都包含着一个关于空间的几何观

念，也就是透视。"❶在印象派之前，尽管西方绘画出现很多风格流派，但从整体上来说，他们在实现逼真再现这一点上都是相同的，不同的只是线条与色彩表现的具体方式。

在文艺复兴时期，早期的一批画家展示了透视法的魅力与再现力量。在绘画中较早使用透视法的是弗拉·安吉利科（Fra Angelico, 1387—1455年）。我们来看他的一幅《圣母领报》（*Annunciation*），这幅画通过建筑来实现透视效果（见图4-3）。在绘画中，马利亚和大天使加百列都在一处具有中世纪风格的建筑廊下。作品中有几条线可以帮助我们找到消失点的位置。我们看到，安吉利科在柱廊的柱子上画了从柱子穿过的铁棍，还有柱廊地面与外面草坪分界的边缘，这几条线都是与画面垂直的，它们的延长线会相交于一点，这点大致是在画面远景那个小窗的左上角，这样画面就构成一个具有三维效果的立体空间。

文艺复兴早期，使用透视法最为出色的应该算是马萨乔（Masaccio, 1401—1428年）。根据瓦萨里的记述，马萨乔对透视法的掌握来自其前辈布鲁内莱斯奇的传授。他在佛罗伦萨的圣马利亚诺维拉教堂（Santa Maria Novella）绘制的一幅壁画叫《圣三位一体》（*Holy Trinity*）。从这幅

图4-3　安吉利科《圣母领报》（1450年），壁画，佛罗伦萨圣马可博物馆

---

❶阿尔甘,法焦洛.艺术史向导[M].谭彼得,译.南京:南京大学出版社,2018:25.

壁画可以看出，他对线性透视的运用已经达到极致
（见图4-4）。

　　基督教认为，上帝的神性可以分为三身：圣
父、圣子与圣灵三者。马萨乔在作品中设计了一个
有穹窿的祭坛造型，祭坛的中间是基督；其上是圣
父；耶稣下方是圣母玛利亚与圣约翰，再下方是赞
助人夫妻跪在左右两侧。马萨乔选择了基督受难的
形象，并把这个形象画在一个礼拜堂内。在这幅画
中，他将画中小礼拜堂的穹顶竖梁画成向下方消失
于一点，并且他所画的基座的左右两个边也消失于
同一点，于是这样这幅画给予人一种极其逼真的感
觉，仿佛我们看到的并不是一幅画，而是在壁画所
在的墙上开了一个空间。马萨乔在这幅壁画中展示
了西方画透视法的全部本质：根据透视结构将事物
分布于作品中的空间，就如同我们所看到的一个真
实的经验世界。

　　著名的瑞士艺术史家沃尔夫林（H. Wölfflin）
指出马萨乔对于欧洲绘画的贡献："他对空间课题
的完美把握令我们吃惊。图画第一次变成由一个统
一视点构建起来的舞台，变成人、树木、房屋在其
中各就其位，并可按几何方法计算的统一空间。"❶
沃尔夫林所说的这一点尤其在马萨乔的《纳税钱》
（*The Tribute Money*）一画中得到体现（见图

图4-4　马萨乔《圣三位一体》
（1428年），壁画，佛罗伦萨圣马
利亚诺维拉教堂

----

❶沃尔夫林.古典艺术:意大利文艺复兴艺术导论[M].潘耀
昌,陈平,译.北京:中国人民大学出版社,2003:5.

图4-5　马萨乔《纳税钱》（1425年），壁画，佛罗伦萨圣母圣衣大教堂

图4-6　弗朗切斯卡《鞭笞基督》（1460年），木版蛋彩画，意大利马尔什国立美术馆

4-5）。这幅画为我们塑造了一个统一完整的空间，画面的消失点可以通过建筑中与画面垂直的线来找到，我们发现消失点正在耶稣的头部。这使耶稣成为画面空间的中心。

翁布里亚（Umbria）画派代表人物皮耶罗·德拉·弗朗切斯卡（Piero della Francesca，1415—1492年）的《鞭笞基督》（*The Flagellation of Christ*）也是对透视法的杰出运用（见图4-6）。这幅画采取一种奇特的构图，但又给人一种均衡感。弗朗切斯卡使用廊道的柱子把构图明显地分成两部分，左边基本全部由建筑构成，在建筑之间的较远处，几个罗马人在鞭打基督，而且这部分构图占了画面的一半多，由于右边建筑较小，并且还有大片的天空。这样，如果从力的结构来说，左边压倒右边。但是，画家在右边放置了几个近景的人物，使画面的结构变得均衡协调。在画面中，消失点位于较远处拿着鞭子打基督的那个人胳膊下方的暗色背景中，这样就避免出现消失点所导致的视觉局促感。

《鞭笞基督》通过透视把空间的分割与时间的隐喻巧妙地结合起来。右侧近景三人穿的是文艺复兴时期的服装，有一种解释说他们中间穿红色长袍的是乌比诺公爵蒙泰费尔特罗（Montefeltro），两侧是他的两个顾问，也是两个叛徒；由于这两个顾问的背叛导致公爵被谋杀。画面左侧的远处是基督，正在受到鞭打，这是用一个古代的故事来隐喻公爵遭到背叛与暗杀。

　　帕都亚（Padua）画派的安德烈亚·曼特尼亚（Andrea Mantegna，1431—1506年）在对透视法的运用方面颇有创新。曼特尼亚曾在曼图亚（Mantua）的公爵宫（Palazzo Ducale）婚礼堂画了一幅名为《天顶之眼》（*Ceiling Oculus*）的天顶画（见图4-7），这幅画可能完成于1474年。曼特尼亚在这幅天顶画中极度发挥了前缩法的透视功能，以此达到一种奇妙的逼真效果。他在天顶中心画了一圈栏杆，栏杆内部用前缩法画了一圈人物，很多在低头向下注视，尤其几个小天使站在栏杆内侧的姿态，还有几个将头伸过栏杆露出不同的表情。这让地面的观者在向上看时，以为婚礼堂的天顶上有一个穹窿形开口。曼特尼亚在婚礼堂西墙与北墙的作品中，有很多构图安排具有一种使绘画融入观者所在的现实空间的张力。这些作品极大程度地实现了透视法自然主义所追求的幻觉目的。

图4-7　曼特尼亚《天顶之眼》（1474年），曼图亚公爵宫天顶画

　　显而易见，文艺复兴早期的一批画家已经熟练地掌握了线性透视与前缩透视的运用，能够出色地完成一幅错视画（trompe l'oeil）。在曼特尼亚这种错视画的影响下，盛期文艺复兴时柯勒乔的作品在错觉透视方面也很有特色。他在帕尔马大教堂（Cathedral of Parma）的穹顶上画的天顶画使用了前缩法的变形，其视觉效果足以让人震惊。但

是，这种透视的具体表现方式也是在变化的。到了巴洛克时期，画面的透视
效果主要是通过光线的明暗来实现。

三、文艺复兴的繁荣

我们可以将桑德罗·波提切利（Sandro Botticelli，1445—1510年）
视为文艺复兴进入盛期（the high renaissance）的一个标志性人物。紧
跟波提切利的就是文艺复兴盛期三杰：莱奥纳多·达·芬奇（Leonardo da
Vinci，1452—1519年）、米开朗琪罗和拉斐尔，而长寿的米开朗琪罗则生
活到文艺复兴的衰落和样式主义的兴起。

（一）波提切利：绘画中的人文主义

在文艺复兴早期，画家已经对透视法有了非常熟练的掌握。尽管透视与
古希腊的模仿理论一脉相承，但这还不是真正意义上的古典精神，并且也没
有表现明显的人文主义，而文学中的人文主义早在但丁等人的作品中已经表
现得非常浓厚了。然而，在绘画领域，直到波提切利的作品才看到人文主义
的气息。

波提切利跟随菲利普·利比（Fra Filippo Lippi，1406—1469年）
学成绘画后，受洛伦佐·美第奇母亲邀请到美第奇宫居住。因此，波提切
利与洛伦佐·美第奇有很亲密的关系。在他的《博士来拜》一画中，可以
看到画面最左侧握剑拄地的就是洛伦佐·美第奇，最右侧是画家自己转头
向着画面之外。

我们可以将波提切利的《春》（*Primavera*）和《维纳斯的诞生》（*The
Birth of Venus*）视为古典精神在艺术领域诞生的标志。这两幅画都有一个
共同的主题——新生。但丁在13世纪后期有一部诗集名为《新生》，而艺术
领域的新生是在两个世纪后的波提切利。

这幅《春》（见图4-8），又名《春的寓言》（*Allegory of Spring*），画面中央是爱与美之神维纳斯，画面左侧四个人物，右侧三个人物，在维纳斯左右的两组人物表现不同的逻辑。画面右侧是一个线性的过程：西风之神泽菲洛斯（Zephyrus）在追求仙女克罗丽丝（Chloris），而克罗丽丝在要逃脱时变成花神芙罗拉（Flora）。古罗马诗人奥维德在

图4-8 波提切利《春》（1482年），镶板蛋彩画，佛罗伦萨乌菲齐美术馆

《岁时记》中描写芙罗拉口中含着玫瑰花说："我，现在是芙罗拉，曾经的克罗丽丝。"当然，泽菲洛斯让芙罗拉非常幸福。与这个线性结构相反，左侧的美惠三女神因相互牵手舞蹈而构成一个圆圈。但是，她们那封闭圆环式的舞蹈却时刻有被打破的可能，因为画面中间上方的小爱神丘比特正要把箭射向美惠三女神中间的那个，而她正将目光投向画面左侧的墨丘利。画面中这七个人物基本在一条线上，而主导这一切的就是中间的爱神维纳斯与她的小爱神。

更有意思的是，这幅画中除了小爱神外，有两个男性分别在画面的两个边缘，一个是在追求着爱；另一个是在被爱。灰色调的泽菲洛斯暗示他追求仙女时的野蛮；而墨丘利穿着与爱神颜色一样的长袍仿佛也暗示他内心的爱与温暖。也许，他身佩短剑并用杆子驱赶画面左上方的那片乌云，这都暗示他也是这场爱的秘仪的保卫者。此画又名《维纳

斯的盛世》，而画家又可能在暗示美第奇时代是佛罗伦萨的盛世。

古希腊神话中的维纳斯是从大海的泡沫中诞生，但在波提切利之前已经有画家将维纳斯置于贝壳上，他在《维纳斯的诞生》一画中沿用了这样的表现（见图4-9）。维纳斯从海中诞生后，风神泽菲洛斯将她吹到岸边。与风神拥抱在一起的，根据周围飘散的花朵，我们可以判断这是花神。风神追求花神的过程中，尽管并不是花神的意愿，但她嫁给风神后得到了幸福。维纳斯在贝壳中漂到岸边时，时序女神中的春之神迎上前要给她披上缀满鲜花的新衣。值得注意的

图4-9 波提切利《维纳斯的诞生》（1486年），布面蛋彩画，佛罗伦萨乌菲齐美术馆

是，维纳斯的脸上流露出一种淡淡的哀愁，这种情感不是一个女神应该有的，所以这幅画通过维纳斯的表情表现出一种人文主义精神。

英国著名批评家沃尔特·佩特（Walter Pater，1839—1894年）说："15世纪的运动是双重的，一是文艺复兴，一是有着现实主义和对经验的渴求的所谓'现代精神'。它包括一种向古代的回归，一种向自然的回归。拉斐尔代表着向古代的回归，列奥纳多代表着向自然的回归。"❶绘画方面，这种向

❶佩特.文艺复兴:艺术与诗的研究[M].张岩冰,译.桂林:广西师范大学出版社,2000:133.

古代的回归在波提切利的作品中已经有非常明显的体现。进入文艺复兴时期，尽管在波提切利之前已经有画家开始将古希腊神话题材纳入作品，但那种偶然性的做法并没有多大的意义。到了波提切利，他不仅将古典神话作为重要题材，而且在作品中表达深厚的人文主义情怀。所以，绘画中的古典精神真正开始于波提切利。在他的这两幅代表作品中，他并没有将透视法作为表现的重点。

（二）达·芬奇

达·芬奇的生活可以分为三个阶段：30年时间在佛罗伦萨，近20年时间在米兰，然后有近20年时间是过着漂泊的生活。达·芬奇早年在维罗基奥（Verrocchio，1435—1488年）的工作室学习绘画，学成后被邀请住进美第奇宫。当时和他一起学习的还有彼得·佩鲁吉诺（Pietro Perugino，1450—1523年）和洛伦佐·迪·克雷迪（Lorenzo Di Credi，1458—1537年），其中佩鲁吉诺是拉斐尔的老师。达·芬奇的老师韦罗基奥的主要成就是雕塑，其代表作品是《大卫》（David），有人认为《大卫》雕像是韦罗基奥按照达·芬奇相貌做的。

韦罗基奥曾经应约绘制《基督受洗》（The Baptism of Christ）一画（见图4-10）。根据瓦萨里的传记，达·芬奇被老师允许完成作品中左边的一个天使。达·芬奇完成后，韦罗基奥对他的创作大为惊叹，认为他的技艺已经远超自己，于是他

图4-10　韦罗基奥与达·芬奇《基督受洗》（1472—1475年），木版蛋彩油画，佛罗伦萨乌菲齐美术馆

此后便不再作画。达·芬奇所画的这个天使正在注视圣约翰给耶稣的施洗，并且表情中流露着忧郁，仿佛是想到耶稣此生的命运；而韦罗基奥画的那个天使却把头转向这个事件的外面，仿佛对发生的这一幕毫无感觉。

达·芬奇留下来的完整作品并不是很多，更多的是手稿和未完成的作品。米兰圣马利亚慈悲修道院（Santa Maria delle Grazie）中的《最后的晚餐》（*The Last Supper*）是他的重要作品之一。这幅《最后的晚餐》是文艺复兴时期，继马萨乔《圣三位一体》与曼特尼亚天顶画后对透视法的又一经典运用。

这幅壁画是画在修道院食堂的一面墙壁上，而透视法在这幅壁画中的使用使其与所在环境完美结合起来（见图4-11）。耶稣及其门徒所在的空间，两侧各有几个大窗，窗子的上边连线与食堂顶部圆拱和墙壁相交点的连线相连接，这使作品中的空间成为教堂真实空间的一个延伸。作品的题材与现实空间功能的联系，又增加了作品的现实感。

图4-11 教堂食堂与达·芬奇的《最后的晚餐》

作品在人物结构安排上更见匠心（见图4-12）。在达·芬奇之前，关于耶稣最后一次晚餐的绘画已经很多，但它们有一个共同点，都把犹大安排在一个非常显眼的位置。在达·芬奇这幅画的十几年前，吉兰达约的《最后的

图4-12 达·芬奇《最后的晚餐》（1498年），蛋彩壁画，米兰圣马利亚慈悲修道院

晚餐》也没有摆脱已经形成的套路，但达·芬奇则大胆地将犹大置于众人之间，再现了耶稣说出那句话后众门徒的强烈反应。耶稣说："我实在告诉你们：你们中间有一个人要卖我了。"❶达·芬奇将耶稣门徒分为四组，每组三人。除耶稣外，十二门徒从左至右分别是：巴多罗买、小雅各、安德烈，彼得、犹大、约翰，多马、大雅各、腓力，马太、达太、西门。门徒们在听到那句话时表现出不同的姿态、手势和表情。

在耶稣的后面，达·芬奇画了一面墙壁，这既与画面之外的现实空间相照应，也烘托了耶稣这个人物。墙上有三个窗子，中间那个或许是一扇门，三个窗子是明亮的，中间窗子有一个圆拱的设计，这正形成耶稣头上的光环，而画面中透视空间的消失点正好位于耶稣的头部，而画面中的几条透视线犹如从耶稣那里放射出的光芒。在这个作品中，耶稣的形象充分体现出一种古典精神——静穆的伟大，当然这也是一种高贵。沃尔夫林评价说："《最后的晚餐》这幅画，在近代艺术中第一次大幅度地把明暗用作构图因素。"❷这种明暗构图到17世纪和18世纪被巴洛克艺术发挥到极致。

1500年前后，达·芬奇又回到佛罗伦萨，在此期间完成他的著名画作《蒙娜·丽莎》（Mona Lisa）。这幅画是佛罗伦萨一位银行家妻子的肖像，成为其代表作品中的重要一幅。佩特认为，蒙娜·丽莎的形象，从童年时代起，就出现在达·芬奇的梦境中。几十年后，弗洛伊德则从精神分析的角度分析了达·芬奇艺术作品中的童年记忆。

在《蒙娜·丽莎》中，达·芬奇采用了一种新的画法——渐隐法。这种方法是将不同细节的边缘模糊化，这在人物表现上产生一种强烈的肌肤感和层次感。渐隐法使他的绘画作品中那种逼真与柔和的视觉效果远远超过前人。我们可以将蒙娜·丽莎的头部与波提切利《维纳斯的诞生》中维纳斯的

---

❶《马太福音》26：21。

❷沃尔夫林.美术史的基本概念[M].潘耀昌，译.北京:北京大学出版社,2011:50.

图4-13 达·芬奇《蒙娜丽莎》局部（1506年），木版油画，巴黎卢浮宫

图4-14 波提切利《维纳斯的诞生》局部（1486年），布面蛋彩，乌菲齐美术馆

头部比较来看（见图4-13和图4-14）。非常明显的是蒙娜·丽莎的面部与发际之间没有了明显的分界，尤其是画面右侧的面部与发际之间，通过明暗的逐渐过渡来完成；而维纳斯的面部、脖子与头发的分界是非常清晰的，让人感觉头与颈之间缺乏有机的联系。

沃尔夫林在分析文艺复兴与巴洛克的绘画区别时，将二者的基本风格特征概括为线描与涂绘。线描是指画面的线条与画面单元的轮廓都比较清晰；而涂绘是通过色彩的明暗与浓淡来表现，画面单元的轮廓比较模糊。他将文艺复兴的绘画视为线描的，波提切利就是一个典型的线描画家。但是，在达·芬奇的这幅作品中，涂绘的特点也是非常明显的。这种浓郁的涂绘色彩使其作品有极强的浮雕感。当然，达·芬奇的这些作品不是巴洛克风格的，它仍然是一幅典型的古典风格的作品。

对于这幅作品，沃尔夫林认为："在某种意义上说，它标志着一个根植于15世纪的运动的终结，而且它是优雅风格的最高峰。"❶这种优雅表现在蒙娜·丽莎的姿态与微笑中，当然也表现在她那双安适的双手上。

（三）前期的米开朗琪罗

米开朗琪罗生于距佛罗伦萨几十公里外的一个

---

❶ 沃尔夫林.古典艺术:意大利文艺复兴艺术导论[M].潘耀昌,陈平,译.北京:中国人民大学出版社,2003:28.

小镇，出生后不久父母搬家到佛罗伦萨，他先寄养在乡下几年，而后才到佛罗伦萨。他少年时在当时著名艺术家吉兰达约（Ghirlandaio，1449—1494年）的工作室中作过学徒。学成后，米开朗琪罗被洛伦佐·美第奇邀请住进美第奇宫。

米开朗琪罗被后来的著名艺术家罗丹（Auguste Rodin，1840—1917年）放在与古希腊雕塑家菲迪亚斯相当的水平。罗丹认为，菲迪亚斯呈现的是一种"神圣清明之气"；米开朗琪罗呈现的则是一种"狂乱悲痛之性"。但相同的是，他们的雕塑都是"出于高贵心灵的奉献"。菲迪亚斯呈现的是古希腊的美；米开朗琪罗呈现的是基督教的苦难，这种苦难表现出来的则是崇高。中世纪的崇高与古罗马的崇高又是不一样的，古罗马的崇高是一种帝国气势的崇高。

这种崇高在他的第一件重要作品《圣母怜子》（Pietà）中就有突出的表现（见图4-15）。在作品中，受难后的耶稣斜躺在母亲的膝上，圣母抱着儿子，在悲恸中流露着坚毅与忍耐，与作品稳定的造型相得益彰。这样，作品将宗教信仰与古典的艺术追求完美地结合起来。这件雕塑为大理石制作，但作品的纹理柔和，给观者一种极强的肌肤感。

在罗马完成《圣母怜子》后，米开朗琪罗又回到佛罗伦萨。他在这里完成了奠定其艺术地位的《大卫》。1505年，新任教皇尤利乌斯二世（Julius II）邀请米开朗琪罗到罗马负责改造圣彼得大教堂，并让他负责建造自己在教堂中的墓室。这项

图4-15　米开朗琪罗《圣母怜子》（1499年），梵蒂冈圣彼得大教堂

工程本来计划五年完成，但是期间他还要不断地完成其他新的任务，所以陵墓的建设延续了四十年。

这中间的新任务包括西斯廷教堂的天顶画。教皇本是让他在西斯廷教堂墙楣上绘制十二使徒，他开始无意承担这项任务，因为他担心绘画并非自己所长。但是，由于教皇执意让他做，于是米开朗琪罗说服教皇创作天顶画，并且他在创作开始就拒绝了助手的协助，独立进行。其实，天顶画的创作是一件极其艰辛的事情，这需要极大的毅力。我们根据现有的资料可知，米开朗琪罗对天顶画的创作，完全改变了他开始的计划。他的天顶画创作从1508年开始，到1512年完成。

天顶画可分四组：第一组是天顶中央九幅画面大小相间的作品，内容为《旧约》故事，从上帝创世到挪亚醉酒；第二组是正对窗间壁柱上方的天顶边缘的十幅，以及入口上方与里墙上方两处，是十二个先知与女祭司；第三组是窗子圆拱上方弧形墙楣，共十四个，是耶稣的血缘谱系人物；第四组在弧形墙楣上方，四个墙角拱肩是《圣经》故事，中间两侧各四个呈三角形的区域是八组家庭人物。

在这几组天顶画中，最为著名的是天顶中央的九幅《旧约》

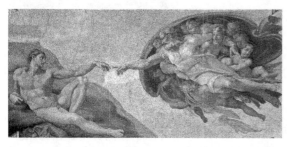

图4-16　米开朗琪罗《创造亚当》（1510年），西斯廷教堂天顶画

故事。《创造亚当》（*The Creation of Adam*）最见创意，这幅画表现的是上帝创造了亚当后赋予他生气的那一瞬间（见图4-16）。这一瞬间是用上帝

和亚当的两只手表现的。画面左下方是亚当坐在地上，左臂伸出支在撑起的左腿，伸出的左手显得慵懒无力，正在期待上帝的赐予；右上方是上帝在飞行中伸出右手指，将要触碰到亚当的左手指，感觉到这一瞬间上帝正在赐予亚当以力量。上帝的红色斗篷中，还有他将要赐予亚当的夏娃和子孙。

1513年，教皇尤利乌斯二世去世，继任者为利奥十世（Leo X），他是洛伦佐·美第奇的第二个儿子，他后来让米开朗琪罗重建佛罗伦萨的洛伦佐大教堂的正面以及雕塑。不过这项工作没有最终完成，米开朗琪罗又开始完成美第奇礼拜堂的任务，这里有辉煌的洛伦佐·美第奇兄弟二人的陵墓。洛伦佐·美第奇公爵陵墓左右雕塑为《暮》（Dusk）和《晨》（Dawn），朱利亚诺公爵陵墓左右为《夜》（Night）和《昼》（Day）。美第奇礼拜堂还有一尊雕塑《圣母子》，也叫《美第奇的圣母》（Medici Madonna）。

米开朗琪罗在为利奥十世完成洛伦佐大教堂任务前，还为尤利乌斯二世陵墓完成了一件重要作品——雕塑《摩西》（Moses）。这是一尊摩西坐像，他的右手搭在刻着十诫的石板上，同时抚弄着胡子，而他的左手放在腰间覆盖着胡子，向左前方注视着（见图4-17）。在雕塑中，有一个细节是摩西的左脚尖着地，所以很多学者认为雕塑表现的是他从西奈山上下来后，看到以色列人在拜金牛犊时因内心极度愤怒而要站起身来的那一刻。

图4-17 米开朗琪罗《摩西》（1515年），罗马圣彼得镣铐教堂

　　但是，精神分析学者弗洛伊德却反对这样的看法。他根据右手的姿态指出，如果摩西马上要站起来，那么十诫就要掉下来，而摩西是不会让这个事情发生的。弗洛伊德认为，也许正好相反，摩西是要克制自己愤怒的情绪，就如同他用左手抚摸胡子要抵消右手施加于胡子上的暴力。在《圣经》里，摩西事实上是由于愤怒而把十诫摔碎了。但是，弗洛伊德认为艺术家要表现的摩西并不是这样的。他甚至这样认为："这个摩西有些不同，他是艺术家心目中的新摩西。因此，米开朗琪罗必定设想过勘正《圣经》中的这一节，改变这一圣人的性格。"❶也许，弗洛伊德的分析才符合摩西的整体形象。也许真如弗洛伊德所说，艺术家对于摩西的重新塑造是为了让他更加符合于作为教皇陵墓护卫者的形象。弗洛伊德还指出，由于陵墓主人尤利乌斯二世与艺术家本人都有易怒的性格，那么艺术家塑造一个克制的摩西"不仅是对死去的教皇的一种责备，也是对自己的一种提醒"。这个作品成为艺术家对自己人格的一种升华。

（四）拉斐尔

　　拉斐尔生于乌比诺（Urbino），少年时父亲送他到翁布里亚（Umbrian）在彼得·佩鲁吉诺（Pietro Perugino，1446—1523年）的作坊里学习，后来在佛罗伦萨的学习使他的技艺得到更大的提高，而他最重要的一些作品是后来到罗马完成的。

　　拉斐尔早期作品的风格，跟其师从佩鲁吉诺的创作很难区别开。例如，佩鲁吉诺在完成一幅《圣母的婚礼》（*The Wedding of the Virgin*）后不久，拉斐尔也创作了一幅同题材的作品，并且在构图上没有什么大的区别。但是，拉斐尔在对圣母子题材的表现上，已经显出他超凡的构思才能与创作才华。正如佩特所言，拉斐尔的作品中更多地具有一种异教的欢乐气氛，这种气氛在他的这些圣母子作品中表现尤其突出。他经常将圣母子放在自然环

---

❶弗洛伊德.论艺术与文学[M].常宏,等译.北京:国际文化出版公司,2007:202.

境而不是建筑中。在《草地上的圣母》（*The Ma-donna of the Meadow*）中，人物周围的自然环境已经不是一种点缀，而是对田园气息的塑造（见图4-18）。他创作的大量圣母子图基本都是采用象征三位一体的三角形结构。

尤其从《基督下葬》（*Deposition of Christ*）开始，他彻底突破了从老师那里继承来的恬静、单纯与柔软。这在与其师《哀悼基督》（*Pietà*）的比较中可以明显看出。佩鲁吉诺将事件安排在一个罗马式柱廊下，他的多幅作品都是这样的场景，以突出一种宗教仪式感（见图4-19）。但是，拉斐尔的基督下葬场面更为真实（见图4-20）：以利马太的约瑟（Joseph of Arimathea）以及另外几个男性相对理性，正在安置耶稣；而几个女性却表现出强烈的痛苦，圣母玛利亚已经昏厥过去，旁边有妇女在扶着她，抹大拉的马利亚也痛苦地望着耶稣。不能不说，整个画面是极具张力的，在构图、表现力与真实性上都超过了他的老师。我们有理由相信，拉斐尔从米开朗琪罗那里学习了很多东西，他对基督的处理应该借鉴了米开朗琪罗的《圣母怜子》。

拉斐尔的盛名是在罗马成就的，在罗马的12年中，他创作了大量的绘画杰作。1508年，拉斐尔受教皇尤利乌斯二世（Julius II）的邀请到罗马，为教皇的私人图书馆梵蒂冈宫（Vatican Palace）作画。在那里，拉斐尔完成了四个大厅的绘画装饰。

图4-18　拉斐尔《草地上的圣母》（1506年），木版油画，维也纳艺术史博物馆

图4-19　佩鲁吉诺《哀悼基督》（1490年），镶板油画，佛罗伦萨乌菲齐美术馆

图4-20　拉斐尔《基督下葬》（1507年），镶板油画，罗马博加斯美术馆

这四个大厅分别是：签字厅（Room of the Signatura）、希利奥多罗厅（Room of Heliodorus）、火灾厅（Room of the Fire in the Borgo）和康斯坦丁厅（Hall of Constantine），其中最有影响的是签字厅的画作。这些作品，充分显示了拉斐尔的卓越绘画才能。

梵蒂冈签字厅的两幅著名壁画标志着拉斐尔风格的形成。其中一幅被瓦萨里冠名为《圣礼争辩》（Disputation of the Holy Sacrament），但沃尔夫林认为其中根本没有辩论，甚至没有演讲。另一幅是被后人称为《雅典学院》（The School of Athens）的作品。正如《圣礼争辩》那样，《雅典学院》一画也将人物分成上下两组，这是借鉴了老师佩鲁吉诺常用的构图方式。这两幅壁画分别是关于神学和哲学。另外还有两幅：《帕纳索斯山》（The Parnassus）代表文艺；《三德像》（Cardinal and Theological Virtues）代表法学。

在这四幅壁画中，最为著名的当属《雅典学院》（The School of Athens）。其中的人物不是一时一地的，最早的是毕达哥拉斯，比较晚的则是阿拉伯的阿维罗伊（Averroes，1126—1198年），拉斐尔将从古希腊到中世纪的一些哲学家置于一图（见图4-21）。这些人物中，最重要的当然

图4-21 拉斐尔《雅典学院》（1511年），壁画，罗马梵蒂冈宫

是画面中央的柏拉图与亚里士多德，二人分别以达·芬奇和米开朗琪罗为原型，这显示了拉斐尔对这两位艺术大师的无限尊崇。

在柏拉图与亚里士多德身后，是几道巨大的圆拱，这可能有类似于达·芬奇《最后的晚餐》中耶稣身后圆拱造型的意义。二人左手各持一书：柏拉图手中拿的是自己的《蒂迈欧》；亚里士多德手中拿的是自己的《伦理学》。同时，二人的右手做不同姿态：柏拉图的右手一指向上指着；而亚里士多德的右手向下覆盖。画家以此象征二人的哲学思想之区别：柏拉图哲学的核心概念是理式，而理式在他那里是神所拥有的；亚里士多德却认为事物之本质在于感性事物的本身。此后，有很多艺术家受到这种表达的启发，如路易·大卫《苏格拉底之死》中苏格拉底的手势应该是与拉斐尔的塑造有关的。

在梵蒂冈宫的后期壁画创作中，拉斐尔塑造人物的运动感更加明显。在这些壁画中，画家自己也经常出现其中，他将自己置身其中并且看着观者，起到沟通历史与现实、神圣与世俗的作用。另外，签字厅的天顶画是四幅女性图像，分别代表神学、哲学、文艺和法学。所以，签字厅的四幅大壁画与四幅天顶画无疑反映了拉斐尔对于古典文化与基督精神的共同尊重。这反映了文艺复兴时期将古典理性与基督信仰相结合的倾向，是当时新柏拉图主义的要义。

（五）威尼斯画派

15世纪后期在威尼斯出现了几位文艺复兴时期的代表性画家。首先是乔凡尼·贝里尼（Giovanni Bellini，1430—1516年），贝里尼是较早掌握油画技巧的画家，他的代表性作品是1505年在圣扎卡里亚（San Zaccaria）小教堂所作的祭坛画。贝里尼后，威尼斯画派最负盛名的画家就是乔尔乔内（Giorgione，1477—1510年）、提香、丁托列托（Tintoretto，1518—1594年）和委罗内塞（Veronese，1528—1588年）等。

乔尔乔内是贝里尼的学生，他将威尼斯画派推向繁荣。乔尔乔内最负盛名的作品当然就是《沉睡的维纳斯》（*Sleeping Venus*）。这是他去世前不久开始创作的一件作品，在他去世后，他的助手提香将其最后完成。根据瓦萨里的记述，提香所作的那部分主要是画作景深处的风景与天空。

乔尔乔内的《沉睡的维纳斯》构图非常简洁，画面是爱与美之神维纳斯在远离村落的一处山下进入睡眠，远处的风景烘托出一片静谧（见图4-22）。但这样一幅画却揭示了美与欲望之间的深层关系。维纳斯是爱与美之神，她生下的小爱神丘比特，希腊名是厄洛斯（Eros），意思是爱欲。这里隐喻的意义是，我们对美的爱实际上包含一种情欲：可爱的对象，也是一个可欲的对象。这幅画展现了爱与欲望之间

图4-22 乔尔乔内《沉睡的维纳斯》（1510年），布面油画，德国德累斯顿老大师美术馆

的一种张力。

维纳斯躺在自然之间，展露她的身体之美，这也是对欲望的牵引。但是，我们还注意到处于这幅画中心位置的是维纳斯的手对私处的自然遮盖。这种结构使乔尔乔内这幅画的逻辑意义类似于亚里士多德对悲剧的阐述。

亚里士多德认为，悲剧的作用在于引起怜悯与恐惧的感情，并且使这种情感得到疏泄。乔尔乔内的这幅画则引起人的欲望的力比多，并且又试图使这种力比多得到某种程度上的升华。或者说，这幅

画的意义在于对人的无意识力比多进行一种调整，不让人在纯粹的酒神冲动中迷失自己，而是让酒神的欲望在日神的美的外观上获得安顿。

温克尔曼评价古希腊艺术时说："希腊杰作有一种普遍和主要的特点，这便是高贵的单纯和静穆的伟大。正如海水表面波涛汹涌，但深处总是静止一样，希腊艺术家所塑造的形象，在一切剧烈情感中都表现出一种伟大和平衡的心灵。"❶乔尔乔内画笔下的维纳斯，正是表现了这样的一种"高贵的单纯"。并且，画面让人窒息的美，使我们可以说乔尔乔内的《沉睡的维纳斯》一画达到了古典精神的极致。

提香十来岁的时候随兄长到威尼斯，在贝里尼的画室学画，乔尔乔内也在那里学习。由于乔尔乔内已颇有成就，提香也学习乔尔乔内的绘画，所以二人的绘画极其相似。后来，提香做乔尔乔内的助手，但二人在合作中还有一种竞争关系。

提香的早期作品就显示出他对于古典理想艺术的理解达到很高的程度，如其中的《莎乐美》（Salome）。根据《马太福音》，希律王娶了他兄弟腓力（Philip）的妻子希罗底（Herodias），而成为希罗底一个女儿的继父。《圣经》中并没有提到希罗底女儿的名字，后人认为她叫莎乐美的依据是古罗马历史学家夫拉维·约瑟夫（Flavius Josephus，37—100年）的著作。希律王娶希罗底时，施洗约翰说他娶这妇人是不合法的，于是希律王便将约翰关进牢里。但是，由于百姓以约翰为先知，希律王并没有杀死约翰。

在希律王过生日的时候，莎乐美跳舞让他很欢喜，就起誓说可以满足她提出的任何要求。希罗底怂恿女儿要施洗约翰的头，于是莎乐美说："请把施洗约翰的头放在盘子里，拿来给我。"❷尽管希律王略感为难，但还是兑现了自己起的誓，把施洗约翰杀了。提香这件作品表现的是施洗约翰被杀后莎乐美端

❶温克尔曼.希腊人的艺术[M].邵大箴,译.南宁:广西师范大学出版社,2001:17.

❷《马太福音》14：8。

图4-23 提香《莎乐美》（1515年），镶板油画，罗马多利亚潘菲利美术馆

着那个盘子的情形。

在提香的这幅作品中（见图4-23），我们能够感觉到莎乐美对施洗约翰有一种比较暧昧的情感。画面中，莎乐美抱着盛放施洗约翰头颅的盘子，紧贴在自己的胸口，略微歪着头，以一种平静却仿佛包含一种情感的目光看着施洗约翰的头颅。而旁边的那个侍女却并没有看着这颗头颅，而是注视着莎尔美的表情。不可否认，提香塑造的莎乐美有一种古典的美。

由于乔尔乔内与贝里尼的先后去世，提香便成为威尼斯画派独树一帜的画家，他的绘画在独立发展中逐渐有了新的表现，1518年完成的《圣母升天》（*Assumption of the Virgin*）表明他已经成为一名卓越的画家。相对于文艺复兴的其他艺术家来说，提香更多地以古希腊神话作为绘画的题材，如仅是达娜厄的故事，他就画了多幅作品。他的后期作品与17世纪的巴洛克风格有更多的关联。

（六）北方文艺复兴

在文艺复兴时期，欧洲北方艺术成就较高的地区是尼德兰与德国。"尼德兰"（Netherlands），意为"低地之国"。15世纪和16世纪，尼德兰最负盛名的艺术家有扬·凡·艾克（Jan van Eyck，1390—1441年）和老彼得·勃鲁盖尔（Pieter Bruegel the Elder，约1525—1569年）；德国最有影响的画家有康拉德·维茨（Konrad Witz，约

1400—1446年）、丢勒与小荷尔拜因（Hans Hol-
bein the Younger，1497—1543年）等。

凡·艾克生于1390年或者之前，人们对他的早
年了解很少。到了1420年代，他的名字才广泛被人
所知。艺术史家通常认为，凡·艾克是油画的发端
式人物。他的著名作品首先是在根特（Ghent）市
圣巴翁（Saint-Bavon）与其兄合作的一幅大祭坛
画，该画完成于1432年。他最有影响的作品是《阿
尔诺菲尼夫妇》（*The Arnolfini Portrait*），这
幅画将西方绘画的写实功能发挥得淋漓尽致。此画
虽名为肖像，但它远不止于对人物容貌的写真。不
少艺术史家认为，这幅作品记录了意大利商人乔凡
尼·阿尔诺菲尼与他妻子的婚礼。

对于绘画中男主人公的真实身份，可以先确
定他们是两个阿尔诺菲尼堂兄弟中的一个：尼古
拉·阿尔诺菲尼（Giovanni di Nicolao Arnolfi-
ni）或者是安利哥·阿尔诺菲尼（Giovanni di Ar-
rigo Arnolfini）。按照后来学者们的研究，如果我
们将画中人物理解为尼古拉可能很多问题可以得到
合理的解释，因为后者是在1447年结婚的，而此时
画家凡·艾克已经去世六年了。因此，画中人物应
该是尼古拉·阿尔诺菲尼与他的第一任妻子，但他
的这个妻子在1433年由于难产去世，那么这幅画就
是阿尔诺菲尼对其亡妻的纪念（见图4-24）。吊灯
上左侧的蜡烛是燃着的，而右侧的烛托上有蜡烛燃
尽的迹象，这可能是画中人物一为生者一为亡者的

图4-24　凡·艾克《阿尔诺菲尼夫
妇》（1434年），木版油画，伦敦国
立美术馆

隐喻。根据有学者对当时风俗的研究，画面中展现的应该是他们结婚的第二天，丈夫通过某种仪式来赋予妻子在家庭中的地位。这就解释了画面中夫妻二人所表现的姿势。还有一个明显矛盾的地方是二人的穿着显然是冬天的衣服，但是窗外却有樱桃树结了果子。这不应该像有学者说的二人只是为了显示富有而在春夏之时穿上冬装，樱桃更应该是对于夫妻之爱的象征。

在《阿尔诺菲尼夫妇》中，画面突出位置的那面镜子使这一作品成为绘画功能的一次革命性体现（见图4-25）。镜子嵌在一个齿轮状的框子里面，镜框凸出的部分中各有一个小镜子，里面各嵌着一幅虽较模糊但能够看出大多是与耶稣相关的故事。但是，更为重要的是镜框中间嵌的这面镜子，它不是普通的镜子，而是一面凸面镜。这样，我们就能在这面镜子中看到很大的空间。从镜子里，我们看到那夫妇二人的背影，但在更远处还看到了一个穿蓝色衣服和一个穿红色衣服的人。镜子上方有两行字"Johannes de eyck fuit hic, 1434"（凡·艾克在这里，1434年），这些文字让人感觉它们本来就在墙上。我们据此可以判断，这两个人中有一个是艺术家本人。不过，他当时并没有作画，他当时也不需要作画，他只是一个见证者，这幅作品只是把当时的见证记录下来。

小荷尔拜因生于德国的奥格斯堡（Augsburg），早年生活在巴塞尔，主要做版画

图4-25　凡·艾克《阿尔诺菲尼夫妇》（局部）

并画肖像，期间也去过欧洲多地学画或供职，后期
主要生活在英格兰。小荷尔拜因擅长画人物肖像，
其中最为卓越的是作于1533年的《大使》（*The Ambassadors*），这是他在英格兰时所作。这幅画
在写实基础上实现了一种极具个性的透视表现方式
（见图4-26）。

图4-26 荷尔拜因《大使》（1533年），木版油画，伦敦国立美术馆

　　这幅画的大小是超过两米见方，是两个人的全身
肖像，左侧人物是当时法国驻英国大使让·德·丹特
维拉（Jean de Dinteville），他当时29岁，他右手
拿的短剑上刻着数字"29"。右侧是他的朋友、出
任使节的法国主教乔治·德·塞尔夫（Georges de
Selve），他的右臂下有一本书，书页上有"25"，
表示他当时25岁。

　　画面中间桌子上摆放着很多关于天文、音乐、
数学、地理的器具与书籍，这表明两位人物的博学
和对于人文主义的吸纳，但这些物件的意义远不止
于此。它们分两层放置，上层是关于天文的几样器
具有序地摆放着。但是下层的地球仪倒了，我们可
以看到上面的教皇子午线，这是西班牙和葡萄牙分
割世界的界线；夹着尺子的数学书翻到了除法（有
"分割"之义），鲁特琴的弦断了一根，笛子少了
一根，乐谱翻到马丁·路德的赞美诗。这些无疑暗
示欧洲在新教改革过程中面临宗教的分裂，而画家
与画中人物站在新教一派。

　　在绘画的左上角，还隐藏着一个基督受难的形
象，这可能隐喻宗教战争对基督精神的背离，而这

导致欧洲基督世界的分裂，使人忘记基督受难是对人类原罪的救赎。

在这幅绘画中，非常突兀的是画面下方的一个长条形的构图。如果我们从画面左下方或是右上方，并非常贴近画面的位置看去，会发现一个骷髅头的形象。所以，我们推断，这幅画的位置是在上楼梯处，并且是观看了这幅画后从右手边上楼梯，并且楼上可能是官员们谈话的地方。这样，他开始看这幅画时不会看到这个骷髅头，而当他从楼梯下来的时候，就会清晰地看到这个骷髅头的形象。

卡洛尔（John Carroll）说："霍尔拜因成为第一个真正的现代理论家，使自己濒于虚无主义的边缘。"❶如果我们认为死亡是《大使》一画的真正主题，那么就可以说，"大使"一词就有了隐喻的意义，画中的骷髅头隐喻着死亡的使节，荷尔拜因通过这两个大使而对人文主义的乐观进行了置疑。没有了基督精神，人文主义面对人类的苦难也是无能为力的。

四、放弃和谐

艺术史界通常把1520年拉斐尔的去世看作文艺复兴盛期的结束。文艺复兴盛期后的艺术创作出现了一种倾向，就是脱离重在表现和谐的古典风格，这通常被后世称为"样式主义"（Mannerism）。这种方式延续到大约16世纪末17世纪初。"样式主义"的名称源自意大利语的maniera，意思是"风格"或"时髦"，所以它也被称为"风格主义"。这种创作方式是对文艺复兴盛期艺术重视比例、平衡的刻意背离而走向一种相反的表现。艺术史家们通常会将后期米开朗琪罗的创作视为"样式主义"阶段。盛期文艺复兴后，对和谐的背离，不是一个具有统一性风格的运动，其根源除了艺术家进行个人探索所达到的结果，还有当时由于宗教战争带来的动荡给艺术家内心的影响。

---

❶ 卡洛尔.西方文化的衰落:人文主义复探[M].叶安宁,译.北京:新星出版社,2007:36.

（一）后期的米开朗琪罗

米开朗琪罗在其后期的生命中有很多非常伟大的创作，并且这些创作对文艺复兴之后产生了非凡的影响。1534年，教皇克莱门特七世（Clement VII）委派米开朗琪罗在西斯廷教堂绘制祭坛画《最后的审判》（*The Last Judgement*），而这项工程在开始后不久教皇就换成了保罗三世（Paul III），壁画的完成时间是在1541年（见图4-27）。

图4-27　米开朗琪罗《最后的审判》局部（1541年），壁画，西斯廷教堂

这幅画所关涉的是《圣经·启示录》中的一个重要内容，绘画中的人物塑造采取了古希腊雕塑的裸体方式，与传统的宗教题材表现大相径庭。在作品完成前，保罗三世让他的祭司去看，但当祭司看到米开朗琪罗竟然在祭坛的位置画了一幅都是裸体的大壁画时，就批评这是一种耻辱，把教堂的圣地装饰成了公共浴室。米开朗琪罗很生气，根据自己的回忆把祭司的脸画在了作品中米诺斯的身上——整幅作品最右下角被蛇缠住长着驴耳朵的大胖子。

壁画中的耶稣没有中世纪的悲悯，更多的是从《拉奥孔》中延伸出来的那种力量。克拉克认为："从公元前4世纪的希腊人以后，没有人像米开朗琪罗那样确切地感到男性身体中的神般的特征。"[1] 所

---

[1] 克拉克.裸体艺术[M].吴玫,宁延明,译.海口:海南出版社,2002:66.

以，正如克拉克所说，米开朗琪罗抛弃了过去那个穿长袍、蓄胡须的叙利亚人的形象。但是，他也并没有像古希腊的古典雕塑那样表现身体的美，而更加注重表现身体的力量与崇高。为此，他对男性身体肌肉的夸张使每一个身体的上半身都呈现为长方形，粗壮的胸部与腰部强烈地背离了古典的比例与和谐。

也就是说，不仅作品中的形象采取异教形式，而且这整幅画的构图已经不是静穆的古典样式，人物造型的扭曲、运动与肌肉感使其看上去充满一股原始的力量。我们仿佛能够感受到在《创造亚当》中接受生命的亚当成为《最后的审判》中具有无穷力量的基督。这种造型其实在天顶画中的裸体形象中已经显出端倪，只是在这幅大壁画中他走得更远。这种处理方式，使米开朗琪罗招致大量的不满与批评。

他晚年在梵蒂冈宫保利纳礼拜堂（Pauline Chapel）的绘画作品《圣保罗的皈依》（*The Conversion of Saul*）和《圣彼得被钉上十字架》（*The Crucifixion of St. Peter*）具有更为浓郁的巴洛克色彩。这些作品中充满不和谐的构图，所以艺术史界通常认为米开朗琪罗事实上构成了巴洛克的基础。

（二）样式主义代表

在样式主义中，生于帕尔马（Parma）的帕米贾尼诺（Parmigianino，1503—1540年）是较有代表性的，而样式主义的特色在他的《长颈圣母》（*Madonna with the Long Neck*）一画中表现得相当突出（见图4-28）。正如这幅画的题名，圣母的脖子被他画得非常夸张，但圣母的长颈还并不是作品中最夸张的地方。

从整体构图上，几个天使挤在画面左侧的空间看着圣母子，而右侧则显得空荡荡的。人物的处理上，尽管圣母是坐着的，但我们能够感到她的下半身大小远远超过了上半身，并且她抱在腿上的小耶稣的长度也超出常态，并且这已经超出能够知觉到的近大远小限度。再者，右下角那个人的高度小得离奇，他的距离与圣母应该不会太远，在正常的透视效果中不会如此之小。远处那根柱子是同样的情况。所以，帕米贾尼诺刻意地改变长期以来的那种透视比例。这也许是他追求新奇的一次尝试。

出生在克里特岛的艺术家埃尔·格列柯（El Greco，1541—1614年）也有一些作品可以列于样式主义，但他的这些作品与帕米贾尼诺的作品又有不同的表现。格列柯先是在意大利学习样式主义与威尼斯文艺复兴艺术后，从1577年到去世都生活在西班牙。他的样式主义代表作品是根据《圣经·启示录》中的内容创作的《揭开第五封印》（*Opening of the Fifth Seal*），这幅画的特点主要是人物形体的扭曲和身体比例的不合常规（见图4-29）。

应该说，格列柯的这种处理更适合于作品中的情感表现，让人有一种极度不安的感受，能够实现《圣经》文本中所蕴含的情感。贡布里希说："直到第一次世界大战后，现代派艺术家告诉我们不要用同一个'正确性'标准去衡量所有的艺术作品，这时格列柯的艺术才重现于世，得到理解。"❶ 也就是说，那种严格遵守规则的自然主义在艺术表达上有时会受到很大的限制。这也是艺术家们寻求突破的一个重要原因。

图4-28 帕米贾尼诺《长颈圣母》（1540年），佛罗伦萨乌菲齐美术馆

图4-29 格列柯《揭开第五封印》（1614年），布面油画，纽约大都会博物馆

❶贡布里希.艺术的故事[M].范景中,译.南宁:广西美术出版社,2008:374.

　　实际上，帕米贾尼诺与格列柯的这类通过突破正常比例而实现的样式主义作品在16世纪后期并不是普遍现象。这个时期的艺术家打破古典和谐构图的主要方式是通过变稳定为运动，或由重线条变为重色彩来实现。假如米开朗琪罗在后期为数不多的作品可以归于样式主义的话，提香后期的创作就属于这种类型的突破。这种摆脱文艺复兴和谐与美的理想的艺术表现，在整个欧洲的发展逐渐汇聚成巴洛克，但巴洛克作为一种风格，在不同的艺术家那里也是以不同的方式呈现出来的。

第 五 章

传统的新变：
从巴洛克到印象派

从17世纪到19世纪，文艺复兴衰落后的这几百年里，也有一种将文艺复兴的人文主义与新教改革的宗教传统相融合的思想倾向。这也成为古希腊文化与希伯来文化对欧洲产生影响的一个重要表现。17世纪，中产阶级成为社会的主要成分，而中产阶级是新教传统与人文主义相融合的产物。

当然，我们还能看到人文主义与宗教传统的斗争，这种情形尤其体现为启蒙运动与浪漫主义二者之间的矛盾。卡洛尔说："前者意在回归以理性崇拜为约定的狭义的、无条件的人文主义；后者则界定一种赋予激情以神圣地位的个人主义。"❶他还说道："正是基督教的衰落导致了理性和浪漫的分裂。"❷这种分裂在17到19世纪的艺术发展中体现为从巴洛克到印象派的流派更迭。

一、巴洛克

在文艺复兴衰落后的很长时间里，欧洲具有主流影响的艺术风格是巴洛克艺术，还有受其影响而

❶ 卡洛尔.西方文化的衰落:人文主义复探[M].叶安宁,译.北京:新星出版社,2007:107.

❷ 同①166.

衍生出来的洛可可艺术。巴洛克（Baroque），源出葡萄牙语barroco或西班牙语barrueco，本义是指用于首饰的一种粗糙而不规则的珍珠。这个词语开始进入艺术界是18世纪的古典主义艺术批评家对17世纪流行的欧洲艺术的一种带有贬义色彩的称呼。

巴洛克艺术产生于16世纪后期，17世纪中期得到迅速发展，17世纪末18世纪初在欧洲达到极盛，并且一直延续到18世纪后期，是欧洲在文艺复兴之后法国大革命之前的影响整个欧洲的巨大传统。巴洛克在建筑方面的体现，主要是建筑的装饰，其表现出来的趣味是复杂、奢侈与浮夸；在绘画方面的体现，主要是运用多变的线条、夸张的动作和不规则的形式，打破文艺复兴时期古典主义的均衡构图，并且通过强烈的色彩明暗对比表现强烈的情感。总的来说，运动与繁复可以说是巴洛克艺术的灵魂。

沃尔夫林说："巴洛克（或称之为后期艺术）既不是古典艺术的复活，也不是古典艺术的衰落，巴洛克是一种完全不同的艺术。"❶ 巴洛克当然与文艺复兴的古典风格拉开了距离，但它也并非与古典艺术完全不同。如柯耐尔所说："它是对晚期样式主义的一种反动，它以更具动感的方式有意识地回到盛期文艺复兴的古典自然主义。"❷ 在实现自然主义上，巴洛克与盛期文艺复兴是一脉相承的，它仍然追求一种视觉上的逼真再现。里德说："它成为了主导风格，并使人类精神摆脱古典主义的羁绊，而沉溺于无边无际、令人神往的幻想之中。"❸ 这种摆脱，也主要是从构图方式上，而不是在写实原则上。通过在构图上打破古典艺术的和谐与稳定，巴洛克能够更多地实现艺术家的创作自由。

---

❶ 沃尔夫林.美术史的基本概念:后期艺术中的风格发展问题[M].潘耀昌,译.北京:北京大学出版社,2011:43.

❷ 柯耐尔.西方美术风格演变史[M].欧阳英,樊小明,译.杭州:中国美术学院出版社,2008:219.

❸ READ H.The meaning of art[M]. New York: Praeger Publishers, 1972:154.

（一）巴洛克建筑

罗马是巴洛克风格的发源地。开建于1568年、完成于1580年的罗马耶稣会教堂（Church of the Gesù）被认为是第一座具有巴洛克风格立面的建筑。这座教堂的立面由波尔塔（Giacomo della Porta，约1537—1602年）设计（见图5-1），对17世纪的宗教建筑产生了重大的影响，如法国的圣苏珊娜教堂立面。巴洛克的建筑在其特点上表现为两个元素——建筑的立面及穹顶。

图5-1 罗马耶稣会教堂正门立面，波尔塔设计

罗马耶稣会教堂正门立面，显然是由诸多古典的建筑元素构成，但其组合方式却是非古典的，这些元素极大地增强了装饰性。立面整体分两层，第一层有六组科林斯式的壁柱，每一组是两个，正门上有一个新月形门楣，但在上面的第二层底部又有一个新月形墙楣里面还套着一个三角形鼓室。第二层中间大窗上方是一个三角形门楣，但上方又有三角形的山墙。

由弗朗切斯科·波洛米尼（Francesco Bor-romini，1599—1667年）设计的圣卡罗教堂（San Carlo alle Quattro Fontane）是巴洛克的代表性建筑之一。教堂的立面（见图5-2）也是分上下两层，每一层有四根粗大的科林斯式壁柱；而柱子之间又通过外饰分为两小层，上一小层是雕塑装饰，下一小层是门或窗，门或窗两侧又有小一些的壁柱作为装饰。波洛米尼的立面设计表达运动感的方法是将两层的檐部设计成曲线或弧形。他的设计去掉了三角形或新月形的墙楣或门楣，但是，他在窗户

图5-2 圣卡罗教堂立面，波洛米尼设计

或雕塑的边框及与檐部平行的方向增加了大量的凹槽设计，增加了立面的装饰性成分。

巴洛克建筑在欧洲各个国家的具体表现也有一些区别，如意大利的巴洛克更多一些文艺复兴的古典元素，西班牙有些巴洛克教堂则多一些中世纪哥特式的味道。

巴洛克教堂的另一特色是穹顶的设计，巴洛克的穹顶主要是从布鲁内莱斯奇的文艺复兴风格而来，而与罗马万神殿穹顶的关系不甚明显。17世纪，有巴洛克风格穹顶的教堂，如巴黎的恩谷教堂（Val-de-Grâce）、威尼斯的安康圣母大教堂（Basilica di Santa Maria della Salute）、伦敦的圣保罗大教堂（St Paul's Cathedral）等。

文艺复兴时期，曼特尼亚与柯勒乔创作的天顶错视画引发了巴洛克艺术家在天顶创作错视画的热情。在17世纪和18世纪，这种天顶错视画大量出现。在这些创作中，较有影响的如乔瓦尼·巴蒂斯塔·高里（Giovanni Battista Gaulli, 1639—1709年）在罗马耶稣教堂（Church of the Gesù）穹顶创作的《耶稣之名的胜利》（Triumph of the Name of Jesus），安德烈·波佐（Andrea Pozzo, 1642—1709年）

图5-3　波佐《圣依纳爵的荣耀》（1685年），罗马圣依纳爵教堂天顶画

在罗马圣依纳爵教堂（Church of St. Ignatius）穹顶创作的《圣依纳爵的荣耀》（The Apotheosis of

St Ignatius）（见图5-3），查尔斯-安托万·科佩尔（Charles-Antoine Coypel）在凡尔赛礼拜堂（Chapels of Versailles）穹顶创作的《全能的圣父》（*Almighty God the Father*）。

波佐的天顶画，是接着教堂墙壁与穹顶相接处与柱子上面的圆拱开始，画了若干向中心聚拢的柱子。这些柱子的延长线都向内消失于中心点。画中有众多人物，他们的身体从整体上也都向中心聚拢。在画面的中部，是天空与云朵，中央是圣伊纳爵。从画面中心的正下方看上去，画面中的柱子仿佛是教堂真正柱子的延伸，而以短缩透视描绘的人物仿佛在一个真实的空间上升。

（二）巴洛克雕塑

意大利的乔凡尼·洛伦佐·贝尔尼尼（Gian Lorenzo Bernini, 1598—1680年）在巴洛克时期的雕塑家中独树一帜，后世都认为他相当于巴洛克雕塑中的米开朗琪罗。他的多尊雕塑都有与古典艺术相区别的巴洛克特征。

他在24岁时的作品《普洛塞尔皮娜的劫难》（*The Rape of Proserpina*）就使其获得巨大声誉（见图5-4）。普洛塞尔皮娜是古希腊神话中珀耳塞福涅的罗马名字。珀耳塞福涅是宙斯和谷物女神德墨忒耳的女儿，宙斯将她许配给冥王哈得斯，于是哈得斯在珀耳塞福涅游玩的时候把她掳到了冥界。

巴洛克艺术为了突出运动感和戏剧性，通常

图5-4　贝尔尼尼《普洛塞尔皮娜的劫难》（1622年），巴黎卢浮宫

图5-5　贝尔尼尼《普洛塞尔皮娜的劫难》（局部）

会选择事件最具情感冲突的那一时刻。这一作品表现的就是冥王哈得斯抱起珀耳塞福涅时的状态，珀耳塞福涅在冥王怀抱里惊恐地挣扎着，然而冥王却紧紧抱着她。我们看到雕塑中由于冥王的手在用力地抱紧，他的手指在珀耳塞福涅的身体凹下去，观者仿佛感觉到珀耳塞福涅女性皮肤的柔软（见图5-5）。在贝尔尼尼的手中，石头变得柔软了，有了肌肤的温度。

　　在此之后不长的时间，他又创作了《阿波罗和达芙妮》（Apollo and Daphne）和《大卫》，而《大卫》又成为继多纳泰罗和米开朗琪罗之后又一件以大卫为题材的经典作品。

　　此后，他又一极负盛名的作品是《圣特雷莎的狂喜》（The Ecstasy of St. Teresa），这尊祭坛雕塑是献给西班牙修女特雷莎的（见图5-6）。特雷莎在一本书中描述了她有一次经历到的一种神秘幻象，一个天使将一把金箭刺进了她的内心，她充满了痛苦，但同时又享受了极乐。那么，我们有理由说，圣特雷莎的雕塑所表现的是一种性爱的体验，这个幻象是她对上帝的献身，宗教感有了性爱一般的高峰体验。在这个雕塑中，基督教的天使与古希腊的爱神合而为一。另外，圣特雷莎穿的袍子有丰富的褶皱，这与她此时的内心激情是相统一的。

图5-6　贝尔尼尼《圣特雷莎的狂喜》（1652年），罗马胜利圣母教堂

（三）意大利的巴洛克绘画

　　16世纪后半期，意大利出现社会危机，文艺复兴

走向衰退，而随着文艺复兴时期的巨星陨落，艺术的星空黯淡了许多。17世纪和18世纪的绘画成就主要是在意大利、尼德兰、法国与西班牙几个国家。

巴洛克艺术打破了文艺复兴时期的均衡构图，很多作品采用倾斜的构图方式来表现不稳定感和运动感；通过强烈的色彩与明暗对比突出画面的主要对象，借以表现较为强烈的情感，这就逐渐形成巴洛克时期被普遍使用的明暗对照法（chiaroscuro）。在绘画上，通常认为，巴洛克风格始于米开朗琪罗，他甚至被称为是巴洛克艺术之父。事实上，我们在同时期的提香的作品里，也可以看到巴洛克风格的表现。

意大利早期以巴洛克风格著称的画家首先是阿尼巴·卡拉奇（Annibale Carracci，1560—1609年）。他在1582年与他的兄长与堂兄一起创建了一个画家工作室，被称为博洛尼亚设计学院，他们侧重学习提香的绘画。卡拉奇前期有两幅分别以《打渔》（Fishing）和《打猎》（Hunting）为题的作品，整幅画都大胆使用了暗色调来表现人物活动的场景；后期的一幅《哀悼基督》（Lamentation of Christ）主要是通过构图来表现巴洛克特色（见图5-7）。

《哀悼基督》作品中有五个人物，分为与对角线平行的两组。左下角一组人物，受难后的基督身体躺在圣母玛利亚的身上，而圣母此时由于悲恸也已昏厥过去，她又被身后另一个妇女搀着。在上方的两个妇女，抹大拉的马利亚身穿红色的长袍和黄色的斗篷，色彩在画面中非常醒目。根据"四福音书"，在

图5-7 卡拉奇《哀悼基督》（1604年），布面油画，伦敦国立美术馆

当时还有另外一个妇女也叫马利亚，是雅各与约翰的母亲，应该是另外一个身穿暗绿色衣服而与背景几乎相融的女性。她面向圣母伸出双手，想要将她扶起。上方两个妇女的目光方向与另一条对角线平行。整个画面弥漫着悲伤的气氛，并且有一种向左下倒下去的张力。

卡拉瓦乔（Caravaggio，1571—1610年）是早期巴洛克风格艺术的又一重要代表人物。卡拉瓦乔的绘画很多是关于冲突、暴力与死亡的，这应该与他敏感、好斗的性格有关系，而这也使他成为巴洛克风格的重要奠基者。梅因斯通（Mainstone，M. & R.）认为卡拉瓦乔在绘画上有两点革命性的成果：一是他拒绝了古典的规范，而将普通民众画在基督的周围，因为这是基督生活中真正交往的人；二是通过光的明暗来突出画面重点，这样来增强事物的现实感并让观者注意到核心的事件。[1]他对于昏暗背影的创设对鲁本斯与伦勃朗具有巨大的影响。尽管明暗对比在他之前的绘画中已有不少的使用，但他将其运用成为一种重要的表现方式。在他当时就有了所谓的"卡拉瓦乔式"（Caravaggisti）。

如在《抓捕耶稣》（*The Taking of Christ*）一画中，我们可以看到明暗对照的出色运用（见图5-8）。左侧三个人物分别是约翰、耶稣与犹大。显然，犹大

图5-8　卡拉瓦乔《抓捕耶稣》（1602年），布面油画，爱尔兰国立美术馆

---

[1] 梅因斯通.17世纪艺术[M].钱乘旦,译.南京:译林出版社,2009:21.

已经亲吻了耶稣，耶稣交叉着双手并不跟他拥抱。右侧三个抓捕耶稣的士兵中有一人举着灯笼。最右侧注视着这一幕的那人是画家的肖像，他也可能是彼得。显然，这幅画的主要光源位于左上方而不是来自那盏灯笼。光照在士兵的盔甲上，正好映照到观者的方向，这可能是画家要让观者感受到神的光。

　　卡拉瓦乔的作品具有极强的写实风格。他强调眼睛所看到的事物表现，对于对象不做理想化的描绘。在他的作品中，我们可以看到有小天使穿着脏兮兮的衣服，圣马太一条腿跪在凳子上有些不恭地撰写福音；可以看到手提哥利亚头颅的大卫毫无英雄的气质，埋葬圣露西（Saint Lucy）而毫无神圣感的场面。这足以说明他并不想在艺术作品中展现一种所谓美的理想，而只是力图达到一种高度的写实。难怪普桑尼古拉斯·普桑（Nicolas Poussin，1594—1665年）惊呼，卡拉瓦乔是为了毁灭绘画而来到这个世界上的。普桑当然不是否定卡拉瓦乔的技术，而是否定卡拉瓦乔抛弃理想之美的这种态度。

　　不过，卡拉瓦乔有的作品也具有一种古典气质。他有多幅关于圣哲罗姆的画作，其中1606年完成的《写作中的圣哲罗姆》（*Saint Jerome Writing*）便是这样一幅代表性的作品。画面的背景很暗，但圣哲罗姆在写作时却沐浴在光照中（见图5-9）。

图5-9　卡拉瓦乔《写作中的圣哲罗姆》（1606年），布面油画，罗马波格赛美术馆

意大利的巴洛克风格画家中，成就较为突出的还有卡拉奇的学生圭多·雷尼（Guido Reni，1575—1642年），他的作品相对具有更浓的古典趣味。阿特米希娅（Artemisia Gentileschi，1593—1656年）是第一个进入佛罗伦萨设计艺术学院的女性。她的创作因其父亲的绘画而受到卡拉瓦乔的很大影响。

（四）尼德兰的巴洛克绘画

17世纪，尼德兰的艺术在欧洲占有重要的位置。其代表人物，在南方的弗拉芒（Flemish）绘画中是鲁本斯，在北方的荷兰人（Dutch）绘画中有哈尔斯（Frans Hals，1582—1666年）、伦勃朗（Rembrandt，1606—1669年）和维米尔（Vermeer，1632—1675年）等。

鲁本斯先是在安特卫普（Antwerp）学习绘画，而后到意大利学习文艺复兴大师的作品，他的作品尤其受提香和卡拉瓦乔的影响为最大。他在世的后三十年，除了在安特卫普作画外，还到巴黎和伦敦创作了一些重要作品。他在1605年前后完成的《法厄同的坠落》（The Fall of Phaeton）、《赫洛和勒安德耳》（Hero and Leander）两幅作品，一幅表现空中；一幅表现海上，他都选择了一个极富戏剧性的时刻，作品具有浓郁的巴洛克特色，显示其出色的艺术才华。

在安特卫普圣母大教堂（Cathedral of Our Lady）先后完成的两幅祭坛画《上十字架》（The Elevation of the Cross）和《下十字架》（The Descent from the Cross）是其关于《圣经》题材的代表性作品。这两幅作品都是三联画（triptych），而各自的中幅都有九个人物，也都采用对角线的构图来增强画面的不稳定感。只是对角线的方向相反，正如构成一个"V"字形。

在《上十字架》中，几个不同身份、不同年龄且肌肉发达的人在拉起十字架（见图5-10）。被钉在十字架上的耶稣双手紧攥，忍受着疼痛；眼睛向上看着，表现出他对牺牲的无畏。相比较而言，《下十字架》中几个人用裹

尸布往下抬着耶稣身体的时候，我们看到耶稣和白
布形成一个光源，照亮了周围的几个人，尤其是圣
母玛利亚和抹大拉的马利亚的脸上非常明亮（见图
5-11）。耶稣的一只脚搭在了抹大拉的马利亚的肩
上，使她的头发闪烁金色的光芒。

图5-10　鲁本斯《上十字架》（1611年），木　　图5-11　鲁本斯《下十字架》（1614
版油画，安特卫普圣母大教堂　　　　　　　　　年），木版油画，安特卫普圣母大教堂

　　鲁本斯的巴洛克风格还在于塑造人物时放弃
了古典的静穆之美。他的《美惠三女神》（*The
Three Graces*）明显借鉴了波提切利的《春》，但
鲁本斯的作品中已不再是波提切利那充满忧郁的人
文主义流露，而是充满情欲的世俗趣味（见图5-12
和图5-13）。在他的作品中，上方树上的那堆鲜花
更增加了画面的世俗气息。身体肥硕，是鲁本斯作
品中女性的巴洛克表现。

图5-12　波提切利《春》（局部）

图5-13　鲁本斯《美惠三女神》（1635年），布面油画，马德里普拉多博物馆

伦勃朗是荷兰艺术史上最为杰出的艺术家。尽管他没有离开过荷兰，但通过研究意大利大师与尼德兰艺术家的作品而获得艺术上的成长。他开始作画的前几年，大致是在莱顿（Leiden）的时期，作品大多意在表现一种具有戏剧性的场面。1631年，迁居阿姆斯特丹（Amsterdam）前后，他开始着手用光的明暗来表现画面的意蕴。《沉思中的哲学家》（Philosopher in Meditation）一画出色地将光与作品

图5-14　伦勃朗《沉思中的哲学家》（1632年），木版油画，巴黎卢浮宫

的内涵结合起来（见图5-14）。

作品中有一个昏暗的房间，中间是一架螺旋式

的楼梯将画面分成左右两个部分。显然，坐在左侧窗户下面的是哲学家，而右下角则有一个老妇正在生着一堆篝火。在这幅画中，哲学家旁边窗户透过来的阳光与老妇生的篝火形成一个鲜明的对比。那堆篝火只有一点点亮光，而窗户透过来的光芒照亮了哲学家及他周围的空间，这是理性的光。但是，这光却因楼梯的遮挡而无法洒到老妇的那边，楼梯是对画面的分割，也是对两个世界的区分。这两个世界是真理的世界与常识的世界。

伦勃朗的《夜巡》（*The Night Watch*）也是整个尼德兰绘画史上非常著名的一件作品，其中一个重要原因是光与明暗的处理（见图5-15）。这幅画本身并非展现夜巡的场景，只是一幅群体肖像画，是当时阿姆斯特丹的城市射击卫队上尉班宁·柯克（Banninck Cocq）委托伦勃朗为卫队画的集体肖像。画面中间黑衣白领、斜披红色肩带的是上尉。画家通过光线与明暗的操作，使作品突出画面中靠近观者的四个人物——上尉与他旁边身穿黄色衣服围着白色腰带的副官，穿红色衣服的士兵及他和上尉之间的小个子女人。画家把卫队安排成行进的样子，那个小个子女人就仿佛是无意闯入队伍的。当然，对于她在画中的意义，是有很多争议的。

图5-15　伦勃朗《夜巡》（1642年），布面油画，阿姆斯特丹博物馆

维米尔的作品以表现中产阶级的生活为主。对于

中产阶级来说，他们的生活核心是围绕家庭而不是教堂；但对于家庭，他们却保持了以前民众对教堂的那份虔诚。卡洛尔认为，中产阶级文化的长处就在于想方设法在家务和职业的日常实践中寻求神圣的内核。这在维米尔的作品中表现得淋漓尽致。[1] 不过，维米尔的作品也有不少是对下层民众的刻画。

（五）西班牙的巴洛克绘画

西班牙的巴洛克时期，最为出色的艺术家无疑是罗德里格斯·德席尔瓦-委拉斯凯兹（Diego Rodríguez de Silva y Velázquez，1599—1660年）。1622年，23岁的委拉斯凯兹开始做西班牙国王菲利普四世（Philip IV）的宫廷画师，所以他的作品以肖像画为主。

图5-16　委拉斯凯兹《镜前的维纳斯》（1651年），布面油画，伦敦国立美术馆

在他的作品中，完成于1651年的《镜前的维纳斯》（*Venus at Her Mirror*）是较为独特的一幅（见图5-16）。这是西班牙画家的第一幅女性裸体绘画，也是我们能够看到的委拉斯凯兹唯一的一幅女性裸体绘画。

画面中由大块白色和黑色的床布与红色的帘布构成简单的背景，维纳斯背对观者斜靠在床上，类似于乔尔乔内《沉睡的维纳斯》中爱神的反向姿态，而小爱神扶着一面镜子让维纳斯照着。这样，镜子自然

[1] 卡洛尔.西方文化的衰落:人文主义复探[M].叶安宁,译.北京:新星出版社,2007:132.

就成为画面的重心。或许画家不想画维纳斯的正面裸体,却又想让观者看到她的面部,便用了一个镜子作为装置,这个构思可能是受提香作品的启发。

委拉斯凯兹最为著名的作品是《宫娥》(*Las Meninas*)。这幅画最初出现在清单目录上的名称是《家庭》(*La Familia*),后来在1794年的清单目录中名称被改为《菲利普四世的家庭》(*The Family of Philip IV*);此画于1819年由普拉多博物馆收藏,在1843年的普拉多清单目录中首次改为 *Las Meninas*(《宫娥》)。

在画面中(见图5-17),我们看到左侧一个巨大的画板,画家本人正在画中这块画板前作画,中间是国王夫妇的五岁的小公主玛格丽特·特蕾莎(Margaret Theresa),小公主两旁是两个侍女,画面右侧是一个侏儒和一个女孩,她们身后还有一个侍女和一个侍卫,画布远处准备走出房间的是国王的侍卫。

图5-17 委拉斯凯兹《宫娥》(1656年),布面油画,马德里普拉多美术馆

这幅画的创作源于为国王夫妇画肖像。国王本来是因为年老的缘故不想画肖像了,但他同意画家将他画在包括公主在内的群像之间。这个想法其实在普通的群体肖像画法中是很容易实现的,但画家却做了一种巧妙的设计,将国王夫妇画到画中,并且淡化了国王的年龄特征。但这种设计却使作品中的观看机制远比《镜前的维纳斯》复杂得多。

按照这幅画的最初设想,从逻辑上说,作品中画家前面画板上的画应该是画面中镜子中的图像,但诡异的是，那个画架太大了，以至于他不可能在上面只画我们在远处镜子中看到的肖像，然而它的大小与我们看到的这幅《宫娥》却正好合适，画布上应该是我们看到的这幅画，因为我们看到的也正是画家完成的作品，但我们看到的场面又不可能是画中的画家看到的。这是画家在画面中的出现给我们的观看带来的难题。

从这幅画的直接意图上，主角是国王夫妇，因为这是画家为国王夫妇画的肖像，这是没有问题的。画家在画面中向外看，他所看的是他要画的对象，而他要画的对象是在画面之外，却又在房间远处墙上的镜子中得到映照。但是，国王夫妇在画中的主角地位在画面的表征中被颠覆。从表层上来说，国王夫妇的地位被小公主所代替，因为小公主处于画面最受关注的位置。这当然也是国王与王后所乐意看到的，因为小公主是他们所宠爱的。这也正是国王大加赞赏这幅画的原因：一方面，画家完成了为他们夫妇画肖像的任务，我们从画室深处的镜像中已经知道这一点；另一方面，画家又把他们的小公主画在了画面的突出位置。

但在更深一层，这幅画的真正主角却被表征得颇为复杂。我们看到映照国王与王后的那面镜子，并没有在画面的中间线上，这面镜子跟与它高度一致的一扇门共同处于画面的视觉中心。不仅如此，与国王夫妇的影像相对的是那一个掀起门帘的侍卫。相比较而言，那个侍卫在画面中比国王夫妇的影像更为显著。此外，尽管国王不在画面中，但他们却是构成画面几个主要人物秩序的根源所在。与此相反，那个掀起门帘的侍卫却是处于这种人物秩序之外的。画家也同样处于这种秩序之外。

并且，这幅画还有一个更让人感到震惊的结果。我们每个人在观看这幅画的时候，画作奇异的效果就产生了。因为画面远处镜子里的人像，正好是画家在画面所看到的在画外被画的人，而这样就使每一个看画的人事实上站在了国王与王后的位置。准确地说，观画的人是在国王应该站的位置的右侧，因为这幅画的透视消失点在那个侍卫掀开门帘的门中。但是，我们在观画的时候是难

以感觉的。所以，当我们在看这幅画时，我们就成了
画家正在看着的国王或者王后。也就是说，每一个观
者的观看，都会因自己的主体性而使自己成为这幅画
中的王。

（六）法国的古典巴洛克

17世纪，法国流行一种古典趣味，但这种古典
趣味与文艺复兴时期有很大的区别，其中夹杂着巴
洛克的影响，所以我们也可以说17世纪法国的绘画
主流是一种古典的巴洛克。法国在这个时期的艺术
家主要有：西蒙·武埃（Simon Vouet，1590—
1649年）、乔治·德·拉·图尔（Georges de La
Tour，1593—1652年）、普桑、克洛德·洛兰
（Claude Lorrain，1600—1682年）等。

拉·图尔的作品以宗教题材为主。他相对较少地
表现戏剧性的事件，而是喜欢通过烛光实现明暗对照
法的运用，而烛光对基督教的神秘与神性有双重的隐
喻作用，并且通过这种明暗对照塑造出来的宁静气氛
也是非常契合宗教精神的。《木匠约瑟》（*Joseph
the Carpenter*）刻画的是圣母玛利亚的丈夫圣约瑟
晚上做活的情景，小耶稣在一旁拿着蜡烛给约瑟照明
（见图5-18）。拉·图尔的构图与人物表现让观者
既能够感受到二人有一种俗世间的父子之爱，又能感
受到有一种神圣的眷顾洋溢在耶稣的脸上。画面中的
光，是蜡烛的光，更是拿着蜡烛的耶稣的光。

普桑的艺术生涯主要是在罗马。1624年，30岁

图5-18 拉·图尔《木匠约瑟》
（1642年），布面油画，巴黎卢浮宫

的普桑到了罗马，学习了文艺复兴大师尤其拉斐尔的作品，还学习了意大利的巴洛克艺术，这给他的绘画创作带来很大提高。1641年，由于普桑在罗马的声名鹊起，法国国王路易十三（Louis XIII）邀请他回到巴黎并授予他"国王首席画师"的称号，当时另一位拥有这一称号的是他的好友西蒙·武埃。但是由于普桑对宫廷争斗的反感和对大量委托的厌倦，第二年就趁国王离开巴黎的时候托辞离开法国回到罗马，一直到他去世。

　　普桑的作品主要是宗教与神话题材，晚期也有一些风景画。在整个巴洛克艺术世界，普桑的风景画独领风骚。在宗教题材的画中，他的《阿什杜德的瘟疫》（*The Plague of Ashdod*）一画颇为著名。这幅画取材于《圣经·撒母耳记》。❶以色列人与非利士人打仗，安营在以便以谢（Ebenezer），因战败而把约柜从示罗抬到大营，但后来的交战又败了。非利士人把约柜掳走放在阿什杜德的大衮（Dagon）神庙。第二天，非利士人发现他们的大衮神像扑倒在约柜前，身体四分五裂。紧接着，耶和华将瘟疫降临到阿什杜德城，人们都生了痔疮。阿什杜德的人为了消除瘟疫，将约柜送还以色列人并带着赔罪的礼。

　　在普桑的画面中（见图5-19），我们看到瘟疫之下纷乱的人群，画面最下方一个健康的婴儿要吃

图5-19　普桑《阿什杜德的瘟疫》
（1630年），布面油画，巴黎卢浮宫

❶中文版《圣经》将"Ashdod"译为"亚实突"。

已经死去的母亲的奶，但一个大人正把他推开，担心婴儿吃奶会染上瘟疫。在台阶上和人群中间有传播瘟疫的老鼠。画面左上方两根柱子之间是希伯来人的约柜，在约柜稍微靠左下是倒下的大衮像，他的头和手都掉在了地上。柱子之下，一个头戴白色头巾的老者似乎注意到这个问题，正在引导旁边的人们来看。

在普桑的作品中，古典的理性得到充分的体现。他的《阿卡迪亚的牧羊人》（*The Shepherds of Arcadia*）正是这样一件颇为耐人寻味的作品。阿卡迪亚是古希腊伯罗奔尼撒半岛中央的一个区域，得名于古希腊神话中的阿尔卡斯（Arcas），他是狩猎女神阿尔忒弥斯的仙女侍从卡利斯托（Callisto）因被宙斯欺骗而生的儿子。天后赫拉嫉恨卡利斯托而将她变成母熊，又想处罚阿尔卡斯。宙斯将自己的儿子藏在一个地方，这个地方被称为阿卡迪亚。在文艺复兴时期，阿卡迪亚被誉为没有遭到破坏的世外田园。

画面中的阿卡迪亚蓝天白云、绿树婆娑，充满田园牧歌的气息（见图5-20）。有几个牧羊人发现了一个墓，其中三个男子注意到墓上的一句拉丁文"Et in Arcadia Ego"，旁边的女性应该也是一个牧羊人，但她对此仿佛并不惊讶。她旁边的男子指着文字看着她，而她则拍着那男子的肩膀，应该是在给他们解释这意味着什么。这句拉丁文的意思是："即使阿卡迪亚，我也在。""我"，就是死

图5-20　普桑《阿卡迪亚的牧羊人》（1638年），巴黎卢浮宫

神。这是说，即使在阿卡迪亚这样美好的地方，人也是无法逃避死亡的。女子的态度是要让他们坦然地面对死亡。欧洲文化中，最早出现在坟墓上写墓志铭的是古罗马诗人维吉尔的《牧歌》。❶普桑将古希腊传说与古罗马文学结合起来，表达了对生命的这一理性思考。

二、洛可可

洛可可（Rococo），源于法文rocaille，意为花园中的卵石、贝壳装饰，也指形似贝壳的饰物。19世纪的新古典主义艺术家用这个词语来批评盛行于18世纪中期的一种具有强烈装饰味道的艺术风格。洛可可艺术最开始是作为建筑内部的一种装饰风格出现的。法国建筑设计师罗伯特·德·柯特（Robert de Cotte，1657—1735年）和吉勒斯·马利·奥普诺特（Gilles-Marie Oppenordt，1672—1742年）是这种风格的重要始作俑者。

洛可可艺术大约形成于1715—1720年，其主要影响延续了大约半个世纪，1789年，法国大革命可以视为它的结束。这段时间主要是路易十五（Louis XV，1715—1774年在位）时期。1745年，蓬帕杜夫人（Madame de Pompadour）成为路易十五的情妇后，洛可可风格一时成为风尚，这也是受她的趣味影响。蓬帕杜夫人是当时重要的文学和艺术赞助人。洛可可风格通常以艳丽的色彩、繁缛的线条为其特征，显示极度的精致与奢华。洛可可通常被称为"后期巴洛克"（Late Baroque）。

（一）建筑中的洛可可

由于洛可可本身的装饰性特征，所以它在建筑上的表现主要是在细部及内部的装饰。法国建筑中的洛可可风格相对还有古典主义的节制，而德

---

❶ 维吉尔.牧歌:汉拉对照[M].杨宪益,译.上海:上海译文出版社,2009:41.

国、意大利、西班牙等国的一些洛可可内饰是极度
夸张的。

　　法国的洛可可风格的建筑主要有苏比赛府邸
（Hotel de Soubise）和凡尔赛宫中的小特里亚农
宫（Petit Trianon）。苏比赛府邸由热尔曼·博
弗朗（Germain Boffrand）设计，建造于1735—
1740年。苏比赛府邸的建筑整体属于古典巴洛克风
格，但它的内饰则是洛可可风格，尤其是其中的公
主沙龙（Salon de la Princesse）。天顶的中央与
四周，还有门楣等部位，布满纷繁细腻的花草叶等
造型与涡旋式的雕饰，使房间显得富丽堂皇（见图
5-21）。不过，在公主沙龙各门楣之间还有绘画，
这个则是巴洛克风格的。

图5-21　巴黎苏比赛府邸公主沙龙
（局部）

　　小特里亚农宫由加布里尔（Ange-Jacques
Gabriel）设计，在1762—1768年建成，它的建筑
外观已经属于新古典主义的风格了，但其中房间的
内饰则是典型的洛可可风格。凡尔赛宫尽管整体属
于巴洛克风格，但很多内部装饰具有洛可可的味
道，尤其是镜厅的设计风格，与洛可可风格已经没
有很大的区别了。

　　在德国，慕尼黑宁芬堡宫（Nymphenburg）
公园中有一个狩猎小屋叫阿美连堡（Amalienburg，
1734—1739年），其中的镜厅采用洛可可风格的装
饰；巴洛克风格建筑维尔茨堡宫（Würzburg Res-
idence）的很多内部装饰都是洛可可式风格的，
如其中的皇帝大厅（Imperial Hall，1749—1451

图5-22　维尔茨堡宫皇帝大厅

年）（见图5-22）；其他还有茨维法尔滕修道院（Zwiefalten Abbey）和维斯（Wieskirche）朝圣教堂的内部装饰。

意大利的洛可可建筑，有在威尼斯的雷佐尼科宫（Ca' Rezzonico）的舞厅。西班牙的则有穆尔西亚大教堂（Murcia Cathedral）的立面雕刻；马德里皇宫（Royal Palace of Madrid）的内部装饰。家具设计的洛可可风格也非常突出，这种设计的一个体现是中国元素的增多，而其整体特征是家具的框架配有丰富的雕饰和大量弯曲的设计。

（二）洛可可风格绘画

洛可可风格绘画的代表人物是法国的让-安东尼·华托（Jean-Antoine Watteau，1684—1721年）、弗朗索瓦·布歇（François Boucher，1699—1779年）和让-奥诺雷·弗拉戈纳尔（Jean-Honoré Fragonard，1732—1806年）等。在洛可可风格的绘画中，没有巴洛克风格中那种强烈的明暗对照，取而代之的是以明亮鲜丽的色彩处理。

华托的《舟发西苔岛》（*The Embarkation for Cythera*）是洛可可风格的开山之作。西苔岛是伯罗奔尼撒半岛南面的一个小岛。在古希腊神话中，爱神阿弗洛狄忒诞生于海中，在贝壳中被风神吹到西苔岛（塞浦路斯岛），所以西苔岛就成了爱之岛与爱情的乐园。

图5-23　华托《舟发西苔岛》（1717年），布面油画，巴黎卢浮宫

在华托的这幅画中（见图5-23），一对对情

人要去西苕岛做一次浪漫之旅。空中飞舞的小天使
已经不是巴洛克风格绘画中实现一种宗教精神的烘
托，而是实现一种浪漫情调的渲染。浅蓝的天空、
淡淡的云雾、浅绿色的树与草，都营造了一种轻松
的环境气氛，左下角的船尾上金色的纹理与曲线雕
刻同样也是洛可可风格的特色。像传说中的乐园然
而却是未知之地的旅程，满足了当时宫廷贵族在无
聊中的生活想象。

　　布歇也是一位洛可可风格的画家，他的绘画
很受蓬帕杜夫人的欣赏，并且他也为其画过多幅画
像，其中最为著名的是1756年完成的一幅《蓬帕杜
夫人》（见图5-24）。这些画像既能体现布歇的画
风，也能体现蓬帕杜夫人的趣味。

　　在这一幅肖像中，蓬帕杜夫人斜靠在椅子上，
不怒不喜，端庄而优雅，透露出其女性的魅力。人
物服饰的绿色与帘布的金色构成对比，但又不是特
别艳丽的色度，也不是巴洛克风格的那种强烈的明
暗对比。这在视觉上不会给观者带来一种压力。蓬
帕杜夫人衣服上的花饰、脖子与胸前用粉色绸带打
的结，还有后面两根金色柱子上一层层雕刻的花饰
与叶饰，都充分表现出她对洛可可风格的趣味。另
外，布歇为蓬帕杜夫人所作的肖像画中，女主角前
面地上几乎都有几枝花，这种设计或许有类似于中
国所说闭月羞花的意思。

　　弗拉戈纳尔是洛可可风格绘画的又一代表性人
物。《秋千》（ *The Swing* ）是他最负盛名的作品

图5-24　布歇《蓬帕杜夫人》（1756
年），布面油画，慕尼黑老绘画陈
列馆

图5-25　弗拉戈纳尔《秋千》（1768年），布面油画，伦敦华莱士收藏馆

（见图5-25）。这幅画实际上反映了上流社会高雅生活背后普遍存在的另一个侧面。

　　画面中一个身穿粉色裙子的女子在一片绿色的林子里荡秋千，这个形象在画面中异常醒目。在左下角，一位年轻男子藏在花丛中兴奋地看着那女子荡秋千时衣裙之下的风光；而在右下角却不太明显地还有一个隐藏着的年长男子，他在用绳子愉快地拉动秋千以让它能不断地晃动。我们能够判断，年长男子是女子的丈夫，而年轻男子则是她的情人。丈夫让他的妻子在荡秋千中获得快乐的时候，妻子却与她的情人享受另一种快乐。

　　那高高地飞起的一只鞋子能够说明，女子是用力抬那条腿的，以便她的裙子能够张开，以满足藏在花丛中的那个年轻男子窥视的欲望。画面左侧绘有一个坐着的丘比特（putto）雕像，雕像的目光正好在看着那女子，手指放在嘴边，这是提醒还是警示，我们无从得知。在女子下方，还有两个小天使（putti），其中一个也在看着那女子，小天使显然有些惊讶。

　　弗拉戈纳尔创作的时期，洛可可风格已经开始出现衰落的局面。18世纪中期，古罗马遗址的挖掘，尤其是1748年庞贝城的发现，开始让艺术界对古典艺术重新产生兴趣。与这种由考古引起的古典兴趣相关，温克尔曼于1755年出版了《关于在绘画和雕刻中模仿希腊作品的一些意见》，1764年出版了《古代艺术史》，这是艺术史方面的标志性成果。

其实，弗拉戈纳尔后来也面对洛可可风格与古典风格的选择问题。他有一些创作，如1776年的《一个读书的女孩》（*A Young Girl Reading*）便具有浓郁的古典艺术气质。在18世纪后期，格鲁兹对于法国洛可可艺术的扭转产生了很大的作用，尤其是路易·大卫的艺术创作对古典的再次复兴具有重要的引领意义。

与此同时，英国艺术家雷诺兹（Joshua Reynolds，1723—1792年）于1768年出任英国皇家美术学院（The Royal Academy of Arts）第一任院长。他在英国推动形成一种"伟大风格"（the great style）的风气，旨在继承文艺复兴以来的古典传统，表现英雄的高贵气质。他要求绘画必须表现英雄行为或者英雄受难的事件。这不仅是古典主义的特征，事实上从文艺复兴到浪漫主义一直有这样的传统。

三、从新古典主义到印象派

1789年的法国大革命，深刻地改变了法国的艺术风气。贡布里希指出，自此之后的艺术已经具有不同以往的含义，在19世纪的艺术史上出现了众多极具创新魄力的艺术家，他们无畏地检验和批判以往的艺术程式，从而为艺术的发展开辟了新的前景。的确，19世纪是艺术的一个伟大时代，因为在这个时代，艺术的风格创新、对话甚至较量呈现精彩纷呈的局面。在法国19世纪前半期，是古典主义与浪漫主义的较量，其代表分别是让-奥古斯特·多米尼克·安格尔（Jean-Auguste-Dominique Ingres，1780—1867年）和欧仁·德拉克洛瓦（Eugène Delacroix，1798—1863年）。

（一）新古典主义

法国艺术中的古典主义因其相对于文艺复兴的古典主义，我们通常称之为新古典主义（Neoclassicism）。意大利学者毛里齐奥·法焦洛

（Maurizio Fagiolo）告诉我们："在意大利，对古代世界的回归是没有区别的：不区分希腊和罗马。"❶ 所以，以意大利为中心的文艺复兴古典主义将希腊与罗马视为一体。尽管罗马是学习希腊，但经过中世纪的长时段后，古罗马与古希腊一起共同成为古典，尽管事实上古罗马与古希腊二者的文化有很大差别。

我们知道，欧洲文艺复兴后，文化中心由地中海区域转移到大西洋沿岸，而法国则逐渐成为其中最重要的地区。法国的新古典主义表现在两个领域：一个领域是17世纪的文学，代表人物是皮埃尔·高乃依（Pierre Corneille，1606—1684年）和尼古拉·布瓦洛（Nicolas Boileau Despreaux，1636—1711年）；再有一个领域是从18世纪后期到19世纪前期的艺术，代表人物是路易·大卫和安格尔等。在此之前，法国的艺术主要表现为巴洛克和洛可可这两种风格。这样，艺术方面的新古典主义风格，一方面，是对巴洛克风格与洛可可风格的反动；另一方面，是重新恢复古希腊、古罗马艺术传统的希望。

路易·大卫开始是从布歇那里学习绘画，布歇也是他的远房亲戚。但是，由于那时的艺术风气开始有所转变，于是布歇就让路易·大卫另外从师。在随后赴意大利的游学中，路易·大卫对17世纪的巴洛克风格大师产生兴趣。在罗马，拉斐尔推荐路易·大卫学习温克尔曼的艺术理论。同时，对庞贝城遗址的游览让路易·大卫开始将艺术追求转向古典风格。

1784年，路易·大卫创作了《荷拉斯兄弟的宣誓》（*Oath of the Horatii*），此画获得极大成功。作品中人物的背景是公元前7世纪罗马城与阿尔巴隆伽（Alba Longa）城之间的冲突。罗马城与阿尔巴隆伽城在解决冲突时，没有采取军队作战，而是决定各选三名男子进行决斗，胜利方则代表城市的胜利。荷拉斯三兄弟要同居里亚斯（Curiatii）三兄弟决一死战。画面中

---

❶ 阿尔甘,法焦洛.艺术史向导[M].谭彼得,译.南京:南京大学出版社,2018:158.

（见图5-26），荷拉斯三兄弟的父亲高举他们的刀剑，三人在向刀剑致礼表示战斗决心。然而，右面有两个女性在相互倚靠表现出痛苦的姿态。这是因为荷拉斯兄弟中的一个娶了居里亚斯兄弟的一个妹妹为妻，而荷拉斯兄弟的一个妹妹又与居里亚斯兄弟中的一个订了婚。在激烈而血惺的战斗后，这两对三兄弟中只有荷拉斯兄弟中的一个人活了下来。妹妹得知未婚夫死去而非常悲恸，然而他的哥哥一气之下杀死了妹妹。

图5-26　路易·大卫《荷拉斯兄弟的宣誓》（1784年），布面油画，巴黎卢浮宫

图5-26这幅作品是国王路易十六（Louis XVI）的助手委托路易·大卫创作的，目的是表现对国家和国王的忠诚。但是，路易·大卫在创作时对开始商定的内容做了更改，就成了我们看到的这个作品。路易·大卫的作品尽管没有表现战斗中的血腥和最后哥哥杀死妹妹的残忍，而只是刻画了在战斗前父子四人的理性对于亲情的胜利，但也通过那两个女性表达了这种忠诚对于家庭及亲情的损害。

路易·大卫倾向于大革命中的革命派，表明其政治倾向的标志性作品是《马拉之死》（*The Death of Marat*）。马拉是大革命期间雅各宾派的重要领导人物，他患有一种皮肤病，容易引起瘙痒疼痛，所以他经常泡在浴缸里，并且在浴缸旁边放置一张桌子，一边泡澡一边办公。由于雅各宾派执政后的暴力政治，当时一名出身贵族家庭的女子夏洛特·科黛（Charlotte Corday）扮作一个革命者在马拉泡澡时将其刺杀。路易·大卫的《马拉之死》就是刻画了马

图5-27　路易·大卫《马拉之死》（1793年），布面油画，比利时皇家美术博物馆

拉被刺杀后的场景（见图5-27）。

在画面中，我们看到死去的马拉斜靠着浴池，左手中的一张纸写满字迹，右手拿着笔垂在浴池之外。这说明，谋杀者在杀了马拉后，马拉并没有随即死去，而是坚持写下了这些字，因为上面有谋杀者的名字。显然，马拉被刺杀后并没有做出什么挣扎，而是冷静地拿纸笔坚持写下了这些字，然后死去。这足以显示马拉的理性与克制，而这种理性则正是古典主义所坚持的。

在《苏格拉底之死》《萨宾妇女的调解》这些作品中，都同样蕴含着一种理性精神。琼斯（S. Jones）认为，我们可以把《萨宾妇女的调解》看作是"穿古装的人在攻克巴士底狱"，而"把正在排解纷争的妇女看作是高尚仁慈的法兰西，她在制止革命恐怖的过火行为"❶。这是一种很好的解读。法国革命在其开始是受人欢迎的，但随之而来的却是极端暴力的政治，这无疑违背了很多人的期望。路易·大卫将类似于萨宾妇女的这种调解视为一种理想的方式。

安格尔曾在路易·大卫的画室学习，后来进入皇家绘画与雕塑学院，并于1801年获得罗马大奖得以赴罗马学习。1806年到罗马后，安格尔逐渐有了对于古典主义风格的自我追求。他在罗马向巴黎的皇家学院连续提交以证明自己学习进展的两幅作品可以说明这个问题。这两幅作品分别是《浴女半身像》

---

❶ 琼斯.18世纪艺术[M].钱乘旦,译.南京:译林出版社,2009:75.

（*Half-figure of a Bather*，1807年）和《瓦平松浴
女》（*The Valpinçon Bather*，1808年），这种戴
头巾的女性形象不断地出现在他的艺术创作中。这类
形象的产生源于拉斐尔最后的作品《弗纳瑞娜》（*La
Fornarina*）对他产生的影响。这样的作品显示了安
格尔更加注意构图的秩序、色彩的和谐与身体之美的
理想。

安格尔结束罗马学习时的成果是其《朱庇特与
忒提斯》（*Jupiter and Thetis*），这件作品标志着
安格尔的古典主义风格的确立。这幅画描绘的是特
洛伊战争中忒提斯祈求宙斯给她的儿子阿基琉斯提
供帮助。《伊利亚特》第一卷中写道：

她发现克罗诺斯的鸣雷闪电的儿子

远离众神，坐在奥林波斯群峰的

最高岭上。她坐到他面前，左手抱住

他的膝头，右手摸着他的下巴，

向克罗诺斯之子宙斯这样祈求：

……

她这样说，集云的神宙斯不回答，坐在那里默
默无言。❶

据安格尔说，他在着手做这幅画时，画的构思
已经在自己头脑中酝酿了五年的时间，他要将艺术
的全部奢华实现于它的美中（见图5-28）。我们

图5-28 安格尔《朱庇特与忒提斯》（1811年），布面油画，法国格拉内博物馆

---

❶荷马.荷马史诗·伊利亚特[M].罗念生,王焕生,译.北京:
人民文学出版社,1994:20-22.

图5-29　安格尔《泉》（1856年），布面油画，巴黎奥赛博物馆

图5-30　让·古戎《仙女》（1547—1550年），浮雕，巴黎无辜者之泉

看到，宙斯在作品的构图中处于中心地位，他坐在宝座上，狮子般的表情表现出神的威严，旁边还有象征其威严的鹰；而忒提斯跪在他的膝下散发着女性的柔美，她无疑实现了安格尔心中美的理想。这时，安格尔也没有忘记表现一下天后赫拉的妒忌之心，让她在画面的一角偷窥着自己花心的丈夫。

安格尔的古典主义风格，有时还表现在对于经典作品构图的借用。《路易十三的誓言》（*The Vow of Louis XIII*）的构图显然借鉴于拉斐尔的《西斯廷圣母》（*Sistine Madonna*）。《泉》（*The Source*）在造型上明显地效仿了法国雕塑家让·古戎（Jean Goujon，1510—1565年）为无辜者之泉（Fontaine des Innocents）创作的《仙女》（*Nymphs*）雕塑（见图5-29和图5-30）。1820年，安格尔在佛罗伦萨就开始了《泉》的创作，直到1856年在巴黎才完成这件作品。

安格尔在《泉》这一作品中描绘了一个裸体的少女，并将她置于一山石之前，身体略有弯曲，展开其女性的曲线，肩上一个罐子，从其中流淌出一缕水流。画家是将这一缕下泻的流水看作泉水。但是，在这女子的脚下，我们还可以看到从旁边有一汪真正的泉水涌出。画家所说的"泉"不仅是"泉水"，而更是指"源泉"。这女性是一种"源泉"。脚下的水流是自然的源泉，而理想的女性之美是艺术家们创作的不竭"源泉"。《泉》就是这一美的理想。

（二）浪漫主义

"浪漫主义"（Romanticism）作为一种思想潮流，是对启蒙理性负面影响的一种反拨，它产生于18世纪晚期延续到19世纪中期。新古典主义从古典艺术中吸收理性与秩序，而浪漫主义则又回到中世纪的激情。"浪漫主义"的词语，来源于中世纪被称为"罗曼司"（Romance）的传奇故事，它的形容词形式是"罗曼蒂克"（Romantic）。

浪漫主义艺术的主要代表是西班牙的戈雅，法国的泰奥多尔·籍里科（Jean-Louis André Théodore Géricault，1791—1824年）和德拉克洛瓦。浪漫主义艺术在构图上抛弃了古典主义的均衡与秩序，所以与巴洛克风格有更多的相似之处，并且有的浪漫主义艺术家更多地运用巴洛克时期的明暗对照法。

戈雅是浪漫主义绘画的先驱性人物，他也通常被认为是最后一位老大师（Old Master）和第一位现代性画家。波德莱尔曾将康斯坦丁·居伊（Constantin Guys，1802—1892年）看作是现代生活的画家，那么戈雅就应该是第一位现代生活的画家。除了肖像画，他也有不少关于宗教题材和神话题材的作品，但他还有大量关于现代生活的作品，这在他以前的画家中是没有的。在现实题材的作品中，有大量描绘了底层民众的生活。

戈雅作品中产生广泛影响的是应一位公爵委托而作的两幅构图相似的女性图像作品：一幅是《裸体的马哈》（The Nude Maja）；另一幅是《着衣的马哈》（The Clothed Maja），这两幅作品在公开后引来众多讨论。在他获得广泛赞誉的作品中，有两幅是关于半岛战争的：《1808年5月2日》（The Second of May 1808）和《1808年5月3日》（The Third of May 1808）。这两幅作品都完成在半岛战争结束那一年，尤其后者具有更强的艺术表现力。

作品描绘的是拿破仑军队入侵西班牙后对西班牙抵抗者的屠杀情景（见图5-31）。戈雅的作品普遍不再重视古典主义的清晰线描，而更多地采用

图5-31　戈雅《1808年5月3日》
（1814年），布面油画，马德里普
拉多博物馆

巴洛克式的涂绘技法。作品表现的是夜晚的屠杀，由于色彩处理的缘故，作品中最醒目的是灯笼和被屠杀者中间的一位。其他的被杀害者都以各种畏缩的姿态表现出恐惧，而这一位穿着白上衣和黄裤子的男性，伸出双手怒视着举枪的士兵。这姿态犹如十字架上的耶稣。与此相关联的是，画家将灯笼防风纸的颜色与那名男子衣服的颜色都绘成白黄两色，这里显然存在一个隐喻：这犹如耶稣的男子，就如同这灯笼，他的勇气如同这灯的光芒，将照亮它周围的暗夜。

籍里科是法国浪漫主义画家中的重要一员，他的《梅杜萨之筏》（*Raft of the Medusa*）是一件极负盛名的作品。这幅作品不是受他人委托，但年轻的籍里科大胆选择了这个在当时引起巨大舆论不满的事件作为素材。他在动笔前做了充分的调查准备以能够真实地再现。

1816年6月，法国梅杜萨号护卫舰由罗什福尔（Rochefort）出发到塞内加尔的圣路易斯港（Saint-Louis）执行政务，当时它与另外三只舰船相伴而行。但是，舰长肖默雷斯（Chaumar-eys）缺乏航海经验，在行程中为赶时间而与其他舰只分开并失去联系，随后驶离航线。同年7月2日，船上有近400人的梅杜萨号在非洲西海岸的一个沙洲搁浅，由于主舰无法驶出，于是船员们决定乘着舰上的几只救生船到100公里外的海岸，但救生船只能乘坐250人，所以有不到150人只能乘坐一只临时做成的筏子。最后，有十几个船员留在了梅杜萨号，船长与其他船员乘坐救生船拖着那只筏子，但很快拖筏子的绳索断开，筏子只能任由漂泊。由于筏子上只有非常有限的食物，为了生存，筏子上多次发生残酷的争斗与自相残杀。直到17日，由于此前与梅杜萨号同行的阿格斯号（Argus）偶然发现了木筏才救下了上面仅剩的15人。此事件随后被媒体披露，构成巨大的政治丑闻。

籍里科的作品获得了巨大的成功，它为我们展现了木筏上的惨烈状况（见图5-32）。画家以灰暗的天空与深暗的海浪为背景，将木筏与筏子上的人物作一个金字塔形的构图，以张帆的桅杆顶部为顶点；而右侧以站立挥动衣服的男子为顶点，围绕那个酒桶又构成一个小的金字塔结构。这种整体上稳定的构图是符合古典主义风格诉求的。但是，具体的人物刻画却具有浓郁的巴洛克风格。最下部是凌乱地躺着的几具尸体；再靠里面的人或是坐着或是跪着

图5-32　籍里科《梅杜萨之筏》（1819年），布面油画，巴黎卢浮宫

的，或是绝望地叹息或是无力地摆手。再靠上方，有坐在酒桶上的，还有那个一脚跨在酒桶上挥手的占据了最高位置，旁边是几个正在讲话的人。在作品中，人物各种情感的表现使其成为浪漫主义的代

表作品。同时，这幅画在当时反映了对当局的强烈批判。

　　籍里科的英年早逝，是浪漫主义的巨大损失。路易·大卫去世后，安格尔成为新古典主义的标杆式人物，而这时能够对他构成挑战的则是德拉克洛瓦的浪漫主义。德拉克洛瓦的绘画训练是从古典主义风格开始的，但他更喜欢鲁本斯式的巴洛克风格。当籍里科的《梅杜萨之筏》出现在公众面前时，德拉克洛瓦对之叹服不已，于是就转向浪漫主义风格。随即他也做了一幅与船相关的作品《但丁之舟》（*The Barque of Dante*），这幅画足以能够说明他对身体极端形式的表现能力。

　　为了达到激情的表现，德拉克洛瓦的绘画更多地使用笔触的涂绘，这影响了以后的印象主义风格。为了表现运动，他有多幅以马为题材的作品，还有以狮子为题材的作品，如晚期的《猎狮》（*Lion Hunt*）系列。但是，他最有影响的作品是《自由引导人民》（*Liberty Leading the People*）这一浪漫主义杰作。

　　这件作品的历史背景是法国的七月革命。1830年7月，查理十世（Charles X）试图推行倾向专制的敕令，结果引发大规模的民众起义。波旁王朝被推翻后，路易·菲利普一世（Louis Philippe I）成为法国国王。德拉克洛瓦在作品中展现的就是这次民众起义（见图5-33）。当然，他并不是赞颂这次革命的最后成果，而是单纯地表

图5-33　德拉克洛瓦《自由引导人民》（1830年），布面油画，巴黎卢浮宫

现革命中的自由精神。这幅画在构图上与古典主义风格有较大区别，当然与籍里科的《梅杜萨之筏》也是不同的。整幅作品基本上呈对角线构图，左下方是起义的民众，右上方则是硝烟弥漫的城市天空。画面的核心人物——象征自由精神的女性从对角线上突显出来。

这位女性穿着袍子半裸上身，成为一个女神的形象，她头戴象征自由的弗里吉亚帽（Phrygian cap），高举大革命中象征自由、平等、博爱的三色旗，引导起义的民众。在行进队伍的脚下，是倒下的尸体和因他们的牺牲而冲破的街垒。从他们的身体可以想象战斗的惨烈。从队伍成员的服装可以看到参加这次革命的民众包括多种身份。可以想象，他们将踏着前驱者的身体继续前进。

（三）现实主义

作为艺术流派的现实主义（realism）风格，主要是通过题材的选择而与古典主义与浪漫主义得以区别。浪漫主义风格与古典主义风格的主要区别在于构图和绘画对象的状态，体现为视觉风格的不同，它们在题材选择上并无大的不同。现实主义强调作品再现普通人的生活，不加任何美化的成分，以此达到对普通人日常生活的真实再现。19世纪，现实主义风格绘画最重要的代表人物是古斯塔夫·库尔贝（Gustave Courbet，1819—1877年），其次是让-弗朗索瓦·米勒（Jean-François Millet，1814—1875年）。

库尔贝主张艺术的源泉不是历史、不是经典，而是艺术家自身的经验。的确，他的作品没有宗教、神话题材，也没有关于历史事件的题材，即使他画的女性裸体画也并不是关于神话题材的，而只是无须身份识别的女性身体。尽管他的作品数量很多，但真正能够代表其现实主义精神的是《采石头的人》（*The Stone Breakers*）和《筛谷物的人》（*The Wheat Sifters*）这两幅。

后者的画面中，我们看到的是一个普通的家庭，一家三口在院子里忙碌

图5-34　库尔贝《筛谷物的人》
（1854年），布面油画，法国南特
美术博物馆

着活计（见图5-34）。凡是务过农的人对这个场景一定会感到异常的亲切。母女两人在那块铺着的大布上筛选谷物，女儿处于画面的中心，背对着观者，举着大筛子筛着谷物，一边看着地下的成果。她跪在那里，鞋子都快掉了，也无暇去管它。这鞋子与蓬帕杜夫人的那双将脚挤变形的小鞋显然是不同的，这鞋子属于不同的阶级。蓬帕杜夫人固然优雅，然而这劳动着的女孩却更惹人怜爱。

但是，当他创作出《世界的起源》（*The Origin of the World*）和《睡觉的人》（*The Sleepers*）这样具有强烈色情的作品时，这也就宣告了他的现实主义的终结。然而，米勒的艺术道路比他更能体现出一种现实主义精神。

米勒首先是巴比松画派（Barbizon School）的重要一员。巴比松画派是聚集在枫丹白露（Fontainebleau）森林旁边巴比松小镇的一批画家因画风景而形成的一个画派。这个画派的形成是受英国风景画家康斯坦布尔（John Constable）的影响。米勒画风景通常是将其作为乡村人物的背景，这就使其与其他的巴比松派画家有所不同，也使他成为一名真正的现实主义者。

米勒作品中最有名的可能是《拾穗者》（*The Gleaner*）、《晚钟》（*The Angelus*）和《种土豆的人》（*Potato Planters*）这几幅作品。的确，尤其是这几幅作品，让我们感到普通人的日常劳动有了一种神圣感。不过，米勒认为，他最出色的一

件作品是《休息中的收割者》［*Harvesters Rest-
ing（Ruth and Boaz）*］，他认为这件作品足以与
米开朗琪罗与普桑的杰作相媲美。

米开朗琪罗的绘画多是表现《圣经》中神圣人
物的神性，而米勒的这幅画则是
表现平凡人物的仁慈与高贵（见
图5-35）。这幅画是米勒用时
最长的一件作品，它开始的名字
是《路德和波阿斯》（*Ruth and
Boaz*），是取材于《圣经》中的
一个故事。根据《路德记》中所

图5-35 米勒《休息中的收割者》
（1853年），布面油画，波士顿美
术博物馆

说，路德是一个寡妇，丈夫去世后与婆婆一起回到以
前住的地方伯利恒，正值麦熟的季节，路德要去田间
拾麦穗，恰巧拾到了波阿斯的地里。波阿斯是路德婆
家的亲族，是一个财主，正好他也到田里来，就让仆
人们善待她，并让她在自己地里拾麦穗。

米勒作品中左侧一女一男应该是路德与波阿
斯。但是，显然，米勒对《圣经》的故事做了改
动，因为画面中的男子也戴着草帽，肩上搭了一把
镰刀。根据穿着判断他与右面围成一圈休息的人不
是一样的身份，但他也参与到他们的劳动中。米勒
将作品名称改为《休息中的收割者》，使作品有了
一种普遍的社会意义。

米勒很多表现农民劳动的作品画面构图简练，
也能给人一种古典主义风格的宁静，并且它们还让
人从那些普通的劳动者身上获得感动，让底层民

众及其日常生活通过绘画获得永恒。在米勒作品中，我们感到绘画性质的改变。他的作品不是为美提供一种标准，而是使绘画成了为普通劳动者树立的一座纪念碑。

（四）拉斐尔前派

拉斐尔前派（Pre-Raphaelites），也翻译为前拉斐尔派，以1848年成立的拉斐尔前派兄弟会（Pre-Raphaelite Brotherhood）为标志。这个艺术团体由威廉·霍尔曼·亨特（William Holman Hunt，1827—1910年）、罗塞蒂（D. G. Rossetti，1828—1882）和约翰·埃弗里特·米莱斯（John Everett Millais，1829—1896年）三人发起，成员很快发展为七人，另有一些画家与他们保持着紧密的关系。

他们主张绘画要将丰富的色彩表达与逼真的细节再现结合起来，而这在拉斐尔和米开朗琪罗以后的传统中被中断了。所以，他们主张回到拉斐尔前、文艺复兴早期的艺术传统。这样，他们放弃了从晚期文艺复兴开始的明暗对照法，代之以清新明丽的色彩和生动逼真的细节，这使拉斐尔前派的作品在当时的艺术世界呈现出新的面貌。同时，他们也反对古典主义的理性美，而是主张具有浪漫主义色彩的灵性美。

拉斐尔前派主张逼真再现与主观表现的结合。但是，重视情感的表现使他们推崇浪漫主义和中世纪文化，而这又与客观地观察自然相冲突，所以拉斐尔前派呈现出两种特色：罗塞蒂更加倾向于诗歌化的表现方式；而米莱斯更重视生活化的逼真再现。

罗塞蒂的前期作品，尽管把拉斐尔前派兄弟会的艺术追求体现出来，但个性特色并不是特别明显，这一时期较为出色的作品如《童贞马利亚的闺中岁月》（*Girlhood of Mary Virgin*）等。1860年左右，他开始集中于对女性之美的表现，而作为他创作模特的主要是几位与他有亲密关系的女性，其中包括他的妻子伊丽莎白·西达尔（Elizabeth Siddal）。

他与西达尔1850年相遇，1860年结婚。西达尔身体长期虚弱，1861年怀孕生一女儿却是死胎，她因此精神抑郁，后在1862年因过量服用鸦片酊而去世。罗塞蒂于1870年完成的《贝娅塔·贝娅特丽丝》（*Beata Beatrix*）中的女性就是西达尔。画家以平时为西达尔画的素描图为基础，以但丁的《新生》为构思的灵感来源，将西达尔比作自己的贝娅特丽丝。

在画面中（见图5-36），西达尔闭着双眼安静地坐着，暗示她已经离开人世。在她胸前，一只红色的鸽子衔着一株白色的罂粟花，色彩的反常使用给人以强烈的冲击。红色的鸽子象征画家对妻子的爱，而白色的罂粟花暗示她的死因。在鸽子的头上还有一个金色的晕圈，而西达尔的头部也浮动着金色的光辉，画家让妻子的死充满了神性。画面上方的背景并非真实的再现，而是隐喻的设置。左侧穿着红色衣服的是爱神，它对应红色的鸽子；右侧穿着棕色衣服的是但丁，色彩对应西达尔的头发与绿色披肩下的衣服，这也是画家的隐喻。画面中日晷的影子落在九点的方向，那是《新生》中贝娅特丽丝去世的时间。❶

米莱斯是拉斐尔前派中最有才华的一位。他早期的《基督在父母家中》（*Christ in the House of*

图5-36　罗塞蒂《贝娅塔·贝娅特丽丝》（1870年），布面油画，伦敦不列颠泰特美术馆

---

❶但丁在《新生》中对贝娅特丽丝去世时间的分析是：按照叙利亚的历法是九月，且按照意大利历法是九日，但他并没有说贝娅特丽丝是几点去世的。

His Parents，1850年）一画引起了很大的争议，因为他把约瑟家里再现为一个简陋的木匠作坊，这一家人与普通人家没有任何区别。其实，这反映了他在创作过程中所坚持的现实主义精神。与罗塞蒂不同的是，他更多地将人物置于真实的生活场景。

然而不久，他通过《奥菲利娅》（*Ophelia*）一画获得了广泛声誉，而这幅画也成为他的代表作品。这一作品的题材来源是莎士比亚的悲剧《哈姆雷特》：哈姆雷特的叔父害死了父亲丹麦国王而成为新的国王，并娶了王后为妻。哈姆雷特要为父亲报仇，但在宫中误杀奥菲利娅的父亲御前大臣。哈姆雷特深爱着奥菲利娅，而奥菲利娅其实也爱着哈姆雷特，奥菲利娅得知父亲被哈姆雷特所杀而精神失常，后来不慎掉在河中被淹死。

米莱斯的作品再现的就是奥菲利娅掉到水里奄奄一息时的情景（见图5-37）。画面中就像莎士比亚的文字所写，奥菲利娅这时还像人鱼一样浮在水上，衣服四散展开，嘴里还断断续续地哼唱着古老的谣曲。她的上方是那棵斜生的柳树，奥菲利娅正是想把花环挂到那上面，然而不料树枝折断，她就掉到水里。画家将柳树画成半枯的，更增加了真实感。奥菲利娅的右手还拿着被扯坏的花环中

图5-37　米莱斯《奥菲利娅》（1852年），布面油画，伦敦不列颠泰特美术馆

的几枝花，有几枝花还顺着缓慢的溪水飘散开了。周围的水草、对岸的花和叶子，还有奥菲利娅裙子上的

花线，极其逼真细腻，让人惊叹。画家在左下角又画了一丛高出水面的水草，与那棵斜生的柳树构成一个圆拱——这也许是进入坟墓的洞口，也许是对女性之神性的隐喻。画面中奥菲利娅的原型也是西达尔。

能够体现米莱斯作品风格的还有《盲女》（*The Blind Girl*，1856年）一画，那明艳的色彩能让观者感到盲女姐姐内心的温暖，而那亮丽的彩虹能让我们看到小妹妹对未来的憧憬。画家还有《肥皂泡》（*Bubbles*，1886年）一画，作品高度的写实令人称奇，那盯着肥皂泡泡的小男孩天真可爱。但是，画面右下角署名的地方出现肥皂品牌的名字，这引起了批评家们的强烈不满。

作为兄弟会发起者的亨特成就不及前二者，其代表作品有《世界之光》（*The Light of the World*，1853年）。在风格上，亨特与米莱斯较为接近，较多作品也具有生活化的场面。同属拉斐尔前派的伯恩-琼斯（Burne-Jones，1833—1898年）在作品的情感表达上与罗塞蒂比较接近，但琼斯作品的色彩相对不太艳丽，更多的是冷色调和暗色调，具有较浓的神秘色彩；其构图的特点是在人物服饰上大量使用平行的褶皱线条，增强了作品的装饰性。约翰·威廉·沃特豪斯（John William Waterhouse，1849—1917年）是成就较为突出的一位，他集中于表现女性之美，其作品中的女性形象多取材于神话和文学，并将拉斐尔前派风格与新古典主义风格结合起来，人物形象宁静而感人。他的《女郎夏洛特》（*The Lady of Shalott*，1888年）一画堪与米莱斯的《奥菲利娅》相媲美。

（五）印象派及后印象派

印象派（Impressionism）也称印象主义，是西方艺术中最早出现的现代派绘画。对于传统，印象派还没有彻底割裂，他们同样追求视觉上的真实。但是，他们理解的视觉真实与文艺复兴以来的传统有了很大的区别。印象派的形成得益于他们直接到户外作画，而这使他们对视觉真实有了新的理解。当画家真正进行户外作画时，会发现自然景物在我们的视觉中并非那样清晰，尤其是时间的变化会使事物存在的光、影、色不断变化，这就需要拥有一种能够较为迅速地完成作品的绘画技法。

这样，他们就抛弃了线条的描绘，代之以细小、但能够辨识出来的笔触进行涂抹。这当然已经不是沃尔夫林所说的那种巴洛克式的涂绘了。正如马克·盖特雷恩（Mark Getlein）所言："印象主义者们放弃了学院绘画的光滑表面、透明罩层及其他画室改进手法，采用了一种专门捕捉一闪即逝的感觉的直接画法。"[1] 这结果就是，文艺复兴以来的透视法在他们探求新的表现技法过程中就不那么重要了。

在印象派的绘画革命中，爱德华·马奈（Édouard Manet，1832—1883年）的重要性是毋庸置疑的。贡布里希甚至说："马奈及其追随者在色彩处理方面发动了一场革命，几乎可以媲美希腊人在形式表现方面发动的革命。"[2] 但这场革命并不是突如其来的，也不是印象派的孤立行为。

首先，在英国画家约瑟夫·马洛德·威廉·透纳（Joseph Mallord William Turner，1775—1851年）和法国画家卡米耶·柯罗（Camille Corot，1796—1875年）的一些风景画中出现了印象派所推崇的色彩表现方式，还有德拉克洛瓦、库尔贝和巴比松画派对于印象派也有很重要的影响。其次，在意大利受巴比松画派影响而形成的一个艺术团体——马基亚伊奥利（Macchiaioli）画派也早在19世纪50年代就开始进行与印象派相似的探索，并且他们与印象派艺术家之间也有交往。

当然，首先是马奈、莫奈和皮埃尔-奥古斯特·雷诺阿（Pierre-Auguste Renoir，1841—1949年）等人在19世纪60年代一道通过作品展现了他们在探索新技法上的突破性进展。不过从名义上，我们应该将1874年算作印象派的诞生时间。这一年，在莫奈提倡下，一批探求新技法的画家因官方

---

❶ 盖特雷恩.与艺术相伴[M].王滢,译.北京:世界图书出版公司,2011:515.

❷ 贡布里希.艺术的故事[M].范景中,译.南宁:广西美术出版社,2008:513.

沙龙拒绝展览他们的作品而进行了一次独立的非官
方性画展。这些作品在展出后，媒体借用展览中莫
奈的一幅名为《印象·日出》（见图0-5）的作品
而称他们为"印象派"以表示对这种绘画的嘲讽。
于是，"印象派"就成了这个流派的名称。

在"印象派"形成中，马奈的《草地午餐会》
（*The Luncheon on the Grass*）一画造成的争议
是一个标志性事件。这幅画因被1863年的"巴黎沙
龙"拒绝，而在一个所谓的"被拒绝者沙龙"中展
出。随即，这幅画就招来大量的争议与批评，主要
是因为这幅画的人物处理（见图5-38）。

图5-38 马奈《草地午餐会》
（1863），布面油画，巴黎奥赛博
物馆

在马奈这幅作品中，画面前景是两位穿着整
齐的男性与一位裸体的女性，这三个人物的结构其
实直接挪用了文艺复兴时期马尔坎托尼奥·雷蒙迪
（Marcantonio Raimondi，1480—1534年）的
《帕里斯的裁决》（*The Judgment of Paris*）右
下角几个神的姿态（见图5-39），而在人物的处理
上借鉴了提香的《田园音乐会》（*Pastoral Con-
cert*）（见图5-40）。❶ 但是由于马奈的人物是以现
代人的形象出现的，这样的女性裸体就不容易被接
受。更重要的，这个女性的模特原型是很多人都知
道的，并且她在画面中以一种缺乏女性柔顺品格的

图5-39 雷蒙迪《帕里斯的裁决》
局部（1515年），德国斯图加特
州立美术馆

图5-40 提香《田园音乐会》
（1510年），布面油画，巴黎卢浮宫

---

❶ 雷梦迪的铜版雕刻作品《帕里斯的裁决》是由拉斐尔
做的构图设计；《田园音乐会》一画的作者存有争
议，以前一般认为是乔尔乔内的，现在大多倾向于认
为是提香的作品。

目光直视着观者，这对于男性观者的权力欲望造成
一种抵制。这幅画受到批评的另一个原因是使用了
笔触涂抹的技法。

盖特雷恩说："所有这些特点——公愤、平面
性、人造性、含混性以及与艺术史的自觉关联——
使此画成了现代艺术的一个典范。现代时期的绘画
无法再简单地充当一扇通往世界的透明窗户了，而
且它将越来越清楚地意识到自己的绘画身份。"❶现
代艺术的一个重要目的是让观众意识到艺术自身，
而不是通过艺术看到艺术之外的什么东西。

从艺术史的角度，马奈的《草地午餐会》构成
了从现实主义到印象主义的过渡环节，所以无法成
为印象派作品的代表。这样的话，我们或许应该像
法国艺术史家蒂利耶（Thuillier）那样来说："这
幅画根本就不值如此大的耻辱和如此大的荣耀。"❷
但是由于它蕴含一种关于观看机制的意义，使它成
为艺术现代性的标志性作品。

马奈在同一年完成的另一幅《奥林匹亚》
（Olympia）在1865年的"巴黎沙龙"中得到展出
（见图5-41）。但是，这幅画对提香《乌比诺的维
纳斯》（Venus of Urbino）的挪用也同样让当时
的很多观者产生了强烈的不适。画面中，耳环、手

图5-41 马奈《奥林匹亚》（1863
年），布面油画，巴黎奥赛博物馆

----

❶ 盖特雷恩.与艺术相伴[M].王滢,译.北京:世界图书出版
公司,2011:513.

❷ 蒂利耶.艺术的历史[M].郭昌京,译.天津:百花文艺出版
社,2009:479.

镯及床上铺的披肩，这是财富的象征；而头发上插的兰花、脖子上戴的饰带、脚上的便鞋、女仆送来的花束，都标示着其作为一个妓女的身份。提香画中温顺地睡觉的小狗变成了马奈画中瞪着眼睛的黑猫，而猫在当时也具有性的象征意味。然而，女子的目光却也对观者的权力欲望构成一种抵制。

　　马奈在19世纪60年代的作品使用的笔触还相对细小，印象派的特征还不是特别明显。印象派在笔触上的突破尤其体现在莫奈和雷诺阿两人在1869年同时作的《蛙塘》（Frogpond）中。在这两幅画中，印象派的特征充分地得到了体现（见图5-42和图5-43）。他们用大笔触捕捉了大自然中流动的光和影，阳光透过枝叶形成的光斑，水面上的树影随着水波的晃动，这样的景观对传统的表现手法来说简直是无法完成的。由此我们说，印象派不只是表现事物在视觉中的印象，而是用新的手法实现外界自然事物在某种情境下人们所看到的独特的真实。在这个时期，较早地进行笔触绘画探索的还有卡米耶·毕沙罗（Camille Pissarro，1830—1903年），他在1867年的《蓬图瓦兹的雅莱山》（Jalais Hill, Pontoise）也已经有了很浓的笔触意味。

　　除了使用笔触的涂抹，乔治·修拉（Georges Seurat，1859—1891年）在分色主义（Divisionism）的基础上探索出一种新的画法。为增加色彩明度，他不对颜料作物理调和，而是直接以基本色作画，以细小的色点或色块点涂构成对象，这样来

图5-42　莫奈《蛙塘》（1869年），布面油画，纽约大都市艺术博物馆

图5-43　雷诺阿《蛙塘》（1869年），布面油画，瑞典国家博物馆

让观者在观看作品时实现视觉上的色彩混合。这种画法通常被称为点彩画法，以这种方法作画的一批艺术家被称为点彩派（Pointillism），也被称为新印象派（Neo-impressionism）。新印象派最具代表性的作品是修拉的《大碗岛的星期日下午》（*Sunday Afternoon on the Island of La Grande Jatte*）（见图5-44），这幅画看上去色彩特别清新明丽，但其中的人物却远没有雷诺阿《煎饼磨坊的舞会》（*Dance at Le Moulin de la Galette*）在光影中的人物那样生动，修拉的作品倒像是卡通片。新印象派的代表人物除了修拉，还有保罗·西涅克（Paul Signac，1863—1935年）等，西涅克的作品有很强的装饰性。毕沙罗也曾尝试点彩画法，但他对点彩画法的前景非常担忧。事实也证明，点彩画法并没有产生多大的影响。

图5-44　修拉《大碗岛的星期日下午》（1886年），布面油画，芝加哥艺术学院

在19世纪末，紧随印象派而产生影响的是以保罗·塞尚（Paul Cézanne，1839—1906年）、梵高和保罗·高更（Paul Gauguin，1848—1903年）为代表的后印象派（Post-Impressionism）。后印象派的艺术创作具有更浓的现代主义品质。他们开始自觉地抛弃传统的写实主义追求。他们的创作中，色彩的需要压倒了真实的需要，表现的需要压倒了再现的需要。

塞尚画过多幅《圣维克多山》（*Mont Sainte-Victoire*），其中较有代表性的是1887年和1906年完成的两幅（见图5-45和图5-46）。首先，在这两幅画中，印象派非常重视的光与影的交叠已经没有了，取而代之的是单纯对色彩的强烈表现，这两幅画的色彩表现依然是通过大笔触的色块来实现的；其次，在这两幅间隔有20年时间的作品中，我们看到了塞尚的作品在构图上的变化，前期作品中的圣维克多山风景的基本形式还是较为清晰的，但到了他生命的最后时间，圣维克多山的形象已经非常模糊了，它消失在由更大笔触构成的色块当中，而这色块构成了对立体派的启示。

图5-45　塞尚《圣维克多山》（1887年），布面油画，英国伦敦考陶尔德艺术学院

梵高在荷兰生活时期的作品主要是现实主义风格，大多都是暗色调的，如《吃土豆的人》（*The Potato Eaters*，1885年）。他到巴黎后，作品的色调开始逐渐变得明朗，具有印象主义的格调。不过，梵高的重要作品几乎都是在他生命最后三年内完成的。在梵高的经典作品中，我们可以看到恣意绽放的向日葵飘摇如火焰和高耸如方尖碑的丝柏树，以及星夜中的心潮涌动和麦田上的心绪难宁。梵高通过色彩让他的作品有了生命，而他的作品让自然生命有了激情。

图5-46　塞尚《圣维克多山》（1906年），布面油画，美国费城艺术博物馆

梵高用粗犷大胆的笔触给我们展现了一个个洋溢着生命与情感的自然世界。我们看到画家《阿尔勒的卧室》（*Bedroom in Arles*，1888年）尽管简陋却充满温馨与梦想，也能看到《咖啡馆的夜晚》

（*The Night Café*，1888年）中那个人在一个华丽世界中的孤独。在接近梵高生命结束的《麦田群鸦》（*Wheatfield with Crows*）中，昏暗的天空下麦田依旧激情奔涌，然而黑色的群鸦却成为这激情的不祥之兆，也许就是在这激情的挣扎中，画家的生命就像画中的那条小路通向了它的终点（见图5-47）。

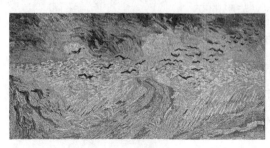

图5-47 梵高《麦田群鸦》（1890年），布面油画，阿姆斯特丹梵·高博物馆

后印象派的另一代表人物是高更，他还是分隔主义（Cloisonnism）中的一员。通常认为，分割主义是后印象派中的一个分支，而它实际上构成从后印象派到野兽派的过渡环节。如果从构图与色彩处理上，与其说分隔主义属于后印象派，倒不如说他们更接近于野兽派。野兽派的重要代表人物是马蒂斯，其实他也是从印象派风格转变为野兽派风格的，而其完成这个转变的一个重要表现是通过轮廓的分隔，这其中也有高更对他的影响。

总之，印象派风格的出现成为西方艺术史上的重要事件，它改写了西方艺术的逻辑发展，使传统的写实艺术开始向现代艺术转变。在我们这个讨论中，与两希文化具有深刻和明显关系的就是从文艺复兴到19世纪中期的逻辑发展。所以，印象派也就是我们讨论的结束。

第 六 章

结语：
现代艺术与"两希"传统

杜夫海纳说："古典美学曾试图将作品的价值与其原型（model）的价值等同起来。他主张，一幅画是美的，是因为它再现了一个美的女性；一首诗是伟大的，是因为它记述了一个伟大的事件。从文艺复兴到19世纪的全部西方艺术都建立在这种偏见之上。"❶ 正是由于这样，西方艺术如果不是再现美的对象，就是再现神话人物、宗教人物，或者重要的历史人物。这在从文艺复兴到19世纪的数百年艺术史进程中是非常明显的。在这个传统中，题材成为艺术作品获得价值的重要基础。

19世纪的艺术开始摆脱这样的传统。首先是现实主义，其次是印象派的艺术巨匠们告诉我们，再现普通人物的艺术，甚至不去再现社会人生的作品同样也可以伟大。尤其以印象派为发端的现代艺术潮流不仅从绘画对象上开始摆脱历史的偏见，在艺术呈现上也在摆脱从文艺复兴到19世纪的绘画传统。

现代艺术寻求的这种突破主要表现在两个方面：一是抛弃写实；二是回到平面。现代艺术之所

❶ DUFRENNE M. The phenomenology of aesthetic experience[M]. CASEY E S, trans. Evanston: Northwestern University Press, 1973:117.

以有这样的诉求，是由于传统的绘画遭遇到了以前从未有过的危机，而摆脱这个危机的办法就是让绘画回到属于绘画本身的东西。西方艺术在19世纪面临的这种危机，其实也是艺术史家们通常所说的艺术的逻辑终结，原因既有绘画内部的危机，也有绘画外部的危机。

首先，在绘画内部，从文艺复兴到19世纪的西方艺术几乎已经实现了所有再现写实的方法。以文艺复兴的透视法为核心，由达·芬奇的渐隐法到巴洛克风格的明暗对照法，从古典的前缩法到巴洛克与洛可可的错视画，多种逼真再现的技巧都达到了它的极致。艺术需要创新，这就要求有突破传统写实的新的艺术观念。

其次，在绘画外部，摄影术的出现是对以透视法为核心的西方写实绘画传统的一个致命打击。摄影术出现在19世纪，在摄影术的发明与发展中，达盖尔（Daguerre，1787—1851年）是关键的一环。1837年，达盖尔使用银版法拍摄了世界上第一幅静物照片。1839年，法国政府官员阿拉贡（Jean Arago，1786—1853年）说服政府购买并正式公布所谓的"达盖尔银版法"（Daguerreo type），这一年正式成为了摄影术的诞生之年。

摄影术的诞生，对艺术界产生巨大的震动，因为绘画所要实现的那种逼真的写实目的，摄影术很快就能够完成，这就导致这种写实绘画在逻辑上失去了其存在的意义。所以，在很多艺术家看来，摄影术的出现意味绘画的死亡。画家保罗·德拉罗什（Paul Delaroche，1797—1856年）惊呼："从此以后，绘画就丧失了生命。"❶毕加索也曾指出摄影术对写实绘画的挑战。他曾问道："为什么艺术家还要坚持描绘只用一台照相机的镜头就能有把握解决的题材呢？"❷摄影术的出现，宣告西方以模仿再现为目标的绘画艺术的逻辑终结，这是因为摄影术与西方写实绘画遵循的是同样的透视原理。

----

❶秦剑.绘画与摄影在互动中的流变[M].桂林:广西师范大学出版社,2012:70.

❷盖特雷恩.与艺术相伴[M].王滢,译.北京:世界图书出版公司北京公司,2011:32.

于是，西方绘画必然要寻求一种本质的突破，这成为现代主义绘画产生的一个重要原因。现代主义绘画的一个逻辑诉求是让绘画成为绘画本身，这样它就逐渐失去再现特征，从而回到平面、再进一步回到构图和色彩。这种不再再现的绘画与西方的古典传统产生了严重割裂。但是，这种回到绘画本身的诉求其实还是古典的本质主义的回响。这样，现代艺术就与某种关于艺术的观念产生了联系。

首先，现代艺术通常是在表达某种观念或要探讨某种观念，如蒙德里安的《造型一号》（*Tableau No*.1）（见图6-1）。对于传统的写实绘画，我们的第一个问题通常是："这画画的是什么？"这个问题是问绘画中的人物是谁？这里面有什么样的故事？但对于现代艺术来说，这样的问题通常是无效的，因为它里面什么都没有，除了构图、线条和色彩。对于这样的抽象作品，我们要知道的是他为什么这样画。如果我们知道了西方传统绘画所面临的危机，那就可以说这是艺术实现创新的一种选择。

古希腊关于美的本质有一种理解：美就是比例的和谐。那么，如果画家在他的作品中为我们单独展现一种比例的和谐，这是否就是美呢？古罗马也有一种理解：美是适当的比例加上悦目的颜色。那么，如果画家在他的作品中纯粹地展现这样的比例与颜色，是不是就实现了美的本质呢？这样，我们就可以说，蒙德里安的抽象作品，不仅在表现绘画的本质，也在用绘画告诉我们美的本质，而不是什

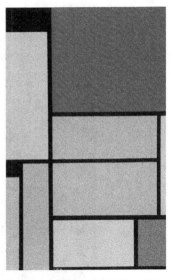

图6-1 蒙德里安《造型一号》（1921年），布面油画，科隆路德维希博物馆

　　么是美的。

　　挪用是西方艺术中的一种常见手法，这里不是指题材的延续，而是指对以前绘画的重新组织与改造，借以阐发某种观念。著名的前卫艺术家杜尚有一幅《L.H.O.O.Q.》，就是对达·芬奇的《蒙娜·丽莎》的挪用，也是对这幅名画的戏仿（见图6-2和图6-3）。这种态度是对经典的颠覆和玩弄，这也是前卫艺术家不断向传统挑战的态度。

图6-2　达·芬奇《蒙娜·丽莎》（1506年），木版油画，巴黎卢浮宫　　图6-3　杜尚《L.H.O.O.Q.》（1919年）

　　美国当代艺术家罗伯特·劳申伯格（Robert Rauschenberg，1925—2008年）的《被擦去的德库宁绘画》（Erased de Kooning Drawing）也包含对前辈画家的不崇拜这样一种理念。如果我们手中有一幅著名前辈艺术家的作品，肯定会好好地珍

藏，但他却讨了前辈一件作品然后花费很长时间把它用橡皮擦去了。另一位同时期的艺术家罗素·科诺（Russell Connor，1929—2019年）的《纽约客对现代艺术的绑架》（*The Kidnapping of Modern Art by the New Yorkers*），也是非常有意思的一件作品（见图6-4）。

图6-4 科诺《纽约客对现代艺术的绑架》（1985年），布面油画，私人收藏

这件作品在人物造型上把巴洛克风格与立体派风格融合起来，显然挪用了鲁本斯的《劫掠留西帕斯的女儿》（*Rape of the Daughters of Leucippus*）和毕加索的《阿维尼翁的年轻女郎》（*The Young Ladies of Avignon*）这两幅经典作品（见图6-5和图6-6）。科诺的作品表面上看着不伦不类，但实际上借这种混合巧妙地表达了他的讥讽，纽约的现代艺术是如何发展起来的。

图6-5 鲁本斯《劫掠留西帕斯的女儿》（1618年），布面油画，慕尼黑老绘画陈列馆

图6-6 毕加索《阿维尼翁的年轻女郎》（1907年），布面油画，纽约现代艺术博物馆

　　其次，还有一些现代艺术作品包含关于古典模

仿观念的思考。比利时超现实主义艺术家雷内·马格利特（René Magritte, 1898—1967年）的《图像的背叛》（*The Treachery of Images*），通常也被称为《这不是一支烟斗》，这幅画其实是对再现（representation）本质的一个图像解释（见图6-7）。

图6-7　马格利特《图像的背叛》（1929年），布面油画，洛杉矶郡艺术博物馆

再现是受古希腊模仿说影响的一个极其重要的概念。我们通常认为，再现是将一个事物重新呈现在我们的眼前。如果这个呈现是真实的，那么它就真实地代替了那个客观事物。但是，马格利特告诉我们，一个事物的再现，绝对不可能代替事物本身。我们在马格利特作品中看到的，不是一支烟斗本身，而只是一支烟斗的图像，这个烟斗的图像无法代替烟斗本身。例如，我们可以用烟斗吸烟，但我们无法用这个图像来吸烟。我们通常说，对一个事物的再现，这个再现就是那个事物。马格利特让我们记住，这不是那个事物（本身）。

马格利特还有一幅《双重秘密》（*The Two Mysteries*），画面的左上方是一个很大的烟斗，当然是烟斗的图像；右下方是一个画架，画架上是很久以前画的那幅《图像的背叛》——当然也是画架的图像和关于那幅画的图像（见图6-8）。就我们通常的思维，《双重秘密》中画架上的画是对于左上方那个烟斗的模仿和再现，但事实上我们可以

图6-8　马格利特《双重秘密》（1966年），布面油画，私人收藏

看到，那根本不是同一个烟斗。画架中的烟斗不是真实的烟斗，这是第一重秘密；这个烟斗的图像也不是对左上方那个烟斗的再现，左上方的烟斗也只不过是一个烟斗的图像，这是第二重秘密。

我们再看一件作品，美国观念艺术家约瑟夫·科苏斯（Joseph Kosuth，1945年—）在他20岁的时候做的《一把椅子和三把椅子》（*One and Three Chairs*）。这件作品是跨越单一媒介的一套装置，算是一件装置艺术，所以，它已经不是严格意义上的现代艺术了，应该是当代艺术。在这件作品的照片中（见图6-9），我们首先看到三个组成部分：最下方是靠墙壁放着的一把木制椅子；它的左上方是挂在墙上的一张图片，是那把木制椅子的照片（或素描）；右上方挂着一张纸，是从词典上抄写的关于椅子（chair）的词条解释。那么，这里就有一个问题，这件作品中是一把椅子还是三把椅子？

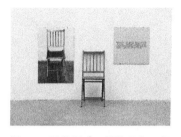

图6-9　科苏斯《一把椅子和三把椅子》（1965年），装置艺术，纽约现代艺术博物馆

科苏斯用一种前卫艺术的方式呼应了柏拉图的理式问题。我们知道，柏拉图以床为喻讲了他的理式论：画家画的床是木匠做的床的摹本，而木匠做的床又是对床的理式的摹本。这样，画家画的床与工匠做的床都不是真正的床，因为它们最终都是来源于理式的床。柏拉图说的理式的床大致相当于科苏斯作品中墙上的那个词条的内涵。所以，从这个本质性的角度上，这里只有一把椅子。但是，如果从具体的形态上说则是三把椅子。

以上我们从两个方面探讨了西方现代艺术（当

代艺术）与西方传统美学观念的内在联系。也就是说，尽管西方现代艺术在视觉形象上已经远离了传统的再现写实艺术，但它们与其文化基础仍然保持着一种内在联系。西方美学在发展过程中有很多关于艺术本质的思考，这是由于自苏格拉底以来的思维方式所产生的影响。西方现代艺术从整体上说是关于艺术本质的探求，当然它不是以纯粹思辨的形式，而是以视觉形象的方式。或者说，它们是以艺术的形式探求艺术的本质。因此，即使对于现代艺术来说，理解西方文化中的基本观念也仍然是非常重要的。

参 考 文 献

[1] 中共中央马恩列斯著作编译局.马克思恩格斯选集:第二卷[M].北京:人民出版社,2012.

[2] 中共中央马恩列斯著作编译局.马克思恩格斯选集:第一卷[M].北京:人民出版社,2012.

[3] 阿庇安.罗马史[M].谢德风,译.北京:商务印书馆,2017.

[4] 阿尔贝蒂.论绘画[M].胡珺,辛尘,译.南京:江苏教育出版社,2012.

[5] 阿尔甘,法焦洛.艺术史向导[M].谭彼得,译.南京:南京大学出版社,2018.

[6] 阿奎那.论存在者与本质[M].段德智,译.北京:商务印书馆,2018.

[7] 阿奎那.神学大全·第一集·第1卷[M].段德智,译.北京:商务印书馆,2013.

[8] 布洛克.西方人文主义传统[M].董乐山,译.北京:群言出版社,2012.

[9] 阿姆斯特朗.神的历史(珍藏版)[M].蔡昌雄,译.海口:海南出版社,2013.

[10] 阿姆斯特朗.轴心时代[M].孙艳燕,白彦兵,译.海口:海南出版社,2010.

[11] 阿诺德.文化与无政府状态:修订译本[M].韩敏中,译.北京:生活·读书·新知三联书店,2012.

[12] 奥古斯丁.忏悔录[M].周士良,译.北京:商务印书馆,2015.

[13] 奥古斯丁.论三位一体[M].周伟驰,译.北京:商务印书馆,2018.

[14] 奥维德.变形记[M].杨周翰,译.北京:人民文学出版社,1958.

[15] 巴尔纳维.世界犹太人历史:从《创世纪》到二十一世纪[M].刘精忠,等译.北京:中国人民大学出版社,2007.

[16] 柏拉图.柏拉图全集:增订版[M].王晓朝,译.北京:人民出版社,2018.

[17] 柏拉图.柏拉图文艺对话集[M].朱光潜,译.北京:商务印书馆,2013.

[18] 柏拉图.理想国[M].郭斌和,张竹明,译.北京:商务印书馆,1986.

[19] 鲍桑葵.美学史[M].张今,译.北京:中国人民大学出版社,2010.

[20] 北京大学哲学系美学教研室.西方美学家论美和美感[M].北京:商务印书馆,1980.

[21] 北京大学哲学系外国哲学史教研室.西方哲学原著选读[M].北京:商务印书馆,1981.

[22] 本内特,霍利斯特.欧洲中世纪史 [M]. 第10版.杨宁,李韵,译.上海:上海社会科学院出版社,2007.

[23] 伯里.希腊史[M].陈思伟,译.长春:吉林出版集团有限责任公司,2015.

[24] 布克哈特.世界历史沉思录[M].金寿福,译.北京:北京大学出版社,2007.

[25] 布克哈特.希腊人和希腊文明[M].王大庆,译.上海:上海人民出版社,2012.

[26] 布克哈特.意大利文艺复兴时期的文化[M].何新,译.北京:商务印书馆,2009.

[27] 布拉恩.犹太民族史[M].倪秀章,译.北京:当代中国出版社,2018.

[28] 布朗沃斯.拜占庭帝国:拯救西方文明的东罗马千年史[M].吴斯雅,译.北京:中信出版社,2016.

[29] 布罗代尔.地中海考古:史前史和古代史[M].蒋明炜,等译.北京:社会科学文献出版社,2005.

[30] 策勒尔.古希腊哲学史纲[M].翁绍军,译.济南:山东人民出版社,2007.

[31] 丹纳.艺术哲学[M].傅雷,译.天津:天津社会科学院出版社,2007.

[32] 德布雷.图像的生与死[M].黄迅余,黄建华,译.上海:华东师范大学出版社,2014.

[33] 德尔图良.德尔图良著作三种[M].刘英凯,刘路易,译.上海:上海三联书店,2013.

[34] 笛卡儿.探求真理的指导原则[M].管振湖,译.北京:商务印书馆,2009.

[35] 杜夫海纳.审美经验现象学[M].韩树站,译.北京:文化艺术出版社,1996.

［36］泰勒.天使的趣味：艺术收藏的历史[M].王琼，等译.北京：华夏出版社,2014.

［37］弗洛伊德.论艺术与文学[M].常宏，等译.北京：国际文化出版公司,2007.

［38］福克斯.欧洲情爱史[M].富强，译.北京：华文出版社,2006.

［39］福西永.形式的生命[M].陈平，译.北京：北京大学出版社,2011.

［40］盖特雷恩.与艺术相伴[M].王滢，译.北京：世界图书出版公司北京公司,2011.

［41］格罗索.罗马法史：校订版[M].黄风，译.北京：中国政法大学出版社,2018.

［42］贡布里希.艺术的故事[M].范景中，译.南宁：广西美术出版社,2008.

［43］贡布里希.艺术与错觉：图画再现的心理学研究[M].杨成凯,李本正,范景中，译.南宁：广西美术出版社,2012.

［44］哈蒙德.希腊史：迄至公元前322年[M].朱龙华，译.北京：商务印书馆,2016.

［45］汉密尔顿.罗马精神[M].王昆，译.北京：华夏出版社,2014.

［46］汉密尔顿.希腊精神[M].葛海滨，译.北京：华夏出版社,2014.

［47］荷马.荷马史诗·奥德赛[M].王焕生，译.北京：人民文学出版社,1997.

［48］荷马.荷马史诗·伊利亚特[M].罗念生,王焕生，译.北京：人民文学出版社,1994.

［49］赫西俄德.工作与时日·神谱[M].张竹明,蒋平，译.北京：商务印书馆,1991.

［50］赫伊津哈.中世纪的衰落[M].刘军，等译.北京：北京大学出版社,2014.

［51］黑格尔.哲学史讲演录[M].贺麟,王太庆，等译.上海：上海人民出版社,2013.

［52］基托.希腊人[M].徐卫翔,黄韬，译.上海：上海人民出版社,2006.

［53］基西克.全球艺术史[M].水平,朱军，译.海口：海南出版社,2012.

[54] 基佐.欧洲文明史[M].程洪逵,等译.北京:商务印书馆,2005.

[55] 加林.中世纪与文艺复兴[M].李玉成,李进,译.北京:商务印书馆,2016.

[56] 古迪.文艺复兴:一个还是多个？[M].邓沛东,译.杭州:浙江大学出版社,2017.

[57] 卡里尔.艺术史写作原理[M].吴啸雷,等译.北京:中国人民大学出版社,2003.

[58] 卡洛尔.西方文化的衰落:人文主义复探[M].叶安宁,译.北京:新星出版社,2007.

[59] 卡希尔.中世纪的奥秘:天主教欧洲的崇拜与女权,科学及艺术的兴起[M].朱东华,译.北京:北京大学出版社,2011.

[60] 柯林伍德.自然的观念[M].吴国盛,柯映红,译.北京:华夏出版社,1999.

[61] 柯耐尔.西方美术风格演变史[M].欧阳英,樊小明,译.杭州:中国美术学院出版社,2008.

[62] 克拉克.裸体艺术[M].吴玫,宁延明,译.海口:海南出版社,2002.

[63] 库恩.希腊神话[M].朱志顺,译.上海:上海译文出版社,2006.

[64] 拉尔修.名哲言行录[M].马永翔,译.长春:吉林人民出版社,2003.

[65] 拉斯达尔.中世纪的欧洲大学:大学的起源[M].崔延强,邓磊,译.重庆:重庆大学出版社,2011.

[66] 拉斯达尔.中世纪的欧洲大学:在上帝与尘世之间[M].崔延强,邓磊,译.重庆:重庆大学出版社,2011.

[67] 罗斑.希腊思想和科学精神的起源[M].陈修斋,译.桂林:广西师范大学出版社,2003.

[68] 雷诺兹.皇家美术学院十五讲[M].代亭,译.上海:上海人民出版社,2006.

[69] 李醒尘.西方美学史教程[M].北京:北京大学出版社,2005.

[70] 西蒙斯.欧洲大学史:第一卷,中世纪大学[M].张斌贤,等译.保定:河北大学出版社,2008.

［71］利奇德.古希腊风化史[M].杜昌忠,薛常明,译.北京:海豚出版社,2012.

［72］梁漱溟.东西文化及其哲学[M].北京:商务印书馆,1999.

［73］罗伯特·拜伦.拜占庭的成就:公元330—1453年之历史回顾[M].周书
垚,译.上海:上海三联书店,2018.

［74］罗素.西方哲学史:上卷[M].何兆武,李约瑟,译,北京:商务印书馆,2015.

［75］梅因斯通,罗兰德·梅因斯通.17世纪艺术[M].钱乘旦,译.南京:译林出
版社,2009.

［76］布洛赫.封建社会[M].张绪山,等译.北京:商务印书馆,2004.

［77］曼戈.牛津拜占庭史[M].陈志强,等译.北京:北京师范大学出版社,2015.

［78］蒙蒂菲奥里.耶路撒冷三千年[M].张倩红,等译.北京:民主与建设出版
社,2015.

［79］蒙森.罗马史:从起源,汉尼拔到凯撒[M].孟祥森,译.上海:上海三联书
店,2014.

［80］章安祺.缪灵珠美学译文集[M].缪灵珠,译.北京:中国人民大学出版
社,1998.

［81］尼采.希腊悲剧时代的哲学[M].周国平,译.南京:译林出版社,2011.

［82］安德森.从古代到封建主义的过渡[M].郭方,刘健,译.上海:上海人民出
版社,2016.

［83］佩特.文艺复兴:艺术与诗的研究[M].张岩冰,译.桂林:广西师范大学出
版社,2000.

［84］普林尼.自然史[M].李铁匠,译.上海:上海三联书店,2018.

［85］普罗提诺.九章集[M].应明,崔峰,译.上海:上海三联书店,2017.

［86］摩尔.十九世纪绘画艺术[M].孙宜学,译.北京:中国人民大学出版
社,2003.

［87］萨顿.科学史与新人文主义[M].陈恒六,等译.上海:上海交通大学出版
社,2007.

［88］秦剑.绘画与摄影在互动中的流变[M].桂林:广西师范大学出版社,2012.

［89］琼斯.18世纪艺术[M].钱乘旦,译.南京:译林出版社,2009.

［90］邵大箴,奚静之.欧洲绘画史[M].上海:上海人民美术出版社,2009.

［91］斯东.苏格拉底的审判[M].董乐山,译.北京:生活·读书·新知三联书店,1998.

［92］斯塔夫里阿诺斯.全球通史:从史前史到21世纪[M].第7版修订版.吴象婴,等译.北京:北京大学出版社,2006.

［93］斯特拉森.美第奇家族:文艺复兴的教父们[M].马永波,聂文静,译.北京:新星出版社,2007.

［94］斯威布.希腊神话和传说[M].楚图南,译.北京:人民文学出版社,2004.

［95］塔贝尔.希腊艺术史[M].殷亚平,译.上海:上海三联书店,2016.

［96］塔塔科维兹.古代美学[M].杨力,等译.北京:中国社会科学出版社,1990.

［97］塔塔科维兹.中世纪美学[M].褚朔维,等译.北京:中国社会科学出版社,1991.

［98］泰勒.柏拉图.生平及其创作[M].谢随知,苗力田,徐鹏,译.济南:山东人民出版社,2008.

［99］汤因比.希腊精神:一部文明史[M].乔戈,译.北京:商务印书馆,2015.

［100］梯利.西方哲学史:增订本[M].葛力,译.北京:商务印书馆,2015.

［101］瓦格纳.中世纪的自由七艺[M].张卜天,译.长沙:湖南科学技术出版社,2016.

［102］麦克高希.世界文明史:观察世界的新视角[M].董建中,王太庆,译.北京:新华出版社,2003.

［103］韦尔南.希腊思想的起源[M].秦海鹰,译.北京:北京大学出版社,2012.

［104］维吉尔.埃涅阿斯纪[M].曹鸿昭,译.长春:吉林出版集团有限责任公司,2010.

［105］维吉尔.牧歌（汉拉对照）[M].杨宪益,译.上海:上海译文出版

社,2009.

[106] 维瑟尔.欧洲法律史:从古希腊到《里斯本条约》[M].刘国良,译.北京:中央编译出版社,2016.

[107] 维特鲁威.建筑十书[M].高履泰,译.北京:知识产权出版社,2001.

[108] 温克尔曼.希腊人的艺术[M].邵大箴,译.桂林:广西师范大学出版社,2001.

[109] 文德尔班.哲学史教程[M].罗达仁,译.北京:商务印书馆,2017.

[110] 沃尔夫林.古典艺术:意大利文艺复兴艺术导论[M].潘耀昌,陈平,译.北京:中国人民大学出版社,2003.

[111] 沃尔夫林.美术史的基本概念[M].潘耀昌,译.北京:北京大学出版社,2011.

[112] 沃尔夫林.意大利和德国的形式感[M].张坚,译.北京:北京大学出版社,2009.

[113] 吴琼.读画:打开名画的褶层[M].北京:中国青年出版社,2019.

[114] 吴晓群.希腊思想与文化[M].上海:上海社会科学院出版社,2009.

[115] 伍德福德.古希腊罗马艺术[M].钱乘旦,译.南京:译林出版社,2009.

[116] 席勒.席勒美学文集[M].张玉能,译.北京:人民出版社,2011.

[117] 萧诗美.是的哲学研究[M].武汉:武汉大学出版社,2003.

[118] 克兰德尔.中世纪艺术[M].钱乘旦,译.南京:译林出版社,2009.

[119] 徐凤林.东正教圣像史[M].北京:北京大学出版社,2012.

[120] 亚里士多德.范畴篇·解释篇[M].方书春,译.北京:商务印书馆,2011.

[121] 亚里士多德.灵魂论及其他[M].吴寿彭,译.北京:商务印书馆,2011.

[122] 亚里士多德.诗学[M].陈中梅,译.北京:商务印书馆,1996.

[123] 亚里士多德.物理学[M].张竹明,译.北京:商务印书馆,1982.

[124] 亚里士多德.形而上学[M].吴寿彭,译.北京:商务印书馆,2011.

[125] 余纪元.《理想国》讲演录[M].北京:中国人民大学出版社,2009.

［126］赵敦华.基督教哲学1500年[M].北京:人民出版社,1994.

［127］赵敦华.西方哲学简史:修订版[M].北京:北京大学出版社,2012.

［128］周枏.罗马法原论[M].北京:商务印书馆,2017.

［129］朱光潜.西方美学史[M].北京:人民文学出版社,2002.

［130］朱维之,韩可胜.古犹太文化史[M].北京:经济日报出版社,1997.

[1] ARISTOTLE. Metaphysics [M]. Beijing: Central Compilation & Translation Press, 2012.

[2] RUSSEL B. History of western philosophy[M]. London: George Allen and Unwin Ltd.,1940.

[3] TAYLOR C C W. Routledge history of philosophy [M]. London: Routledge, 1997.

[4] BERGSON H. Time and free will: an essay on the immediate data of consciousness[M]. New York: Harper & Brothers,2001.

[5] READ H. The meaning of art[M]. New York: Praeger Publishers, 1972.

[6] JASPERS K. The origin and goal of history[M]. New Haven: Yale University Press, 1953.

[7] PLOTINUS. The six enneads[M]. Whitefish Haven: Kessinger Publishing, LLC., 2004.